全国中医药行业高等教育"十四五"创新教材

医学生职业心理素养

（供中医学、针灸推拿学、中西医临床医学等专业用）

主　编　罗文萍　彭　波

全国百佳图书出版单位
中国中医药出版社
·北京·

图书在版编目（CIP）数据

医学生职业心理素养 / 罗文萍，彭波主编 . —北京：
中国中医药出版社，2023.11
全国中医药行业高等教育"十四五"创新教材
ISBN 978 – 7 – 5132 – 8439 – 4

Ⅰ . ①医⋯　Ⅱ . ①罗⋯　②彭⋯　Ⅲ . ①医学院校—大学生—
心理健康—健康教育—高等学校—教材　Ⅳ . ① G444

中国国家版本馆 CIP 数据核字（2023）第 186885 号

中国中医药出版社出版

北京经济技术开发区科创十三街 31 号院二区 8 号楼
邮政编码　100176
传真　010-64405721
北京联兴盛业印刷股份有限公司印刷
各地新华书店经销

开本 787×1092　1/16　印张 14.5　字数 319 千字
2023 年 11 月第 1 版　2023 年 11 月第 1 次印刷
书号　ISBN 978 – 7 – 5132 – 8439 – 4

定价　58.00 元
网址　www.cptcm.com

服 务 热 线　010-64405510
购 书 热 线　010-89535836
维 权 打 假　010-64405753

微信服务号　zgzyycbs
微商城网址　https://kdt.im/LIdUGr
官 方 微 博　http://e.weibo.com/cptcm
天猫旗舰店网址　https://zgzyycbs.tmall.com

如有印装质量问题请与本社出版部联系（010-64405510）
版权专有　侵权必究

全国中医药行业高等教育"十四五"创新教材

《医学生职业心理素养》编委会

序 一

职业心理素养对个体而言，是一个关于认知、记忆、想象、情感、个性特征等方面的综合概念；从社会关系来看，是个体对社会职业适应能力的综合体现。随着"生物－心理－社会"医学模式的发展，医生这一职业对医学人文精神内涵的表达和价值的追求，对医生个体心理健康素养的提升，对临床诊疗中融入医学心理知识技能，提出了更高水平的要求。

医生职业专业性强、社会责任大，医生的心理动因对职业的影响常常隐藏在复杂的诊疗过程、健康服务与医患关系等方面，医学生职业心理素养的研究与实践显得愈来愈重要。作为医疗卫生事业的接班人，医学生职业心理素养不仅关系到医疗与健康服务的质量，也直接影响着个人的职业生涯发展。健康的职业心理素养成为有效提高医学生临床岗位胜任力，全身心适应医疗卫生事业高质量发展的重要内容。

作者长期从事医学生心理教育，经过思考研究、工作实践，凝练出理论研究与实践探索相得益彰的成果——《医学生职业心理素养》。全书内容涵盖医学、心理学、伦理学和社会学等多学科知识，研究主旨符合医疗卫生事业长远发展的需求，研究内容契合医学高等教育内涵式发展要求，是医学生职业心理素质提升和以岗位胜任力发展为导向的职业素质养成的指导和规范。

未来医学模式带动的医学教育改革，是一场关于医学与医学哲学、医学伦理学、社会医学、行为科学等方面的综合改革。这些改革将会影响医学生的思维方式和医学观念，职业心理素养教育也将成为医学人才培养的一个重要内容。

今日所思，必为昨日所积；今日所行，必是循道以致远。

是为序。

杨 静

2023 年春于成都中医药大学

序 二

古代医学历来将疾病融入人的整体发展中去认识与研究，非常重视情志心理因素在疾病发生、发展及干预治疗中的重要作用。尤以系统观与整体观看待疾病与人作为主体意识存在的密切联系，看重人的心神意识与形神统合。早在古籍《三因极一病证方论·七气叙论》中已有记载："夫五脏六腑，阴阳升降，非气不生。神静则宁，情动则乱，故有喜、怒、忧、思、悲、恐、惊，七者不同，各随其本脏所生所伤而为病。故喜伤心，其气散；怒伤肝，其气击；忧伤肺，其气聚；思伤脾，其气结；悲伤心胞，其气急；恐伤肾，其气怯；惊伤胆，其气乱。虽七诊自殊，无逾于气。黄帝曰：余知百病生于气也。"文中就七情对人体脏腑精气活动的直接影响作用论述精当，于当代视角回溯依然颇具有前瞻智慧。

而现代医疗随着时代的发展及后疫情时代的持续变革，医生与患者及全流程卫生医疗服务体系均需要更专业化、职业化与人文关怀的高度融合与提升。基于以人的全面身心健康发展为目标，更需要加强对医生职业行为中关于医学职业心理要素的融入与运用，以从系统身心整合的软实力高度提高现代化医疗卫生服务水平。

品味全书，作者对医学生职业发展与心理素养的培养思考入理入心，既符合科学研究实践，又倾注了医学人文体悟，脉络清晰，古今贯通，颇为难得。书中内容，也是作者就医学伦理与现代心理学的创新融合，以及医学心理与职业心理发展理论体系的创新探索，对于促进当代医学生精英式、长远化的职业发展大有裨益。

是乐为序之。

罗才贵

2022 年冬于四川省中医院

前　言

　　医生是一份崇高而伟大的职业，医疗卫生更是全人类共同为之奋力突破的伟大事业。自 2012 年教育部、卫生部共同组织实施"卓越医生教育培养计划"以来，我国开始着力推进高等医学教育改革与创新实践，旨在培养出符合新时代医疗卫生事业所需的卓越医师后备人才队伍。同时，随着新时代的社会变革及高速发展，人们的身心压力日益剧增，突出地表现在人们生活方式的转变，生命质量及生命周期的伦理改变，进而衍生出人们身心压力模型的改变和增强，甚至影响了人类疾病模式的转变。其中，情志和心理因素日益在人们生活与疾病发展中占据重要影响作用，身心疾病的种类不断增加，患者数量不断增多，我们需要更多地从身心融合的视角去解读疾病、应对疾病及治愈疾病。另一方面，医疗卫生活动总体上是围绕人为中心开展，这其中的人既包括患者群体也包括医疗卫生人员，而心理因素作为一只看不见的手，时刻而深刻地激发着人在心身统合方面的持续变化，并经由量变到质变的发展。由此，笔者结合近 10 年的医学生培养管理与心理健康教育工作，深刻体悟到当今的医学生培养应加强医学人文心理素养的注入。

　　笔者起心动念想要研究医学生职业心理素养这个主题，主要来源于三方面的思考：第一，作为一种需要深刻地与人互动合作的高度专业化、高强度性、高危险性职业，医生需要高度地认同与热爱这份职业，需要具备适合临床所需的职业个性特征与职业心理能力，笔者将之归纳为医生的职业心理素质。第二，只有医者自身成为一个身心统合、协调发展的人，同时谙熟情志与心理动因在疾病全周期发展中的作用机制，才能更好地围绕作为"人"的患者开展细致深入、敏锐精当的一系列诊疗服务，笔者将之归纳为医生的职业心理知识与技能。第三，当前高等医学教育对于医学生的心理教育，尤其是指向其临床岗位胜任力的职业心理素养的培养尚浅且重视不够。鉴于此，笔者带领团队自 2019 年起深入临床实践分别从医生与患者的视角探究心理动因在医疗互动实际中的具体影响机制。研究先后获得了笔者所在大学附属医院的科技基金支持，获得四川省教育厅思想政治教育研究专项基金及全国中医药高等教育学会科研基金的立项支持，并陆续发表相关论文 5 篇。本书即是以近 4 年来的核心研究成果为蓝本，编撰了医学生职业心理素养的整体培养大纲体系与内容。

这本书的撰写逻辑以"良医画像"为绪论，再分为医学生职业心理素质篇（上篇）和医学生职业心理知识技能篇（下篇）两个部分。纵观全书，其主要特色如下：

其一，全书系统梳理并构建了医学生职业心理素养培育体系。绪论以心理学理论为研究框架，以医生与患者眼中的良医画像为出发点，带入启发性思考，科学诠释医学生职业心理素养的内涵，从心理认同、心理个性和心理能力三个维度详细论述医学生职业发展所需养成的个人特质，并融入医学生职业心理素养培育的主要内容。下篇主要论述医学生职业心理的知识与技能，具有较强的实操性。全书阐释了研究主旨的内涵蕴意，将理论与实践结合，形成了医学生职业心理素养培育体系。其二，书中将心理咨询的基础技术迁移转化至医患沟通的具体实操中，并具体归纳出符合临床运用场景的沟通话术，可供读者从理论到实践、从模仿到融会贯通地逐步提高临床医患沟通水平。其三，本书第九章特意增设了"中医心理学概述"一节内容，简要介绍了现代中医心理学中的精要内容，并试图将西方心理学与中医情志致病机制做了融合创新，希望读者能够看到古代先贤站在中国哲学高度下的医学智慧与人文思想，并创新性地尝试以"七情五志"为逻辑主线梳理了现代常见身心疾病的辨证论治思路，希望为读者在临床中以中医学和中医心理学视角看待各类身心疾病的诊疗提供有益借鉴。为此，本书提出了一些新的观点和逻辑思考，虽未必全然正确，但不失为一种创新尝试与探索，望各位同行与前辈批评斧正，触发更多交流与碰撞。

全部书稿交付之际，想要感谢的人太多。在此要特别感谢当笔者诚惶诚恐想要创作本书之时给予大力指导与鼓励的田理教授、郭静教授，感谢撰写过程中给予本书逻辑梳理与内容审定的蒋运兰教授、莫凡教授。感谢我的研究团队多年来为这本书的创作提供了重要研究支持与成果输出，这其中包括我的学生窦艳春、蒲玥衡、朱坤等。同时本书在撰写中得益于各位编者提供了大量详实的初稿素材，各章节编写分工如下：第一章由郭静、罗文萍编写；第二章由杜娟、罗文萍、任强编写；第三章由雷虹艳、彭波、王岚编写；第四章由罗文萍、窦艳春、蒲玥衡编写；第五章由范文淑、魏兴格、赵蓓编写；第六章由周欢、林婧、唐秀秋编写；第七章由吴晓、罗文萍、刘珂玲编写；第八章由罗文萍、白耀琳、魏长洪、王寒编写；第九章由魏长洪、夏阳林、罗文萍编写；第十章由黎文静、张海莉、杜晓娟编写。还要感谢成都中医药大学教育基金会对本书的出版支持。最后，特别感谢我的老师四川省十大名中医罗才贵教授和成都中医药大学党委副书记杨静教授为本书写序还要感谢成都中医药大学教育基金会对本书的出版支持。最后，特别感谢我的老师四川省十大名中医罗才贵教授和成都中医药大学党委副书记杨静教授为本书写序，备受鼓舞与欣喜。浩瀚之功，非一己之力，一时之功，感恩为我提供诸多帮助的领导、前辈、恩师、同道、挚友，以及我慧智的学生们。由衷地感谢中国中医药出版社和本书责任编辑马晓峰老师为本书的出版给予有益耐心的指导，更付出了辛勤的努力。

医学生职业心理素养的培养是必然，也是应然。医者救死扶伤的核心本质决定着医者需要具备超过常人的思想道德品质和职业心理素养，而医学生职业心理素养的提高非一蹴而就，需要在医学殿堂和医疗实践中不断沁润内化与实践体悟。希望以此书抛砖引玉，呈现出职业心理素养在医学生的职业化发展中举足轻重的地位。本书既可作为医学生职业心理素养培养的教学用书，也可作为广大医疗工作者临床实践的补充工具用书，相信定不负读者的韶光览读。

由于时间和水平有限，本书内容还有待完善之处，诚请各位专家同行及每位读者不吝指正，以便今后进一步修订提高。我的邮箱是 luowenping@cdutcm.edu.cn。

罗文萍

2023 年 5 月

目　录

下篇　医学生职业心理知识与技能

上 篇 医学生职业心理素质

第一章 绪 论 ▷▷▷▷

伴随着"生物 – 心理 – 社会"医学模式的转变，自 2010 年起，我国高等医学教育进入了基于胜任力与结果导向、强调学生转化式学习的第三代教育改革，对医生职业的岗位胜任力、医生个体心理健康素养，对临床诊疗中融入医学心理与人文精神内涵的表达与价值追求等，均提出了更高水平的要求。同时，现有研究均表明医生为心理问题检出率较高的职业人群，而医学生心理问题日渐突出也已成为共识。与此同时，国家陆续出台了相关政策文件，如 2014 年教育部等六部门联合印发的《关于医教协同深化临床医学人才培养改革的意见》（教研〔2014〕2 号）和 2015 年印发的《教育部 国家中医药管理局关于批准卓越医生（中医）教育培养计划改革试点高校的通知》（教高函〔2015〕3 号）中均指出，要不断提升全体卫生健康工作人员的职业素质能力，在医学生职业素养，即专业能力、职业心理素养方面提出了更高水平的要求。《关于医教协同深化临床医学人才培养改革的意见》中强调，要"加强医学人文教育和职业素质培养"，将培养具有良好职业心理素质的医学毕业生作为一项重要任务来完成，并强调"以个人实际素质能力为基础，以岗位胜任能力为核心，通过适宜方式，有针对性地开展面向全体卫生计生人员的职业综合素质教育"。由此国家开始强化对医学人才职业综合素养的培育，同时培养要求指向医学人才的临床岗位胜任力。

职业心理素养作为职业素养的一个重要方面，是职业素养在心理层面的内涵体现。结合我们近年来的研究发现，职业心理素养的内涵包括职业人格、职业认同、职业心理知识及职业心理技能 4 个版块。本书即围绕我们近年来关于医学生职业心理素养的研究与培养实践成果展开，以期构建一套关于医学生职业心理素养的核心体系，为医学生职业心理素养培育提供大纲与借鉴。因此，开展医学生职业心理素养的培养教育具有多重价值意义。

1. 提升医学生职业心理素养，能够进一步促进医学生整体职业心理健康水平 医学生职业心理健康的内涵应包括一般大学生心理健康素养和指向职业胜任力的心理健康素养。当前关于医学生心理健康的调研发现，医学生的心理健康问题较为突出，医学生整体的心理健康水平普遍低于全国常模，其自身的心理健康素养需要加强与提升；同时，我国医学实习生、规培生群体的心理健康状况较差，主要受个人素养、临床职业压力、应激事件等影响产生强迫、焦虑、抑郁等心理状态。因此，对医学生开展职业心理素养的培养与训练，不仅能改善医学生自身心理健康状态，还能塑造医生职业化人格，提升其应对复杂应激环境的心理灵活性与自我调节能力，塑造更适应于医生职业的优势心理个性与心理能力，整体提升医学生职业心理健康水平。

2. 医学生职业心理素养成为影响其临床岗位胜任力与职业化发展的重要因素　本书分别从医学生培养与管理、医院管理、医生与患者群体等多个视角展现医学生职业心理素养的相关内涵。临床研究显示，目前业内专家与从业人员已经从认知上越来越看重职业心理素养在整个医生职业中的重要临床价值。医生职业专业性强、社会责任大，医生心理动因对职业的影响常常隐藏在复杂的诊疗过程、健康服务与医患关系等方面。因此，作为未来医疗卫生事业接班人的医学生，其职业心理素养的养成与提升显得愈来愈为重要。对医学生进行职业心理素养的培养，能够提升其对临床医疗环境的适应能力与工作任务的应对能力，能有效提高医学生的临床岗位胜任力，使其全身心适应医疗卫生事业高质量发展。同时，因为提高了医学生的岗位适应性及心身综合诊疗服务水平，而长远促进了其未来的医疗职业生涯发展。

3. 开展医学生职业心理素养培养，能够深化高等医学教育改革内涵　目前各高职医学院校已经逐步重视医学生职业心理素养的培养，同时随着新医学模式转变和第三代医学教改深化发展，高等医学院校的医学培养教育应当紧密联系医学生的毕业后发展，应以医学生后期临床岗位胜任力与职业化发展为锚定，打通医学教育的"最后一公里"，加强医学生的职业素养教育。因此医学生职业心理素养的培养实施能够从提升医学生职业心理健康素养、提高医患沟通质量、提升心身疾病综合诊疗能力、促进临床岗位胜任力等多方面来丰富高等医学教育内涵、完善医学培养体系、促进医学生整体培养水平，具有教育、临床和社会的多重价值意义。

第一节　医生与患者眼中的良医

一、社会发展对医生职业的心理需求

随着当今社会的快速发展，面对大众不断提高的改善型健康需求，人们对于医生医疗行为的心理需求也产生了深刻变化，除了希望达到传统的疾病诊疗效果以外，对医生职业也有了更多充满人文色彩的心理期待。他们希望去到医院能够治愈疾病，同时还能不断提升自己的就医体验，由此发展出对医生职业的心理需求。

（一）大众对医生职业群体的心理期望

1. 医术与医德的兼备　正所谓"医乃仁术"，医德与医术的高度融合是医学的本质要求，也是从古至今医生职业的出发点和最终归宿。医，从矢在匚，本义是盛弓弩矢的器具。古代人打仗经常会用到弓箭，将箭拔出，放入容器中，即为医。故《说文解字》曰："治病工也。"救死扶伤、治病救人是医生职业的使命，也是医生职业最基本的职责。医事活动直接与人的健康、生命密切关联，直接关涉生命尊严、生命质量及生命价值的发挥。高超的医术是行医所必需，"精"于医道是医生职业的专业化要求。如《伤寒论》序言提及医生当"勤求古训，博采众方"，《大医精诚》谓当"博及医源"，《论语》言"人而无恒，不可以作巫医"，晋代杨泉亦强调良医当"贯幽达微，不失细小"。

高尚的医德是行医所必须。"以生命为本"是医事活动的题中之义，是医学创立以来就内在规定的道德责任，即医德。医德是医学职业的灵魂，是医疗实践中应贯彻始终的指导思想和行为准则，主要体现在医事动机和道德修养两方面。

（1）济世救人的医事动机　北宋范仲淹曰："不为良相，则为良医。"明代龚廷贤将其阐释为"弗克为良相，赞庙谟以寿国脉；则为良医，诊民瘼以寿苍生。虽显晦不同，而此心之苍生均之，有补于世道也"。这样"为万世开太平"的价值追求，在医事活动中普遍存在。如《临证指南医案》记："古人有三不朽之事，为立德，立功、立言也。盖名虽为三而理实一贯，要之，惟求有济于民生而已。"

（2）高尚的道德修养　《古今医彻》云："凡疗疾，药救固迟，丹救亦缓，惟心救最灵。要非药与丹之缓也，苟中心不切，则视之易忽，而审之不精，安能得病之本末。"强调了行医品性的重要性。清代医家夏鼎在《幼科铁镜》中列出有13种人不能学医，即残忍之人、驰骛之人、愚下之人、卤莽之人、犹豫之人、固执之人、轻浮之人、急遽之人、怠缓之人、宿怨之人、自是之人、悭吝之人、贪婪之人，从具体的性格品性方面对习医之人提出了明确要求。

古希腊著名医生希波克拉底（Hippocrates）的《希波克拉底誓言》中"为病家谋利益之信条""为病家谋幸福""以自身能判断力所及"等，亦体现了对德术统一的要求。德为立仁，术为成仁，古往今来，不论中外，术与德的高度融合是对医生职业的共同期望。

2. 对疾病和病患负责　"健康所系，性命相托"，患者以性命相托付，作为医生，就应当对患者负责，所谓"医虽小道，而性命攸关，不可不慎"。对患者负责，要诊断细致，如孙思邈所言"省病诊疾，至意深心；详察形候，纤毫勿失；处判针药，无得参差"。对患者负责，要用药审慎，《易经》有"无妄之药，不可试也"，《医灯续焰》亦警戒行医者"不可好奇而妄投一药，不可轻人命而擅试一方"。临证当如履薄冰，凡"粗工庸手，不习经书脉理，不管病证重轻，轻易投剂"的草率敷衍万不可有。

3. 对病患亲和友善　友善是医生用心开出的第一剂良药，是协调医患关系最有效的心灵润滑剂。医患关系的建立在诊断和治疗过程前就已经发生了，而良好的沟通能力和服务态度是实现和谐医患关系的桥梁。医生不可能"包治包好"，但应该对把生命托付给自己的患者尽最大努力，至少从态度上尽量做到友善，在与患者沟通时多注意语言技巧。殊不知医生的一丝微笑、几句安慰的话语，往往能给患者带来意想不到的"治疗"效果。

4. 对病患耐心关爱 医生待患者当"笃于情""见彼苦恼，若己有之，深心凄怆"，有如"至亲之想"的关爱之情。作为医生，要树立起尊重患者、理解患者、鼓励患者、关心患者、爱护患者的主动意识，通过安抚、鼓励患者树立起克服困难、战胜疾病的决心。正如美国特鲁多博士的墓志铭写道："To Cure Sometimes，To Relieve Often，To Comfort Always." 中文译为"有时去治愈，常常去帮助，总是去安慰"。

（二）社会发展对医生职业群体的要求与心理期望

德术统一，是从古至今对医生职业的共同期待。随着现代社会经济的飞速发展、人民生活水平的不断提高，在新的时代背景下又对医生职业提出了更多新的要求。

1. 要求医生不断提升疾病诊疗水平 一方面，置身于医学知识飞速发展的信息时代，新理论和新方法不断升级，治疗手段不断更新，医务工作者所需要的知识总量也与日俱增，既然选择了医学，也就选择了做一辈子的"医学生"；另一方面，改革开放以来，随着经济结构转型升级，老百姓对健康的需求不断提升，对医生的诊疗水平也提出了更高期待。人类与病魔的抗争伴随着曲折、疼痛与折磨，医生就是这场无休止战争的冲锋战士。大众期望现代的医生不仅能治好病，还要治好更多的病，并以更快的速度、最小的代价治好病。

2. 要求医生在治病救人的同时还要做好公共健康服务 从关注"病"到关注"人"，追求健康已经成为现代大众的主流思想，"有病治病"已远远不能满足大众的需求，他们对健康的需求还逐步延展出从疾病监测、评估、分析到咨询、指导、干预、治疗、康复等的全流程医疗服务。在健康护航这条大河的治理上，光靠临床医生在下游"打捞垃圾"绝非明智之举，上游控制污染、筑坝修堤、改善生态才能真正"牵住牛鼻子"。临床医生不仅要治好个体的病，还要在个体的健康问题中归纳总结，发现共性特征，针对群体健康问题开展防控工作，面向公众开出公共大处方、社会处方，同时减少人群患病、控制传染病等重点疾病的发生发展，促进整体公众健康水平的提升。2019 年末开始新型冠状病毒疫情席卷全球，不少医生主动请缨，奔赴前线，为阻断疫情传播、控制感染增量作出了突出贡献。与此同时，随着新媒体的发展普及，作为健康科普的"正规军"，越来越多的专业医生通过公众号、短视频等进行医学科普，传递医学知识、提供健康建议，推动疾病防治的阵线不断前移，从服务个体到惠及公众。社会需要医生在治病救人的同时，还要做好公共健康服务。

3. 要求医生一肩多挑和一专多能 从目前医生的职称晋升要求看，医生不仅要具备专业知识和技能，具备合格的临床一线工作能力，还需要承担相应的教学和科研任务，需具备指导下级医师学习和工作的能力，需完成相应高水平的科学研究，一些地区和医院的职称晋升对医生的"三下乡"经历也进行了明确要求。职称晋升条件的背后反映的是对医生职业的一肩多挑和一专多能的内在期许。一位好医生，要显示出其扎实精湛的医疗能力，也要能够带动学科发展，要能够在长期的临床实践中发现问题，解决问题，总结规律，不断提升理论和实践水平；同时还需要创新学科管理模式、培养学科人才、凝练学科发展方向，甚至要起到带领学科发展的砥柱作用。

4. 要求医生德才兼备 《中国医师宣言》中强调："健康是人全面发展的基础。作为健康的守护者，医师应遵循患者利益至上的基本原则，弘扬人道主义的职业精神，恪守预防为主和救死扶伤的社会责任。"从走上职业生涯的第一天开始，"救死扶伤"就是医生终其一生坚守的职业信仰，也是人民群众对医生的期待。在文字记载和口口相传中，具有精湛医术与高尚医德的诸如扁鹊、华佗、董奉、张仲景等医圣医贤，其妙手回春的本领不仅是一种狭义的"治病"，更是一种广义的"济世"。社会呼唤着德才兼备，把服务人类的健康作为终极信念的医生，期待着每一位医生能够德才兼备，"但作救苦之心"，药到病除、着手成春，带领人民向健康生活不断迈进。

二、社会变革下医生职业群体的心理特征

社会生活不断发展变革，人们生活水平日益提高，随着大众和社会对医生职业群体的要求和期待更多更高，医生职业群体肩负的社会责任和历史使命更重，同时也为医生群体带来了更多的职业压力，严重影响了其身心健康水平，医生群体亟需得到更多关注与关怀。

（一）医生的心理状态特征

医务人员属于一种特殊的职业群体，高强度、高压力是其重要的职业特征之一，这种职业特点使得医务人员在工作中往往需要承受较大的精神和心理压力。而医务工作者的心理健康水平又直接影响到医疗服务质量，影响到和谐医患关系的构建与社会和平稳定的发展。然而，诸项研究显示我国医生职业群体的心理健康状况不容乐观。

1. 焦虑、抑郁状态较为突出 在 2020 版"心理健康蓝皮书"《中国国民心理健康发展报告（2019—2020）》中，收录了对医务人员开展的题为《2020 年医务工作者心理健康状况调查》的专题调查报告。该报告指出，我国医务工作者以抑郁、焦虑为代表的心理健康问题检出率不容忽视。蓝皮书指出，19.8% 的医务工作者可能存在焦虑倾向，27.7% 的医务工作者可能存在抑郁倾向，在不同岗位上的医务工作者存在较高抑郁风险的比例为 5.1% ～ 12.8% 不等。我国医务工作者的心理健康问题存在群体差异。

2. 职业倦怠问题较为突出 2010 年卫生部统计信息中心提供的数据显示：52.4% 的医务人员均出现过不同程度的职业倦怠，其中 3.1% 处于高度职业倦怠状态。张抒扬等对全国 2.5 万余名医生进行的调查研究发现：男医生、工龄短、在三级医院工作，以及在精神病学、重症监护、急诊医学、内科、肿瘤学和儿科工作者，其职业倦怠的风险最高。《2020 年医务工作者心理健康状况调查》指出，医务人员普遍具有心理健康意识，但其心理健康知识和技能的实际掌握仍明显不足。需要加强对医务工作者的职业生涯支持，特别是在其职业发展的初期阶段。因为职业倦怠问题不仅会影响医务人员自身的身心健康，还会明显影响整个医疗成效。

3. 应激反应频繁出现 应激是由危险的或出乎意料的外界情况变化所引起的人体的一种情绪状态，是决策心理活动中可能产生的一种身心紧张状态。个体面临应激事件时，大脑中枢接受外界刺激，信息传至下丘脑，分泌促肾上腺皮质激素释放因子

（CRF），同时激发脑垂体分泌促肾上腺因子皮质激素，使身体处于充分动员的状态，这时心率、血压、体温、肌肉紧张度、代谢水平等都会发生显著变化，从而增加机体活动力量，以应付紧急情况。医生职业具有特殊性，每天面对的都是新的患者或患者新的病情，还要面对各种突发疾病、大量出血、临时抢救等涉及生命危险的紧急状况，使得医生在工作中不得不处于频繁的身心应激反应中。长期紧张的工作、频繁的应激反应引起的超负荷压力，容易使医生罹患由于高应激所致的各类心身疾病。

（二）医生群体的内在心理需求

结合美国人本主义心理学家马斯洛（A.H. Maslow，1908—1970）提出的需要层次理论（hierarchy of needs theory），梳理医生群体的内在心理需求，主要包括心理安全需求、和谐关系需求、尊重需求、自我实现需求几个方面。

1. 心理安全的需求　心理安全感作为人的基本心理需求，也是医生职业群体希望获得满足的重要心理需求。据世界卫生组织报道，8% ～ 38% 的医务人员可能在其职业生涯中遭受不同程度的言语威胁或侮辱，这不仅会对医务人员造成心身伤害，还会降低其工作积极性，引发恐惧、抑郁等心理状态，影响医疗卫生服务质量。近年来，国家出台了《关于严厉打击涉医违法犯罪专项行动方案》等一系列政策和法律文件，保障医务工作者人身安全，促进医疗卫生事业和谐稳定发展。

2. 和谐关系的需求　医生群体的和谐关系主要包括医患关系和组织认同。研究表明，患者了解医生的情绪信息和给予情绪的正向反馈可以有效提高双方合作意向，医患信任关系的正向演变和持续互动，对医生保持其良好的职业体验具有重要的影响。同时，医生作为医疗单位组织中的一员，期待与同事、领导保持友好互动，并获得领导或组织的积极认可。相关研究发现，组织支持、组织认同能够有效降低医护人员的职业倦怠水平，促进医护人员的良好职业发展。

3. 受尊重的需求　习近平总书记多次就关心爱护医师、保障医师的合法权益作出重要指示，强调"在全社会营造尊医重卫的良好氛围""要加强对医务工作者的保护、关心、爱护"。要关心爱护医务工作者，宣传报道医务人员的先进典型事迹。要着力提升医务工作者的职业价值感和成就感，让医生获得应有的社会尊重、社会支持，推动在全社会广泛形成尊医重卫的良好氛围。

4. 自我实现的需求　医生职业的自我实现需求主要包括其职称认定、经济收入、专业发展等几个方面。医生自我实现的价值感来源于 3 个方面：①技术成就感，利用自己的专业知识和技术，解决患者的病痛和疾患。②经济成就感，经济收入反映了社会对个人价值的评价，稳定、优厚的经济收入是对医生专业能力和社会价值的重要肯定，也是支撑医生继续发光发热的物质基础。③医生在自己专业领域的纵深发展也是激励医生获得自我实现的重要内在动力，能够激发医生更大的职业热情和职业动力。

三、医生与患者眼中的良医画像

职业画像是对医生职业素质多层次、全方位的直观展现。我国专家学者就医生职业画像进行了一些探索研究。如郑涛等根据医生职业的多属性特点，从临床、科研、教学、管理四大维度对医生形象进行了职业画像；郭宁等基于患者的角度，从外在形象、服务形象、专业形象、道德形象四个维度评价了医生形象；向宏将医生职业形象划分为外显、内隐两个层面，并从能力、热情、道德 3 个层面进行评价。根据 Wyer 和 Srull 于 1986 年提出的社会信息加工模型，医生画像的形成是医生的实体部分产生了信息化、形象性的社会投射，既包括医生对其形象的传播，也包括患者对医生所传播的形象形成的认识。

本教材主编研究团队分别从医生群体和患者群体两个视角研究了各自心目中的良医画像特征。研究自 2019 年起，先是分别选取多家三甲医院的主任医生、高等医学教育专家及数名一线医护人员进行了半结构式的调研访谈，访谈内容包括如下问题：您认为从事好医生职业需要哪些专业能力以外的个人能力？您认为适合医生职业的性格特征有哪些？您认为从事好医生职业需要具备的心理素质有哪些？再将收集到的词汇进行编码统计，选择出现频率最高的一些词汇，形成了《医生职业心理素质的精准普查》问卷。随后，在多家三甲医院的医护人员和临床患者群体中采用匿名调查的方式采集数据。最终采集到关于医生职业优势心理个性如积极、亲和力等 25 个高频词条，医生职业优势心理能力如沟通能力、应变能力等 18 个高频词条。并请被试就高频词条按照重要性以 1 ～ 10 级进行评分，以此确定出排名前 10 位的关键词。同时形成了医生群体和患者群体眼中不同的良医画像。

（一）医生眼中的良医画像

研究结果表明：在医生视角中医生职业需要高尚的品格，需要有治病救人的使命感、照顾患者物质精神利益的价值取向，需具备爱岗敬业、廉洁诚信的职业规范；医生职业也需要有过硬的专业能力、优秀的心理素质，其中医生群体认为医生职业最重要的 10 种心理个性依次是责任感、严谨、积极、冷静、亲和力、认真、好学、耐心、细致、爱心，最重要的 10 种心理能力依次是沟通、道德遵守、应变、抗压、决策、合作、学习、实践、移情、专研（图 1-1）。

品格形象
- 价值取向
  治病救人、保卫健康的使命感
  照顾患者物质精神利益
- 职业规范
  爱岗敬业的作风
  廉洁诚信的品质

专业形象
- 过硬的专业能力
- 良好的心理素质

√ 心理个性
责任感
严谨
积极
冷静
亲和力
认真
好学
耐心
细致
爱心

√ 心理能力
沟通
道德遵守
应变
抗压
决策
合作
学习
实践
移情
专研

图 1-1　医生眼中的良医画像

总结起来，医生群体对良医的期待可以概括为"专、精、诚、仁"，这与以往的研究结论不谋而合。如韦苗等调查了医生的自我认知，其中"工作态度端正，认真负责""关心患者，富有爱心和同情心""热爱医学事业""刻苦钻研，不断学习"4项成为医生群体认为最重要的职业构成。

（二）患者眼中的良医画像

结合前面的研究，我们同样得到患者群体视域下的良医画像。在患者视角中，对良医的品格形象与专业能力要求和医生视角相同，认为医生职业也需要高尚的品格，要有治病救人的使命感、照顾患者物质精神利益的价值取向，具备爱岗敬业、廉洁诚信的职业规范；医生职业也需要有过硬的专业能力、优秀的心理素质。但对于心理素质的具体内涵，患者视角有着与医生视角不同的认识，认为医生最重要的 10 个心理个性依次是责任感、亲和力、严谨、积极、友善、正直、耐心、细致、爱心、认真，最重要的 10 个心理能力依次是沟通、应变、道德遵守、决策、合作、抗压、共情、自省、协调、移情（图 1-2）。

图 1-2　患者眼中的良医画像

总结起来，患者群体对良医的期待可以概括为"仁、诚、精、亲"，这与以往的研究结果相类似。如向宏研究发现，患者期待高能力、高热情、高道德的医生；朱迪迪研究发现，患者认为医德和医术在影响医生形象方面起重要作用，但以医德为重。

（三）医生与患者眼中良医的差异

基于以上研究，我们对比了医生和患者视角下对良医画像的不同认识与差异（图 1-3）。

1. 医生职业的心理个性　在关于医生职业的心理个性上，患者更注重亲和力、正直、爱心等具有人文关怀的职业心理个性，而医生更注重冷静、认真、好学等心理能力和职业态度。有责任感是被患者和医生共同认为的最重要的医生职业心理个性（表 1-1）。

```
                      ┌── 价值取向 ──┬── 治病救人、保卫健康的使命感
           ┌── 品格形象 ─┤            └── 照顾患者物质精神利益
           │          └── 职业规范 ──┬── 爱岗敬业的作风
   良医 ──┤                       └── 廉洁诚信的品质
           │          ┌── 过硬的专业能力
           └── 专业形象 ─┤                      ┌── 医生视角：责任感、严谨、积极、冷静、亲和力、
                      │          ┌── 心理个性 ─┤   认真、好学、耐心、细致、爱心
                      └── 良好的心理素质 ─┤          └── 患者视角：责任感、亲和力、严谨、积极、友善、
                                    │               正直、耐心、细致、爱心、认真
                                    │          ┌── 医生视角：沟通、道德遵守、应变、抗压、决策、
                                    └── 心理能力 ─┤   合作、学习、实践、移情、专研
                                               └── 患者视角：沟通、应变、道德遵守、决策、合作、
                                                   抗压、共情、自省、协调、移情
```

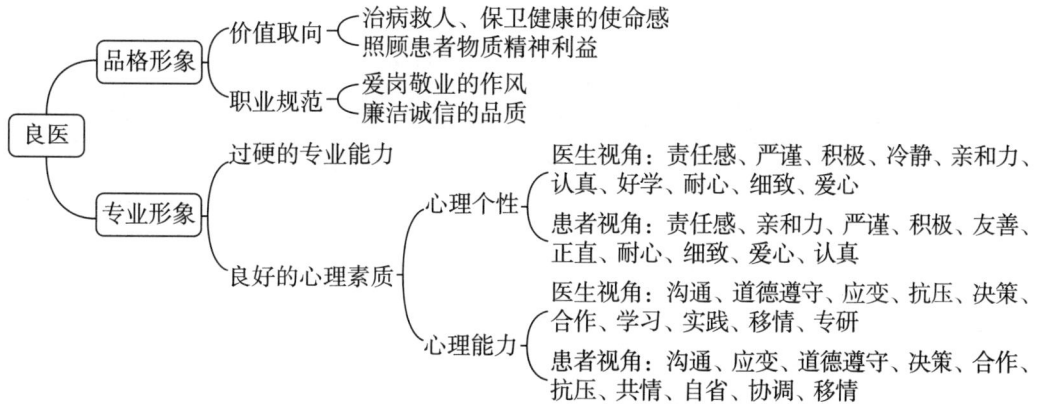

图 1-3 医患眼中的良医画像差异

表 1-1 医生与患者对医生职业心理个性的认知差异词汇统计

	患者		医生	
排序	词汇	平均重要性（s/f）	词汇	平均重要性（s/f）
1	责任感	3.014084507	责任感	2.704545455
2	亲和力	4.08490566	严谨	3.363057325
3	严谨	4.223214286	积极	4.817307692
4	积极	4.843373494	冷静	5.586956522
5	友善	5.08974359	亲和力	5.857142857
6	正直	5.447368421	认真	5.954545455
7	耐心	5.906542056	好学	5.977777778
8	细致	6.03030303	耐心	6.094339623
9	爱心	6.551282051	细致	6.227722772
10	认真	7.194805195	爱心	6.891566265

2. 医生职业的心理能力 在关于医生职业的心理能力上，患者更注重共情、移情等感受理解能力，而医生更注重抗压的应激能力和学习、实践、专研等学习能力。沟通是被共同认为最重要的职业心理能力（表 1-2）。

表 1-2 医生与患者对医生职业心理能力的认知差异词汇统计

	患者		医生	
排序	词汇	平均重要性（s/f）	词汇	平均重要性（s/f）
1	沟通	3.239726027	沟通	3.356321839
2	应变	4.204081633	道德遵守	4.76875
3	道德遵守	4.221428571	应变	4.825396825
4	决策	4.4296875	抗压	4.868965517
5	合作	5.033057851	决策	4.968992248

续表

	患者		医生	
排序	词汇	平均重要性（s/f）	词汇	平均重要性（s/f）
6	抗压	5.62745098	合作	5.26
7	共情	5.655172414	学习	5.907894737
8	自省	5.888888889	实践	5.936363636
9	协调	5.897959184	移情	5.96
10	移情	5.96	专研	6.152941176

通过以上对比研究发现，医生与患者眼中的良医形象有相同之处，也有不同之处。患者更注重医生的亲和力、正直、爱心等具有人文关怀的心理个性，而医生更注重冷静、认真、好学等立足于专业技能的心理特质。患者在呼唤人文关怀的回归、强调医生的"软实力"；而医生虽然也重视人文素养，但相较患者角度，更注重自己的专业水平和理性思考，更重视自己的专业"硬实力"。

进一步研究发现，医生和患者在关于疾病、健康和生命观念上有所不同。医学教育科学化、专业化的训练往往会使医生从生物学实体的意义上来定义疾病、健康乃至生命问题；然而，患者常常会凭借自身的感性认识来定义疾病、健康和生命价值问题，并对相关的诊疗行为进行价值判断。患者关注于疾病和生命质量的低下是否会影响到自身人生价值的实现；医生往往更关注对疾病的技术控制，而较少与患者人生价值问题联系起来。另一方面，当前大众患者普遍对医生的道德形象评价较低。何晓晴等研究显示，患者对医生关于廉洁、利他、同情心、平等仁爱、奉献精神等要素的现况评分较低，同时对友好、真诚、谦虚、尊重患者、积极沟通等要素的评分也相对较低，而这可能是导致医患矛盾频发的重要因素。

第二节　医学生职业心理素养内涵

职业心理素养是职业素养的重要方面，是职业素养在心理层面的集中体现。本节结合近年关于医学生职业心理素养的多视角研究，通过理论与实证的研究方法，对医学生职业心理素养的概念进行理清，对其具体内涵、结构模型和体系构建进行了系统研究。

一、职业心理素养内涵

在中国文化中，素养和素质是两个不同的概念。《辞海》中对素质的定义包含3个内涵：①指人在生理上生来就具有的特点；②指事物本来具有的性质；③指完成某种活动所必需的基本条件。心理学上的"素质"是指个人先天具有的解剖生理特点基础，如气质、秉性等；而教育学上的"素质"则侧重于在先天生理基础上，环境和教育对一个人综合品质形成的重要作用。

同时，《辞海》中对素养的定义包含两个内涵：一是指平素所供养；二为后天修习涵养。所谓"素"，从词源上讲是指"本色""原有的"；所谓"养"，原意是"培植""教育""熏陶"。在西方语境下，素养的英文表达"competencies"原指"胜任力"，更多地强调通过后天学习和训练而形成的适应于特定工作环境的职业技能；而中文语境下的"素养"是指个体在真实的情境下，在解决复杂的现实问题过程中表现出来的综合品质或能力，这种能力基于个体先天特质和后天养成。因此，关于素养完整的概念既包括人先天的身心组织结构及其质量水平，同时包括后天由训练和实践而获得的知识与技能。

因此，素质与素养两个概念相比较而言，素质侧重先天禀赋，素养则更侧重在先天禀赋基础上的进一步后天养成。同时素养的概念可由先天的素质结构和后天训练养成的知识技能共同构成。同时，职业素质是从业者在一定的生理和心理条件基础上发展起来的，在职业活动中起决定性作用的、内在的、相对稳定的个人品质；职业素养的内涵更为广泛，它同时包括个体相对稳定的职业素质，也包括经过后天训练而获得的职业知识与技能。职业心理素养是职业素养中偏重个体心理层面的先天基础和后天能力等内容。

二、医学生职业心理素养的内涵与结构

医学生职业心理素养是指医生职业对预备进入该行业的医学生所要求具备的职业认同、职业人格、职业心理知识与技能的总和，是医学生职业素养中集中指向岗位胜任力的一系列内在心理品质与外在心理知识技能的综合。

医学生职业心理素养的内涵主要包括4个方面：①职业认同，即医学生需要对医生职业具有积极正向的职业认知与职业价值观等，从而产生对医生职业的高度认同。②职业人格，即医学生需要不断促进自己向适应医生岗位的职业化人格发展，如有意识地塑造自己的亲和力、严谨细致等个性特征，以及心理弹性、沟通协调等心理能力，以更好地适应与应对好医生职业角色。③职业心理知识，即医学生需要加强关于医学心理学、心理咨询学、心身医学等知识的学习与运用，以更好地维护自身心理健康状态，提高对心理动因在整个医疗行为中重要作用的深刻认知。④职业心理技能，即医学生需要强化与患者建立良好的医患关系、协调医患沟通的临床实践能力，同时能够正确辨识疾病中的心理动因并开展疾病的心身综合诊疗。4个因素之间存在相互联系的逻辑关系，共同构成了职业心理素养的内涵，具体又可分为以下三个层次。

1. 内驱力层　主要为职业认同，是属于岗位胜任及职业化发展的基础层。个体想要胜任与发展好一门职业，首先需要有对该职业深厚的职业认同作为内在驱动力，以促发一系列学习与职业行为，并帮助个体克服在学习与职业发展过程中的诸多困难，持续长远地职业化发展。

2. 岗位胜任心理储备层　主要包含主客观两个方面：①指个体为胜任职业岗位需要具备的心理结构基础，如个性、心理应对能力等，主要包括个体的主观心理特征与能力倾向，即职业人格。②指个体为胜任职业岗位需要具备的客观心理知识体系的储备，即职业心理知识与理论等，如普通心理学、人际沟通心理学等。

3. 能力表现层　主要指向个体的岗位胜任力表现，即职业心理技能的发挥。个体能够很好地适应与胜任岗位，除了需要具备专业知识与技术，还需要具备很好的与职业相关的

心理技能，以帮助个体将专业能力出色地运用在工作任务中，提升职业的岗位胜任力。

综合来看，能力表现层属于职业心理素养结构的一部分，同时又是以内驱力层为基础，以岗位胜任心理储备层为蓄势，最终以良好的职业心理技能来体现个体的职业心理素养。3个层次4个因素共同构成了医学生职业心理素养"内驱金字塔"理论模型（图1-4）。

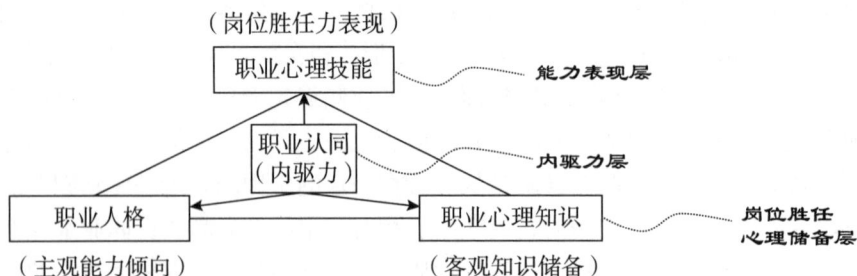

图 1-4　医学生职业心理素养"内驱金字塔"结构模型

综合起来，医学生职业心理素养主要包括指向医生职业的职业认同、职业人格、职业心理知识与职业心理技能4个版块，总体构成了医学生职业心理素养体系内容，以下将详细阐述其内涵。

三、医学生职业心理素养体系内容

医学生职业心理素养的内容丰富且复杂，涵盖医生职业需要具备的指向临床岗位胜任力的一切心理因素。我们结合实证研究结果，聚焦医学生职业心理素养的核心内容，最终形成了医学生职业心理素养的核心体系，该体系主要包含职业认同、职业人格、职业心理知识与职业心理技能4个版块，共涉及4个一级结构、11个二级结构、24个三级结构（图1-5）。

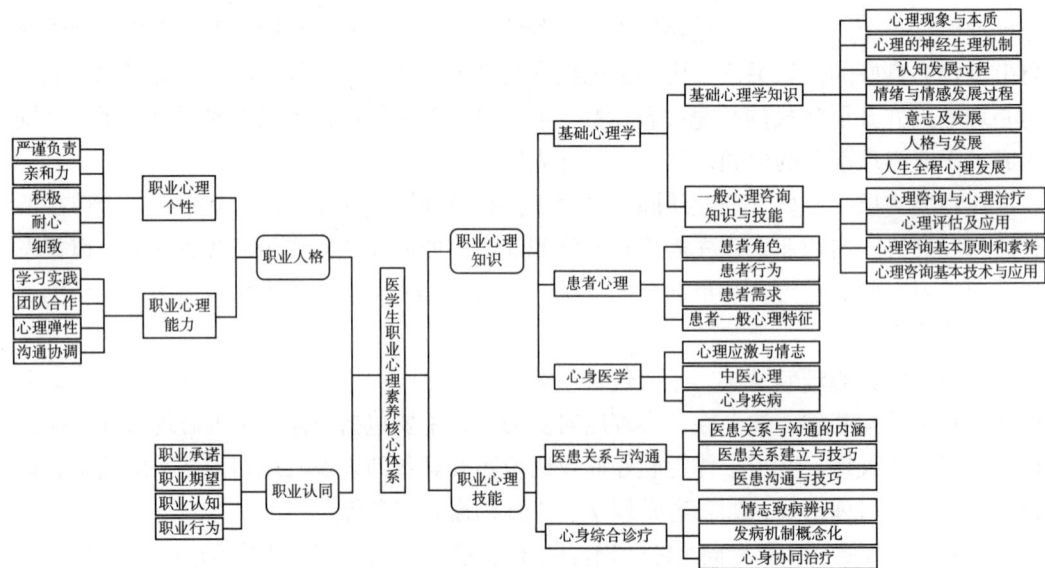

图 1-5　医学生职业心理素养核心体系结构

1. 医学生职业认同　指医学生对即将从事的医生职业目标、职业期望、职业情感、职业社会价值及其他方面总的看法和认知。职业认同又包括 4 个内在结构，分别是职业认知、职业行为倾向、职业承诺、职业期望。

2. 医学生职业人格　根据心理学对人格的定义，将职业心理个性和职业心理能力共同提炼为职业人格，以下探讨医学生职业人格的内涵。

（1）医学生职业心理个性　是指为了更好地长期胜任医生职业所形成的与医生职业相关的、稳定的心理特征。医学生职业心理个性主要包括 5 组个性特征，分别是严谨负责、亲和力、积极、耐心、细致。

（2）医学生职业心理能力　是指为了更好地胜任医生职业所形成的能够应对职业角色与行为、应对职业压力、进行自我心理调适等的心理能力。医学生职业心理能力主要包括 4 组心理能力，分别是学习实践、团队合作、心理弹性、沟通协调。

3. 医学生职业心理知识　主要包括基础心理学、患者心理、心身医学等理论知识。

（1）基础心理学知识　主要包括普通心理学、一般心理咨询知识与技能两个版块的内容。普通心理学的内容主要涵盖作为临床医生应该了解的最基本的心理学知识，包括心理学基本原理和心理现象的一般规律、心理的实质和结构、心理学的体系和方法论问题，以及感知觉与注意、学习与记忆、思维与言语、心理的神经生理机制、认知发展过程、情绪与情感发展过程、意志发展过程、人格发展、人生全程心理发展等内容。一般心理咨询知识与技能的内容主要涵盖医学生需要掌握的一般心理咨询知识与技能等。心理咨询是指运用心理学的方法，对心理适应方面出现问题并企求解决问题的求询者提供心理援助的过程。对医生而言，医生与患者的医患沟通如能迁移一些心理咨询中与来访者建立良好咨访关系的沟通技巧，便能有助于医生更好地建立医患关系，提高诊疗实效。

（2）患者心理知识　是指个体在生病或产生病感以后，伴随着诊断和治疗过程中所发生的一些心理反应或心理变化。了解患者的心理特点，有助于及时识别患者异常、危急心理状态，给予及时干预。医学生需要掌握的患者心理知识主要包括患者角色、患者行为、患者需求、患者一般心理特征等内容。

（3）心身医学知识　是指关于情志心理因素在疾病发生、发展中重要作用机制认识的相关理论知识，主要包括心理应激、常见心身疾病、中医心理学临床应用等知识。由于现代人患病时常兼有情志失调甚至致病的特点，故医学生掌握情志因素在疾病的发生发展、诊治及预后等方面的影响和作用机制，对于提高临床诊疗具有重要意义。

4. 医学生职业心理技能　主要包含医患沟通能力与心身疾病诊疗能力。

（1）医患关系与沟通　医患关系是指在医疗服务活动中客观形成的医患双方及与双方利益有密切关联的社会群体和个体之间的互动合作关系。医患沟通是指医生与患者及家属之间进行交流沟通的过程。良好的医疗沟通是和谐医患关系的基础，对医患双方及社会均有积极的现实意义。医学生需要掌握的医患关系与沟通内容包括医生角色与医疗行为、医患关系、构建良好医患关系的基本原则、医患沟通技巧等。

（2）心身医学综合诊疗　是指利用心身医学相关理论知识与治疗技术，从情志心理、应激反应与躯体症状互相整合的视角，识别疾病发生中的情志心理因素，并运用相关情志心理治疗技术对心身疾病进行综合诊断与治疗的医疗能力。

四、医学生职业心理素养培养的意义与价值

在后疫情时代背景下，心理动因在整个医疗系统中发挥着隐匿、深刻而广泛的影响作用。开展医学生职业心理素养的培养教育，具有教育、临床、社会等的多重价值意义。

1. 有利于满足现代高等医学教育的目标需求　立德树人是高等学校的根本任务，无论是医学院校还是普通高等学校，都需要把职业素养教育放在教育教学的重要位置。医术与医生职业道德（医德）相辅相成，医德为基础，在医德的指导下，医术不断地向着维护和保障人类健康的方向发展；否则，没有医德指引下的医术可能会成为"杀人的工具"。作为医学院校，培养学生具有良好的职业素养更加重要。重视医德医风教育，在夯实医学知识技能的同时，培养学生高尚的职业道德和价值观，才能真正培养出符合社会需求的高素养医学人才。

2. 有利于满足医学生职业发展的需求　医学生职业心理素养的培养有助于提升医学生的心理韧性和抗压能力，提升其医患沟通能力，提高其临床诊疗水平；有助于医学生适应医生职业，向"良医"和"名医"纵深方向发展，建功立业，实现自己的人生目标；有助于医学生在高强度的临床实践中还能有较强的获得感和自我实现的幸福感。可以说，医学生职业心理素养的培养为医学生实现崇高的医生职业理想奠定了基石。

3. 有利于减少医生人才的流失　医生队伍的流失是近年来不容忽视的现象，对国家造成的负面影响巨大。首先，医务人员培养周期长，其人才的流失势必造成国家教育经费及资源的浪费；其次，拥有过硬专业知识的医生才人流失会使医学学科发展受到限制性影响；再者，医生的流失对公共医疗卫生服务影响巨大，将对国民的健康保障造成影响。因此，培养医学生职业心理素养，增强医生的职业认同水平，提高医学生适应医生职业的特殊能力，减少医学生弃医改行的现象，有利于我国民生大计的良性发展。

4. 有助于提高医生的临床诊疗实效　医疗服务是服务于人的事业，则心理学学科融入医疗学科是必然趋势。同时，在新医学模式背景下，心理动因在疾病的发生发展、诊断治疗及预后转归上均显示出了重要的影响作用。因此，全面提升医学生职业心理素养，将有助于未来的医生群体提高对疾病的情志影响认知，提高其结合心理干预对疾病进行综合治疗的能力，更有助于医生运用心理知识和技术提高对病患的后期康复指导，从而整体提升临床诊疗实效。

5. 有助于促进医患关系和谐发展　提升医学生的职业心理素养，即包括对患者心理的共情与把握，与患者进行有效良性互动的方法技巧，帮助患者从心理动因层面消除疾病的负面影响因素等，以此全面改善医患紧张的沟通模式，提高患者的治疗依从性和医生满意度，提升医生的诊疗效能，从整体上促进医患关系的和谐发展。

本章临床应用

2019 年末突如其来的新冠疫情是全体医务人员面临的一场没有硝烟的持久战。新冠病毒作为烈性呼吸道传染病，传染性极强，医务人员也因此成为高危易感人群。在这场生死较量中，身处最前线的医护人员处于持续的应激反应，容易导致各类不适的躯体化症状及强迫、焦虑、敌对、偏执等精神症状，甚至引发了一系列心理、行为和情绪问题。医务人员需要获得足够的心理支持与加强指导，以保持身心动态平衡健康。

医务人员作为全民健康的保障者、卫生服务的提供者，其自身的职业健康特别是职业心理健康尤为重要。中国医院 EAP 联盟于 2019 年启动了"改善医务人员职业心理健康"关爱行动，是为进一步关爱医务工作者，提高其心理健康水平，给予医务工作者更多的心理支持与指导而开展的。如上海交通大学医学院附属仁济医院创设了轻心工作室，四川大学华西医院建立了生命周期职工精准关爱体系，深圳龙华区人民医院提出了幸福"E+ 医"计划等，从解决职工最关心、最直接、最现实的问题入手，聚焦医护人员心理状况，做到切实关爱医护人员的身心健康。

【复习思考题】

1. 如何理解医生与患者眼中关于良医形象的具体区别与联系？
2. 简述医学生职业心理知识技能的主要内涵。
3. 你认为提升医学生职业心理素养水平有哪些重要意义？

【参考文献】

1. 尧丽，郭阳，周诗雨，等 . 大学生控制感对状态焦虑的影响［J］. 中国心理卫生杂志，2022，36（11）：970 − 974.

2. 吴世超，郭婧，胡琳琳，等 .136 所三级公立医院医生心理健康自评现状及影响因素研究［J］. 中国医院，2020，24（2）：30-33.

3. 杨槐，苗天长，陈芍 . 医学生心理健康教育课程模块化构建：基于 OBE 理念的设计［J］. 中国卫生事业管理，2022，39（8）：621-625.

4. 谢静，叶明，刘东亮，等 . 蚌埠市临床医学规培研究生心理健康状况［J］. 中国学校卫生，2019，40（11）：1676-1678.

5. 刘琳 . 医学生心理健康状况统计分析与对策［J］. 教育教学论坛，2020（18）：153-154.

6. 虞琴，李相龙，王晨曦，等 . 指长比与地方院校医学生心理健康状态的关系［J］. 解剖学杂志，2022，45（4）：360-363.

7. 吴利平，陈利平，徐晔 . 医学生死亡焦虑及生命意义感问题调研及对策研究［J］. 中国卫生事业管理，2022，39（6）：467-470.

8.Epstein,Ronald M.Defining and Assessing Professional Competence［J］. Jama，2002，287（2）：226-235.

9.常微微，周梦洁，陈超，等.2020年芜湖某校医学生睡眠 – 觉醒昼夜节律与焦虑、抑郁的相关性［J］.卫生研究，2022，51（3）：417–422.

10.杨敏，苏月楠，杜莎，等.新型冠状病毒肺炎疫情下医学生抑郁状况影响因素分析［J］.中国职业医学，2021，48（6）：675–683.

11.黄千，李月，薛云珍.新冠肺炎疫情期间医学生抗疫心态与创伤后应激障碍的关系［J］.中国学校卫生，2021，42（10）：1508–1511.

12.王岩.临床医生心理健康、应对方式和应激行为关系的研究［D］.沈阳：中国医科大学，2020.

13.Maslach C,Schaufeli W B,Leiter M P.JOB BURNOUT–Annual Review of Psychology，52（1）：397［J］.2001.

14.陈小雪.组织支持、组织认同对医务人员职业倦怠和情绪劳动的影响研究［D］.成都：成都中医药大学，2020.

15.郑涛，王觅也，宋雪，等.医疗大数据生态下基于标注引擎的医生画像研究［J］.中国数字医学，2021，16（7）：39–43.

16.王颖，张玮楠.公立医院医生的职业使命感对工作投入度的影响研究［J］.科研管理，2020，41（2）：230–238.

17.潘雯，冯晶，郑艳玲，等.中国全科医生心理资本与留职意愿的关系研究：职业认同的中介作用［J］.中国全科医学，2023，26（25）：3127–3132.

18.吴吉明，王凤英.现代职业素养［M］.北京：北京理工大学出版社，2018.

19.朱智贤.心理学大词典［M］.北京：北京师范大学出版社，1989：650.

20.顾明远.教育大词典［M］.上海：上海教育出版社，1990：27.

21.张红霞，侯小妮.综合素质与核心素养辨析［J］.上海教育科研，2020（5）：15–19.

第二章 医学生职业认同 ▷▷▷▷

职业认同是个体对即将从事或正在从事的职业目标、社会价值和个人意义及其他因素的总的看法。因此，医学生职业认同是医学生对医生职业相关总的看法和认知。本章从职业认知、职业行为倾向、职业承诺、职业期望4个方面来阐述医学生职业认同的形成。通过解析医学生职业认同的丰富内涵，希望医学生能够加深对医生职业的积极认知与认同，树立牢固的职业理想信念，不断增强自己的职业满足感，获得职业发展的充分内驱动力。

第一节 医学生职业认知

医学生职业认知是指对医生职业性质、职业特征、职业能力要求、职业价值和社会地位、职业工作环境、职业薪酬待遇和长远发展等的全面了解和理解，是更偏向于客观理性层面对医生职业的整体认识。

一、医生职业性质

职业是一种社会活动，既是从业者的主要经济来源，又赋予从业者特定的社会角色和社会责任，是个体实现自我价值的重要途径。它总是随着社会结构、人们生活方式的变迁而出现、发展或消失。

医学是自然科学、社会科学及人文科学相结合的综合科学，强调自治、自律、技术胜任力。医生职业的出现以医学的专业化为基础，是指具有专业医学知识和专业医学技能的职业群体。医生以治病救人为使命，以保障全人类的生命健康为职责。正如孙思邈在《备急千金要方·序》中所言："人命至重，有贵千金，一方济之，德逾于此。"医生的职责与使命赋予了医生职业的崇高价值，因此有人说"医术是一切技术中最美和最高尚的"。

二、医生职业内容

医生的工作内容涵盖广泛，主要包括但不仅限于：①进行医学诊查治疗、疾病调查、医学处置、出具相应的医学证明文件；②制订科学合理的医疗、预防、保健方案；③从事医学研究，学术交流，钻研业务，更新知识；④宣传卫生保健知识，对患者进行健康教育；⑤从事医学教育，培养医学生，传播医学知识技术；⑥其他与疾病和人类健康相关的医事活动。

三、医生职业特点

任何一个职业都是社会分工的结果，每一种职业在自身实践中都会形成独有的职业特点。医生职业因为其特殊性又具有多重职业特征，主要包括专业性强、社会责任重、三高性（高危性、高强度、高压力）突出。

（一）专业性强

医生职业具有较高的专业权威性。随着医学科研的深入和医疗技术的发展，知识更新速度日新月异，医学知识的专业性越强，越需要医生系统地掌握和快速地更新医学知识技术。在面对患者时，医生具有很强的干预力和指导力。这种职业专业性需要医生具有过硬的专业知识和丰富的临床经验，要求医生终身式学习。若是医生在临床上显得不够专业，特别是遇到喜欢"百度"的患者，医生可能会遭受患者的质疑："医生，你到底行不行？""你要不要给我找一个你们科更厉害的医生？"当患者对医生的专业性产生质疑时，就悄然埋下了医患矛盾的种子。因此钟南山教授说："作为医生我们要永远保持走在路上的状态。唯有如此，才能满足人民群众不断增长的对健康的需求，不负医者的使命。"

（二）社会责任重

医疗卫生事业在我国被认为是一项公益事业，医生承担着非常重要的社会责任。国家的繁荣富强首先以国民的生命健康为基础，国家历来将保障人民健康放在优先发展的战略位置。正如医学生誓言指出"健康所系，性命相托……我决心竭尽全力除人类之病痛，助健康之完美，维护医术的圣洁和荣誉，救死扶伤，不辞艰辛，执着追求，为祖国医药卫生事业的发展和人类身心健康奋斗终生。"医生的职业素养强调医生在任何环境下要"仁者爱人，知行合一"。比如日常生活工作中在各种平台科普医学常识，从教育层面提高患者对医学常识的认知；当医生遇到有人突发疾病，可以立刻唤醒自己的医生角色抢救患者，无论她/他此刻是否处于工作状态中。如成都中医药大学两名医学生彭婕婷和陈家利在常德火车站为一晕倒的男子进行心肺复苏和人工呼吸急救，还因此错过了搭乘的列车；抑或是在大灾大难、突发公共卫生事件中不畏艰难，全力以赴救治病患，保障人民的生命健康安全。这些无一不体现了医生职业的使命担当。

（三）"三高性"突出

医生职业还具有高危性、高强度和高压力的"三高性"特征。医生的职业风险主要来自3个方面：①职业暴露的风险。医生在做临床操作、手术时可能被相关疾病传染。②尽管医学科学已经取得了极大的进步，医生面对某些症状或疾病仍然束手无策。当医生因为诊治无效或发生医疗事故时，需要承担相应的责任和风险。③来自患者的负面情绪或冲突式的医患沟通，可能会导致不良的医闹事件发生。另一方面，据2017年艾瑞咨询发布的《中国医生生存现状调研报告》，77%的医生表示曾1周工作超过50个小时，有 10.7% 的医生睡眠时间不足 5 小时。《2021 医师调查报告》显示，医生群体工作压力大，且面临着多种压力源，医生职业普遍存在工作负荷大、压力水平高的职业特征。

四、医生职业环境

医生职业环境是指制约或促进医生专业实践工作场所的相关因素，主要包括政策与法治环境、舆论环境和工作环境 3 个方面。

1. 政策与法治环境 近年来的一些调查研究显示，我国医生认为当前医生的职业环境需要改善，医患冲突仍较为突出。由此，国家出台了一系列政策来优化医生职业环境，以进一步保障医生执业的政策与法制环境。2013 年国家卫生计生委、中央综治办、公安部等 11 个部门联合印发《关于维护医疗秩序打击涉医违法犯罪专项行动方案》，以及《医师法》第四十九条提出"县级以上人民政府及其有关部门应当将医疗纠纷预防和处理工作纳入社会治安综合治理体系，加强医疗卫生机构及周边治安综合治理，维护医疗卫生机构良好的执业环境，有效防范和依法打击涉医违法犯罪行为，保护医患双方合法权益""禁止任何组织或者个人阻碍医师依法执业，干扰医师正常工作、生活；禁止通过侮辱、诽谤、威胁、殴打等方式，侵犯医师的人格尊严、人身安全"，有效地促进了医生职业环境的优化。

2. 舆论环境 以往存在不良媒体对医患矛盾事件的报道有失偏颇的情况，加剧了医患关系的紧张氛围。而当前舆论媒体已逐步转向报道大美医者的先进事迹等，以触发公众对医生职业的积极情感。

3. 工作环境 医生的工作环境也具有特殊性，使其身处患者病痛、突发急救的负面紧张氛围中，需要医生自身具备较强的心理抗压能力与危机应对能力。

五、医生职业评价

由于医生职业的特殊性，关于医生职业的评价很难一概而论或单因素评价。医生职业的本质是救死扶伤、以人为本，具有明显的职业优势和职业缺点。

医生职业优势主要体现为职业发展路线清晰且稳定；医生职业面临的失业概率相对较低；医生职业生涯很长，可潜心研究医学技术并获得不断的深造发展，其职业后劲很足，发展呈逐步良性积累的态势，医生容易获得职业成就感；医生获得的社会支持和社会地位较高，能够带来较好的职业满足感；医生职业收入通常会不断增长，并普遍高于社会平均水平；而医生职业可以获得更便利的医疗资源被公众认为是最具优势的职业特点之一。

但同时，医生职业的劣势也较明显，如医生职业门槛较高、培养周期较长、教育投入较大，而且医生职业工作强度大、压力大、风险高等。

整体而言，医生职业的优势大于劣势，因为从人一生的长远发展来看，工作强度与压力相对来说是可调节的，工作风险在一定程度上也是可控的。

六、医学生的职业认知

通过以上对医生职业的总体了解，医学生应当坚定自己的医生职业发展信念，合理规划医学生阶段及未来的职业生涯发展路径，并根据实际情况不断调整优化，使自己成为一名合格的医生、出色的医生，并获得相应的职业成就与职业回报。比如在医学培养阶段就注重制定切实可行的学习计划，从夯实理论知识、熟练临床技能操作，到加强职业心理素养提升、保持身心健康等各方面训练和培养自己，努力通过培养过程中的各项专业考核，做到心中有数、目标清晰，不断积累自己的职业经验，不断精进自己的专业水平，向着名医大医的职业发展路径不懈努力。

第二节　医学生职业行为倾向

一般而言，良好的职业行为是建立在积极的职业认同基础上并自然发生的。当医生对自己的医生职业具有较高的认同水平时，自然会触发医生付出积极的意志力，努力去从事医生职业所要求的行为内容与规范。相应地，医学生如果对医生职业具有较高的认同水平，也会触发一系列能够指向未来医生职业实践的意志行为或行为倾向。因此，医学生职业行为倾向是指医学生愿意付出意志力和努力行为，以不断向医生职业规范和要求靠拢的主观能动性。

一、医生职业行为特征

医生的职业行为具体是指医生在诊疗过程中，针对患者病情采取的一系列从预防到康复的诊疗行为，由一系列责任和义务组成。其基础是执业医师法所规定的医疗卫生服务行为。具体来讲，医生的职业行为具有以下特征。

（一）复合性

结合医生接诊患者的情况，医疗实践活动具体包括沟通、诊断、用药、安慰、告知等多种行为，各种行为既彼此独立又相互联系，可统称为处方行为和诊疗行为。由此说明，医生职业行为具有复合性的特点。这要求医生每一项行为都必须严谨而合乎情理，因其各个行为环环相扣，任何一处存在差错，均可影响诊疗实效，甚至导致医疗事故的发生。

（二）变通性

医学涵盖面广，根据医学专业的细分，不同亚专科对应的医生职业行为存在一定的差异。每个患者都是独立的个体，有着不同的社会文化背景，即便是同患一种疾病，医生对其诊疗也可能不同。比如当年轻人和老年人同患一种肿瘤疾病，医生往往选择告知年轻人其患病的真实情况，而选择先将患者真实病情告知老年人的家属，再视情况决定是否告知患者本人。这其中就体现了医生职业行为中需要具有较高的灵活变通性。

（三）互动性

医生和患者是彼此依存的协作者。患者构成了医生的工作对象和工作内容，而医生则成为患者的依赖和希望。或者说患者治病的需求需要通过医生才能满足和实现，因此，医生的职业行为和患者的就医行为具有明显的互动性。这不仅表现在问诊时言语的互动性上，更表现在诊疗过程中为了实施治疗过程而采取的医疗行为互动上。通过以上医患互动，可以促进医生与患者的和谐沟通，促进彼此信息的精准互换，从而有效完成诊疗过程。

（四）谨慎性

医生职业具有较高的风险性和不确定性，因此医生的职业行为必须谨慎。正如中国科学院院士张孝骞把"戒、慎、恐、惧"作为自己的座右铭。他认为："在患者面前，我永远是一个小学生。"医生要以"如临深渊，如履薄冰"的心态，小心翼翼地诊断和治疗，避免误诊和差错。万一发生疏漏失误，应及时纠正，共图善后，不容有任何门户之见、无谓之争，更不可妄加掩盖。

综上，医学生要提前熟悉医生职业的行为特征，调整职业预期，做好职业行为准备，为更快更好地适应医生职业行为做好充分的心理建设与实战演练。

二、医生职业能力要求

（一）全球医学教育最低基本要求

医疗是一种基于丰富理论知识的技能性实践活动。医生的职业胜任能力是完成医疗实践任务的必要保障。国际医学教育专门委员会（IIME）制定了"全球医学教育最低基本要求"（GMER），明确界定了医学毕业生应具备的基本核心能力，并将其分为 7 大领域，细化为 60 条指标（表 2-1）。因此，要想成为一名合格的医生，医学生必须习得上述内容提出的知识并转化为内在的能力。

表 2-1　GMER 制定的医学毕业生应当具备的 7 大领域核心能力

领域	具体内容
职业价值、态度、行为和伦理	包括医学职业道德、伦理和法律原则、个人的职业价值观等
医学科学基础知识	涵盖人体结构和功能、行为、健康和疾病的影响因素、急慢性疾病的病因学、流行病学、卫生管理和健康干预等医学科学基础知识
沟通技能	与患者及其家属、同事、其他专业人员进行口头和书面的有效交流能力
临床技能	包括病历书写、体格检查、诊断、处理急症、急救、健康评价、合理利用诊疗资源等在内的临床技能
群体健康和卫生系统	对群体健康即影响人群健康、疾病的生活方式、遗传、环境、社会经济、心理、文化等因素的认识，对卫生保健系统组织原则和管理的认识
信息管理	能够收集、检索、使用医学信息来辅助诊断、治疗和预防疾病的信息管理能力
批判性思维和研究	能够科学地评判资料与信息，具有批判性思维能力

（二）医生职业能力的总体要求

随着医学技术的深入发展，医学知识更新的速度越来越快，医疗专业化技术越来越精细。医生需要主动学习，持续学习，终身学习；需要从患者身上学习，向同行学习，向上级学习；需要不断地进修深造，提高并保持自身专业能力以便能够时刻走在医学前沿，力争跟上疾病发展的速度；要培养创新转化能力，从临床治疗中不断总结提炼，勇于攻克疑难杂症，不断缩小医学的局限性；要对患者负责，需要自我高标准、严要求，按流程与指南，规范化诊断与治疗；要充满人文关怀，具备较高的人文素养，有爱心和同情心，能换位思考，尽量提高患者的就诊满意度与就诊质量。

综上，医生职业具有极高的专业技术要求，具有较大的工作负荷与压力，更具有崇高的社会责任与价值意义，但同时也面临着相对复杂的职业环境。总体而言，医生职业优势较多，但相应的职业付出也会更多。

三、医学生职业行为倾向

职业倾向是个人对于不同职业类型的追求、偏好，也是职业观中的行为成分。医学生对医生职业形成全面认知与情感倾向后，会逐步促发一系列趋同的实践行为，以使自己不断向一名职业医生发展。这些行为包括采取行动努力学习，也包括不断模仿，使自己更像一名医生一样行动。这些行为由于是在医学生尚未真正成为一名医生时发生，称为"医学生职业行为倾向"，表明医学生不断使自己获得成为一名职业医生的职业能力与行为能力，是一种在成为医生职业前的能力准备与心理准备。

（一）不断强化医学综合实践能力

1. 注重专业基础的夯实　医学生必须注重专业基础知识的强化学习，包括自然科学基础课程、生命科学基础课程、基础医学课程、临床医学课程等内容，能熟练运用医学培养方案中要求掌握的课程内容，为临床实践打下坚实基础。

2. 注重人文素养的培养　医学生首先要认真学习各类通识教育课程，树立正确的职业信念，并注重培养医生职业人格化的心理品质，包括职业心理个性如严谨负责、亲和力、积极、耐心、细致等，职业心理能力如团队合作、共情与移情、临床应变等。这些人格化特质的形成将有助于医学生获得职业成就，并能最大化降低职业风险。

3. 加强综合能力的锻炼　医学生应具有严谨的科研思维，能够发现医学相关的科研问题，并运用现代生命科学技术方法分析问题、研究问题及解决问题。此外，基于医学的世界性，医学生应具有熟练的中英文沟通能力。同时，医学生需重视学习实践、团队合作、心理弹性、沟通协调等职业心理能力的培养。以上所涉及的能力均是医生综合能力的体现，是成为一名优秀医生的重要前提。

4. 强化临床实践　医学生应当明确临床实践的重要性，这是将专业理论知识运用于具体诊疗实践的重要手段。医学生不能纸上谈兵，如不能将理论运用于临床则会导致误诊甚至造成严重的医疗事故，危害患者的生命健康安全。因此，医学生要积极参加学校组织的寒暑期临床实践、临床见习、临床实习等实践教育，从而培养出精准诊断、操作规范、沟通协调、疾病治疗和预防、健康促进、临床推理和问题解决的综合能力。

5. 重视职业道德的培养　医学生综合实践能力的培养，还需要高度的职业道德与职业情操作为思想基石与发展动力。否则，脱离正确的职业信念与人生理想的指引，再高超的医术也不能为大众健康作出积极贡献。医学生需形成高尚的医德和强烈的社会责任感，这是医生职业救死扶伤的特性所决定的，是医生实现个人社会价值的内在要求，也是获得同行、患者群体尊重的必备条件。

（二）主动克服职业发展困难

医学教育周期长，教育经费投入大，医学职业生涯漫长。同时，医学生面临庞杂的医学课程学习、高频率的分阶段考核、与日俱增的科研能力要求等，均使得医学培养过程漫长而辛苦。医学生需要以坚定的职业理想信念为依托，为成为优秀医生而积极主动地去克服医学生涯中遇到的各种艰难险阻，要有脚踏实地逐步实现每个目标的决心，在遇到困难时要能积极主动地寻求资源，寻求帮助，坚持不懈。正如医学生誓言所言"刻苦钻研，孜孜不倦，精益求精，全面发展"，需要医生"仰望星空，又脚踏实地"。

第三节　医学生职业承诺

职业承诺是个人对所从事职业的喜好和留恋程度、对现有职业的忠诚度，以及对变更职业的可能性和付出代价的综合认知。医学生职业承诺显示了医学生对医生职业道德与价值观、职业责任与义务等的内在认同水平，对医生职业积极情感的养成，以及坚持医生职业并愿意为之付出长远意志努力的选择程度。本节主要就医生职业道德、职业价值观、职业责任与义务、医生职业积极情感的养成等方面展开论述。

一、医生职业道德

（一）医生职业道德的内涵

医生职业道德旨在调节医生与患者、医生与医生、医生与社会之间的行为规范。它不同于别的职业道德（如教师职业道德、新闻职业道德），医生职业道德要求更高、意义更突出。因为医生的服务对象是人，其服务质量的高低直接关系到生命健康。一个医生具有崇高的职业道德，则对病患的生命健康有益；反之，则危害患者的生命健康。正如 *Patient's Interest First:The Nature of Medical Ethics and The Dilemma of a Good Doctor* 一书中提出："患者的利益第一位是医德和良医的本质。一个优秀的医生必须具有良好的医德，必须坚持患者的利益高于一切。"

（二）医生职业道德的特征

1. 普适性　在医生面前，人人平等，均享有获得生命健康的权利。如《希波克拉底誓言》中说道："我愿尽余之能力与判断力所及，遵守为病家谋利益之信条……无论至于何处，遇男或女，贵人及奴婢，我之唯一目的，为病家谋幸福，并检点吾身，不做各种害人及恶劣行为。"医生需要无差别地对待来访的患者，不以患者的个人特殊背景而区别对待，实现治病救人的普适性。

2. 继承性与批判性　医生职业道德是历代医生在医疗实践活动过程中不断总结并逐渐积累的职业规范与准则。从《希波克拉底誓言》到《大医精诚》，再到《日内瓦宣言》，都强调医生对患者一视同仁，救死扶伤的人道主义。今天的医生职业道德在不同程度上包含了历代各个时期医生职业道德的内容，具有历史的继承性。但随着时代的发展，需要批判性地继承古今中外的医生职业道德，继承利于当代医学科学和医生职业道德体系发展的道德规范。

3. 客观性　医生职业道德是对客观存在的医生职业行为活动的反映，它以促进人类健康利益为目标，不是个体主观随意制定，而是经过漫长岁月的职业发展沉淀，在医生行业中形成了普遍认可的关于医生职业规范的要求和评价标准。

（三）医生职业道德的内涵

医生职业道德的宗旨是全心全意为人民服务，救死扶伤，关心爱护病患，体现了最基本的职业道德。医德不是泛泛而谈，而是来源于实践又高于实践。医生要热爱本职工作，以慈悲之心去医治病痛；医生要换位思考，将心比心，体谅患者的难处，拒绝以牺牲患者利益来牟取私利；医生要终身学习，精益求精，勇于攻克疑难病症；医生要遵守法律法规，拒收"红包"，打造风清气正的医疗服务环境；医生要对工作负责，避免医疗差错甚至医疗事故。

二、医生职业价值观

医生职业价值观是指医生对医生职业价值的基本看法和基本评价，以及医生职业带给医生个人意义价值的认识。

（一）医生职业价值的内涵

人民健康是社会文明进步的基础，是民族昌盛和国家富强的重要标志。医疗卫生行业是一个涉及国计民生的关键行业，承担着为国民健康保驾护航的重任，有其重要而特殊的职业价值体现。

1. 爱岗敬业，忠于职守　医生职业价值观要求每位医生正确认识个人志趣与社会需要之间的关系，个人志愿服从社会需要。生命大于天，医生职业价值观要求医生做到爱岗敬业，避免因个人疏忽而使患者的生命健康受到损害。

2. 服务患者，救死扶伤　患者是人群中的弱势群体，他们承受着身心的痛苦，是医生的服务对象，医生需要恪守职业操守，对患者尽责，尽最大努力为患者减轻病痛。

3. 团队协作，公平正义　医疗活动的正常实现是以团队合作为基础，任何一项医学先进成果、最新发现及诊疗指南的形成等都需要通过团队合作实现。同时，公平正义是人类不断追求的永恒目标。医生对待病患要一视同仁，公平分配医疗资源。医生不能为牟取私利，损害病患享有公平治疗的权益。

4. 勤奋学习，精于医术　医学发展的速度往往难以跟上疾病发生发展的速度，还有很多疑难杂症、罕见病等着医学来攻克。只有不断学习，精于医术，才能不断解决医学领域的新问题。

5. 遵守法律，维护医生尊严　医生要遵守法律法规，不做损害患者利益的事，不让患者对医生失去信任，维护医生的职业尊严。抵制因个人的不端行为使医生职业受到污名化的行为。

（二）医生职业价值观的功能

医生职业价值观的形成，会促使医生对符合自己价值观念的行为和事物加以选择。它能充分调动医生提高自身业务水平的积极性，也能保护其对医学发展的积极情感，提高他们在医疗活动中的意志力；它能给予医生使命感、归属感，使医生群体形成巨大的向心力，具有巨大的凝聚功能；它能促使医生选择符合价值规范的行为，避免不合伦理和不符合职业精神的行为，从而实现职业行为最优化选择；它保证医生的职业行为有利于他人和社会，有利于维护医疗环境和就医秩序，协调医患关系，赢得社会信誉，并进一步促进医学事业的高速发展。

三、医生职业责任和义务

（一）医生职业责任

医生作为一种特殊的职业，因其与人的生命紧密相关，其职业责任格外重大。这就要求医生在恪守医德的意识下，明确自己的职责与责任。

1. 医生的临床责任　临床责任包括临床诊断和临床决策。临床诊断是医生询问病史，进行体格检查及相关辅助检查，结合医学知识和临床经验，综合分析得出疾病诊断。而在临床诊断的基础上采取合适的治疗方案即是临床决策。正确的临床诊断是临床决策的重要基础。

2. 医生的科研责任　科研责任主要是指医生需要努力发展医学技术，需要承担医学技术发展的责任，以不断完善疾病的诊疗方案，减轻患者的病痛与压力等。此外，医生有责任认真研究、预测医学科技发展对人类、自然和未来可能造成的各种影响，从而提出有效措施，引导医疗技术健康发展。

3. 医生的健康责任　健康责任是指医生因其自身掌握的医疗专业知识而对人民负有保障健康的责任，以及不断完善自身知识结构，更好地为人民健康负责的义务。医生需要通过自己的专业知识对人们进行卫生保健知识的普及，宣传健康理念，参与公众的疾病咨询、普查，参加突发性卫生事件的救治等。

4. 医生的职业道德责任　医生需要始终坚守职业道德，对患者的治疗过程负责、对自己选择的医疗技术负责、对患者的生命安全负责等。拒绝过度医疗、无效医疗，不能仅关注当前医疗效果而不考虑长久的负性影响。在开发和应用不确定性技术时要尤其慎重，要经过充分的临床试验验证与预判，还要充分预测到其对未来的长远影响，并承担由此带来的伦理与道德责任。

（二）医生职业义务

1. 医生对患者高度关注的义务　医生对患者的高度关注义务是指医生需要以"病患为中心"，而非以"疾病为中心"，详细询问患者病情，细致诊察病因病机，充分听取患者感受及所思所想，在利用专业技术治病救人的同时，给予患者足够的人文关怀。

2. 医生告知义务　根据《中华人民共和国侵权责任法》第五十五条规定："医务人员在诊疗活动中应当向患者说明病情和医疗措施。需要实施手术、特殊检查、特殊治疗的，医务人员应当及时向患者说明医疗风险、替代医疗方案等情况，并取得其书面同意；不宜向患者说明的，应当向患者的近亲属说明，并取得其书面同意。"即医生有明确的就医疗行为等情况对患者的告知义务。

四、对医生职业积极情感的养成

医学生需不断促使自己形成对医生职业的积极情感，通过不断投入情感而加深对医生职业的忠诚与信念。医学生培养自己对医生职业的积极情感可以从以下 3 个方面入手：①主动看到医生职业的优势面。医学生应当明白任何职业都会有陷入困境的时候，但医生职业具有不可替代的职业价值。应当培育自己坚定的职业理想和职业信念，体验医生职业的崇高价值感和荣誉感，用精神信念坚定自己。②多临床实践。通过反复的临床实践感受到医学的魅力与价值，体会医患之间因为健康相守而产生的美好情感，体会作为医生守护健康的成就感和使命感。③多看名医名家的诊疗实录，多跟名医名家诊疗实训。亲身经历医学带给患者健康快乐的过程；看到医者在医学道路上孜孜追求，与患者彼此成就，实现人生价值的快感与乐趣。以此培养自己对医生职业的积极感情，提高自己的职业忠诚度，激发和强化个人对于职业发展的行动力，从身体和心理上做好准备，不轻易放弃医生职业。

五、医学生职业承诺的养成

医学生职业承诺是医学生走向医生职业的有效激励，并为成为一名医生付诸积极的学习态度和主动学习的行为。医学生需要不断加强对医生职业的积极认知，充分认识到医生职业对国家社会、家庭、个体的重要意义，树立成为一名优秀医生的职业生涯目标。在漫长的学习生涯中，医学生需要持续不断地挖掘医生职业的乐趣，需要明确自己的职业兴趣偏好，如偏于接触成人或儿童、偏于临床或科研等，以使个体将主要精力放在目标领域，并激励个体为实现目标持续努力。

第四节　医学生职业期望

职业期望是个体对将要从事的工作各方面的设想，是个体将能力、兴趣爱好、自我价值观、薪酬、福利、机会等可获得性因素与将要从事的职业环境不断匹配的综合反映；也是个体预期达到的职业发展水平及能否取得职业成功的预期，是个体对待职业的态度和信念，是个体对职业的渴求或向往。职业期望既是个人内在职业价值观的外在表现，又是决定个人职业选择的内在源动力。医学生职业期望是指医学生愿意从事医生职业，并对从事医生职业所获得的相应社会地位、经济价值、职业发展及职业回报的综合期待。

一、医生职业的社会地位

社会地位通常是指个体在社会系统中所处的位置，一般由社会规范、法律和习俗限定。它常用来表示社会威望和荣誉的高低程度，也泛指财产、权力和权威的拥有情况。影响职业社会地位的因素很多，某种职业的社会地位通常不是一成不变的，往往会随着时代的发展而变化。不同职业的从业者会形成不同的社会地位。而医生职业在某个特定时代中的社会地位是由多种因素决定的，如社会结构与经济结构、社会对健康和疾病的价值评价、社会分配给医生的任务、医生在特定时期里可以使用的医疗技术等。

自古以来，医生的社会地位相比其他职业而言相对较高。首先，医生往往可以获得相对稳定的经济收入；其次，因其专业性极强，工作相对稳定并能获得较高的职业尊重。德国著名民调机构阿伦巴赫研究所公布的民调显示，76% 的德国人认为，医生是最值得尊敬的职业。该研究所专家称，过去 20 年，医生这一职业一直保持着超过 70% 的受尊敬程度。同时，因医生职业为大众提供的服务关系生命健康，使其也同时承担着更高的法律责任和道德义务。

医生职业兼具多种角色。医生知识渊博，富于创新，探究疾病真相，是科学家；医生精通多学科知识，技能娴熟，考虑全面，全方位多视角解决问题，是工程师；医生诊断疾病，注重细节，逻辑严密，抽丝剥茧，寻根究底，是侦探家；医生传道授业解惑，桃李满天下，是学者和良师；医生推崇公平、正义、仁心价值观，是社会良心的体现者，是救苦救难的逆行者；医生关心患者的健康与生活，竭力为经济困难的患者提供来自物质生活和精神力量上的支持，最终引导人们向着一种更加健康和快乐的生活方式前行，是朋友和领导者。

近年来，随着我国经济高速发展，国家综合实力增强，心身健康不断受到民众与国家的高度重视，卫生事业发展与卫生从业人员不断受到关注。习近平总书记在 2016 年 8 月召开的全国卫生与健康大会上发表重要讲话并强调："要着力发挥广大医务人员积极性，从提升薪酬待遇、发展空间、执业环境、社会地位等方面入手，关心爱护医务人员身心健康，通过多种形式增强医务人员职业荣誉感，营造全社会尊医重卫的良好风气。"

二、医生职业发展

（一）医生职称的晋升

医生的职称晋升是医生职业生涯中的大事。通过职称晋升，一方面可以反映自己的专业水平，另一方面也意味着能够享有更优厚的职业待遇。医生职称晋升主要包括两条基本路径：一是技术路线，从助理医师、住院医师、主治医师、副主任医师直到主任医师的晋升路线；二是管理路线，从科副主任、科主任、院行政中层领导职务到分管副院长、院长等晋升路线。

（二）医生各阶段的职业目标

医学生成为一名合格医生的首要条件是通过执业医师资格考试。在此基础上，医生从住院医师到主任医师的漫长成长阶段中，需要通过不断提升与完善自己，始终朝着成为一名优秀"大医""名医"的方向努力。医学生需要在每个成长阶段中树立清晰的目标，这样才有助于实现职业生涯的终极目标。具体分阶段目标设定如下，可供参考：

（1）住院医师规范化培训阶段及各年度考核优秀。

（2）发表高质量、高影响力的论文，申请科研项目并取得成果。

（3）承担教学任务，成为优秀的带教老师。

（4）成为中级职称青年骨干人才、高级职称学科带头人。

（5）成为重点学科学科带头人。

（6）参与行政管理，推动医疗卫生事业各项制度的完善创新。

三、医生职业回报

（一）精神回报

医生的职责就是治疗疾病，挽救生命。每个人都不是独立的个体，挽救一个个体，就挽救了一个家庭。所以当医生通过专业知识与技术使患者的病痛减轻甚至疾病痊愈时，无疑是对患者莫大的帮助，同时医生也会获得巨大的成就感。与此同时，随着工作时间的不断累积及自身持续的努力，医生能够凭借自己的医术和人格魅力获得病患的信任，在病患之间和行业中积攒下良好的口碑。这些能够极大地鼓励支持医生坚守医疗事业，这即是医生的精神回报，这种精神满足是金钱不可替代的，是至高无上的自我实现的满足感。

（二）经济回报

从对社会各行业经济发展横向对比来看，医生职业具有较为稳定的收入，并且随着医生职业的发展，其经济收入逐步提高。《2021 中国医师调查报告》指出，一线城市医生的平均年薪为 30.9 万元，全国平均正高级别医生的固定薪酬为 26.5 万元。同时，高职级医生的收入渠道也相对多元化（如学术交流、授课、互联网医院初诊等）。总体来看，对于医生职业来说，不断提高专业知识和技能，丰富自身临床诊疗经验，是最有效提高自身经济回报的路径。另一方面，尽管目前国内医生的薪酬与国外医生的薪酬仍存在差距，但随着国家不断出台相关政策支持，以及互联网医疗行业的优势发展等，医生的薪酬待遇也会呈现不断趋好的态势。总体而言，医生的经济回报会随着医生自身能力的提升及社会进步发展而不断增加。

（三）职业发展回报

医生职业具有广阔的发展前景。按照国家相关规定，每个医生都有进修深造的权利，国家和医疗单位有为医生提供学习深造平台、途径的义务。同时，由于所接触的病患及相关医疗行业从业者丰富，会极大地拓展医生的社会资源，也能够获得相对更多的社会支持。因此，随着医生自身综合能力的增强，以及社会贡献的增加，医生更容易在行业内外脱颖而出，使自己所处的发展平台不断提升，从而获得更多更好的职业发展机会。因此，医生的职业发展容易形成良性积累。

（四）职业安全感回报

随着国家陆续出台各项保障医生职业安全的政策，医生的职业安全感也在不断提升。在 2020 年 6 月 1 日起施行的我国卫生与健康领域第一部基础性、综合性法律文件《基本医疗卫生与健康促进法》中明确提出："医疗卫生人员的人身安全、人格尊严不受侵犯，其合法权益受法律保护。禁止任何组织或者个人威胁、危害医疗卫生人员人身安全，侵犯医疗卫生人员人格尊严。"十三届全国人大常委会第三十次会议于 2021 年 8 月 20 日表决通过的《中华人民共和国医师法》中明确规定："国家鼓励医师积极参与公共交通工具等公共场所急救服务；医师因自愿实施急救造成受助人损害的，不承担民事责任。"以上政策法规的出台，为进一步保障医生的职业安全感提供了法律支持，为医生群体创设了更好的职业环境和社会支持。

四、医学生职业期望的形成

一方面，医生职业专业性强、可替代性弱，也意味着职业变更困难；另一方面，医生职业价值大、社会地位高、职业发展前景好，也成为医生群体不愿意轻易变更职业的重要影响因素。医学生通过逐步扩大关于医生职业的全面认识，不断积累对医生职业的积极情感，逐步形成对医生职业的积极期望，从而帮助自己巩固专业认同、专业承诺，提升自己为医学事业奋斗与努力的长久行动力与意志力，做到"既仰望星空，更脚踏实地"。

第五节　医学生职业认同

医学生的职业认知、职业行为倾向、职业承诺、职业期望四个内涵，是为医学生最终形成积极的职业认同做准备。因为职业认同是建立在医学生对该职业有较全面、积极的认知了解的基础上，并逐步在医学教育培养的过程中，促发符合医生职业的行为倾向，同时形成对医生职业的情感偏好，进而逐步形成较强的医生职业承诺，表现为愿意为之付出更多的意志力努力或克服困难不断向医生职业靠近，由此逐步形成对自己今后从事该职业的理想期许。这四个内在结构缺一不可，相互影响，协同促进了医学生职业认同的形成。

一、职业认同的形成路径

1. 形成全面职业认知作为根基 价值判断是建立在一定的认知基础之上的。医学生通过逐步了解关于医生职业的各方面信息，形成了对医生职业的全面认知，包括医生职业优势的一面与相对弱势的一面。如果最终能够形成关于医生职业相对积极的客观认识与主观感受，则能够极大地促进医学生对于医生职业的积极认知偏好，产生积极情感连接，为形成对医生职业的积极认同奠定良好基础。

2. 激发职业行为倾向作为准备 在积极认知与情感促发的基础上，趋同的行为更容易发生。当医学生形成了关于医生职业的积极认知与情感后，更容易促发一系列指向医生职业成长的行为，包括：愿意努力学习与钻研，愿意克服职业成长中的困难，愿意接近临床环境获得体验与学习，愿意关注更多医生职业相关信息；总之，愿意为了成为一名职业医生付出意志力努力。同时，自觉愿意按照医生职业规范不断去训练自己与塑造自己，从医生职业人格、医生行为规范、临床操作技术、日常行事作风等各方面不断向一名医生的角色靠拢，由此形成一系列职业行为倾向。

3. 生成职业承诺作为价值应答 医学生的职业承诺是基于对医生职业的积极认知与情感连接，并愿意为成为一名医生付出一定的代价和努力，且不愿变更医生职业的心理韧性；是医学生忠于医生职业选择的态度与价值观的综合体现。通过职业认知与职业行为倾向的形成，医学生已然形成了关于医学职业的价值承诺，同时也是对医生职业价值的应答与认同表现。

4. 诱发职业期望作为指引与驱动 结合前面职业认知的形成、职业行为倾向的促发、职业承诺的生成，医学生逐步在心理层面描绘出属于自己的职业场景，构筑关于自己未来职业的理想状态，并不断将自己的价值观、人生观嵌入医生职业理想之中，综合形成关于自己的医生职业期望。这样的职业期望往往符合医学生自己的心理应答，是基于自己的主观选择与构建，因此能够较好地驱动医学生不断向医生职业发展，同时作为医学生当下的心理激励与行动指引。

5. 职业认同是心理与行为的综合选择 医学生的职业认同，是基于理性的职业认知、行为倾向的促发、职业承诺的价值应答，以及职业期望的指引与驱动的综合表现。其中包含心理层面的主观价值选择与情感倾向，也包含行为层面的价值趋同、意志努力、行动驱动等。因此，职业认同是一个复杂的心理过程与行为倾向的综合表现。

二、医学生职业认同的形成

医学生职业认同的形成，需要遵循职业认同形成的规律，从职业认知、职业行为倾向、职业承诺、职业期望四个方面不断提升自己的医生职业认同水平。首先要坚定成为职业医生的理想信念，避免摇摆不定，浅尝辄止。要充分发挥自己的主观能动性，明确学习目标与职业发展规划。积极关注国家发展需求和出台的各项医疗改革制度，及时了解医生职业发展动向，及时调整职业规划，树立合理可行的职业目标。夯实专业理论知识，努力培养医生职业必备的个性品质和能力要求；并积极参与临床实践，培养自己善于发现问题并解决问题的临床医疗能力。

同时，医学生职业认同的培养离不开院校教育与国家卫生事业发展的影响。目前，各医学院校正加大力度为不断完善医学专业课程建设和培养体系，蓬勃开展各类创新教育模式，如：综合运用 CBL、PBL、翻转课堂教学等以期不断提升医学教育质量；通过高校第二课堂教育，结合朋辈帮扶、学术课外活动等提高医学生学习能力、科研创新实践能力；鼓励医学生积极参加各类社会实践活动，通过社会服务让医学生体验学以致用的职业胜任感，体验用医学知识技术服务于人的职业成就感，综合提升医学生的学习热忱和领悟力，从而促进对医生职业的积极认同。国家也陆续出台相关医疗卫生政策，不断规范行业发展，为医生职业发展打造广阔平台，也为医生职业发展营造良性生态空间。

因此，医学生职业认同的形成，需要通过院校教育使其获得对医生职业的不断内化接纳，同时也需要国家从宏观层面不断优化医生职业环境与社会评价等，协同促进提升医学生职业认同水平与内涵。

本章临床应用

施今墨（1881—1969），中国近代中医临床家、教育家、改革家，"北京四大名医"之一。施今墨年幼时，因母亲体弱，从小树立要"刻苦学医"做一名悬壶济世的名医的信念。他在 20 岁左右时已经熟知中医理论，但当时正处乱世，政局不稳定，他的父亲认为为官从政才是乱世的唯一出路，于是将他送到山西大学堂读书。1917 年施今墨出任北京香山慈幼院副院长之职，他本想为孤儿们建立一个和谐安宁的童年生活园地，但社会的腐朽、官场的混沌及权贵的骄横令施今墨失望透顶，他愤然辞职，决心弃政从医。辞职之后，施今墨一心学医，钻研病例，医术渐渐被认可，很快便家喻户晓，誉满京师，他的诊所门前经常出现摩肩接踵的场景。对待患者他充满爱心，甚至在他病倒在床时还对徒弟说："有病重的患者领进来让我给看看。"他对同道敬重宽厚，从不贬低他人，时常与同道交流心得、互通经验。1928 年南京国民政府扬言要"废除中医"，当"废除中医"的言论日益高涨之时，施今墨站出来呐喊中医不要被舆论同化，要齐心协力，探寻出真正为病患解忧的药理。当时中医、西医分派明显，处于剑拔弩张的态势，施今墨却做起了中间人，主动与社会上比较有名望的西医联系，举办研讨会，探讨药性药理。他独自奔南走北，团结同道，成立中医工会，组织中医请愿团，数次赴南京请愿，力求为中医证言，解中医危机。他将中医与西医的病名统一，方便看诊，又结合国人的身体素质，对中医的处方进行完善，让更多的人接受中医。后来中医理论逐渐被认可，国民政府只得取消"废除中医"的政策，批准成立中央国医馆，任命施今墨为副馆长。施今墨曾说："无论是西医还是中医，都是一条腿行走，只有同时掌握中医和西医，才能用两条腿走路，这样才能走得长远，走得平稳。"

了解了施今墨的个人成长，你对医学职业的认识有哪些重点的观点与感受呢？

【复习思考题】

1. 医学生职业行为倾向包括哪些方面？
2. 请你谈谈医生的职业道德和价值观的内涵。
3. 结合自身，请谈谈如何增强自己的医生职业认同。

【参考文献】

1. 冯晶，申鑫，吴健雄，等.我国全科医生职业认同现状及其影响因素［J］.医学与社会，2021，34（10）：13-16.

2. 刘海文，张锦英.心灵的挑战：医生责任伦理问题与诉求［J］.医学与哲学，2020，41（6）：11-14.

3. 姜茂敏，郭佩佩，叶俊，等.家庭医生职业认同状况及社会弹性对其影响研究［J］.中国全科医学，2020，23（11）：1425-1430.

4. 刘媛，刘国祥.临床医生职业倦怠现状及相关因素研究［J］.第三军医大学学报，2020，42（3）：288-293.

5. 吴毓颖，王少微，叶星.后疫情时代本科医学生专业承诺对职业认同影响研究［J］.中国大学生就业，2022（11）：56-64.

第三章 医学生职业心理个性及发展 ▷▷▷▷

医生职业具有较强的专业性与特殊性。医生在长期的职业化发展中，逐步形成了具有医生职业优势的一系列个性特征，这些个性特征能够促进医生处理好日常医疗活动，具有非常重要的职业人格化特征。简单来讲，医学生职业心理个性是指为了更好地胜任医生职业所形成的与医生职业相关的、稳定的心理特征，其主要包括一系列能够提升医生岗位胜任力和适应医生职业良好发展的积极心理品质与个性。本章详细阐述医生职业心理个性特征，并由此衍生出医学生职业心理个性的培养与发展。

第一节 职业心理个性的定义与发展

人们在职业活动中所体现出的认知、情感、意志等相对稳定的心理倾向和个性特征，统称为职业心理个性。职业具有拟人化的心理个性，不同的职业具有不同的心理个性特征。

一、心理个性的定义与发展

（一）心理个性的定义

个性一词，是从英文"personality"翻译过来的。最初来源于拉丁语"persona"，是指希腊罗马时代戏剧演员在舞台上所戴的面具，它代表剧中人物的身份，后来指演员——一个具有特殊性格的人。一般来说，个性不仅指一个人的外在表现，还指向一个人的真实自我。由于个性的复杂性，目前我国心理学界对个性的概念和定义尚未有一致的看法。

我国第一部大型心理学词典《心理学大词典》对"个性"的定义反映了多数学者的看法，即："个性指一个人的整体精神面貌，即具有一定倾向性的心理特征的总和。个性的内在结构是多层次、多侧面的，是由许多心理特征综合构成的整体。其主要包括四个层次的内涵：第一，完成某种活动的潜在可能性的个人特质，即能力；第二，心理活动的动力特征，即气质；第三，完成活动任务的态度和行为方式的特征，即性格；第四，活动倾向方面的特征，如动机、兴趣、理想、信念等。这些特征不是孤立存在的，而是错综复杂、相互联系、有机结合的整体，能够对人们的日常行为进行调节和控制。"

（二）心理个性的基本特征

心理个性具有整体性、独特性与共同性的辩证统一、稳定性和可变性的辩证统一及生物性和社会性的辩证统一四个基本特征。

1. 整体性　个性具有整体性，即构成个性的各种心理成分和特质并不是孤立存在的，而是通过密切联系构成一个完整的功能系统。

2. 独特性与共同性的辩证统一　由于构成个性的成分多样性和组成方式的多样性，使得每个人的个性都有其自身的特点，但由于受共同社会文化的影响，同一民族、同一地区、同一阶层、同一群体的个体之间一般具有某些共同的典型心理特征。

3. 稳定性与可变性的辩证统一　个体的个性特征一贯地表现在心理和行为之中，具有稳定性的特点，但随着个体生理的成熟和环境的改变，个性也可能会产生或多或少的变化。

4. 生物性与社会性的辩证统一　一个个体的遗传和生物特性是个性形成的自然基础，影响着个性发展的道路和方式，但同时个性也会受到社会历史和社会环境的制约，尤其是受到需要、理想、信念、价值观、性格的多重影响，而使得心理个性带有明显的社会属性。

（三）影响心理个性形成的因素

心理个性的形成和发展受到诸多因素的影响，但从先天与后天、主观与客观的角度分析，其影响因素主要包括遗传素质、社会生活环境、受教育程度和个体的主观努力等。

1. 遗传素质为心理个性的形成和发展提供了生理前提　遗传素质是指个体与生俱来的解剖生理特点。遗传素质为心理个性的形成与发展提供了物质的生理基础和变异的可能性。但遗传因素不能最终决定一个人的个性模式，更多的只是影响了其形成的可能性。

2. 社会生活条件是心理个性形成和发展的限制性因素　遗传素质在个性形成中提供了必要的前提和可能性，而这种可能性是否能转变为现实性，主要决定于后天的社会生活条件和受教育的影响。家庭是社会生活的基本单位。社会生活条件，首先通过家庭去影响儿童的心理个性。儿童的主要养育者，尤其父母是儿童最早的老师，他们的教育观点、教育态度和教育方式等对儿童有着潜移默化的影响，儿童在家庭中所处的地位也是影响他们心理个性形成的重要影响因素。所以既不能忽视局部环境对个性形成发展的作用，又不能脱离遗传素质及人的主观能动性等内在因素的影响。

3. 学校教育在心理个性形成和发展中起主导作用　社会生活条件的决定性作用，还需要结合教育的主导性作用。学校教育虽然也是环境条件，但它与一般环境条件不同，它是由一定的教育者，按照一定的教育目的，组成一定的教育内容，并采取一定的教育方法，对受教育者施加的有系统的影响，它是有目的、有计划、有组织的自觉环境影响。学校教育能对人的个性的发展施加较为全面、系统和深刻的影响。尤其是教育能排除和控制环境中的一些不良因素影响，给人以更多正面的引导，从而使人的心理个性朝着健康的方向发展。故一般认为，教育在个性形成发展中起主导作用。

4. 个体的主观能动性在心理个性的形成和发展中起决定性作用　环境和教育的影响只是人的心理个性形成和发展的外因，这种影响只有通过"内因"——人的主观能动性才能起到决定性作用。可以说，人的主观能动性是其个性形成和发展的动力。在相同的环境和教育条件下，由于个体对待环境和教育的态度不同，形成的心理个性也不一样。

总之，个性的形成和发展是一种多因素作用的结果，其中遗传素质是自然前提和潜在可能性，社会生活条件是决定性因素，学校教育起主导作用，个体主观能动性是内在决定因素。

二、医生职业心理个性的需求特征

职业心理个性反映的是职业的信念和价值取向，它反映了工作决策和行为的特征。传统的医学模式更强调医生职业的判断和思维，但随着当前社会经济的发展和医学模式的转变，大众对医生职业心理个性具有更多元化的需求特征（这里的职业心理个性与职业个性类似，为与后面的职业心理能力相对应，在此统一用"职业心理个性"表述。）具体表现为责任担当、思维判断、情感认知、心理弹性四个方面。

（一）责任担当

"健康所系、性命相托。当我步入神圣医学学府的时刻，谨庄严宣誓：我志愿献身医学，热爱祖国，忠于人民，恪守医德，尊师守纪，刻苦钻研，孜孜不倦，精益求精，全面发展。我决心竭尽全力除人类之病痛，助健康之完美，维护医术的圣洁和荣誉。救死扶伤，不辞艰辛，执着追求，为祖国医药卫生事业的发展和人类身心健康奋斗终生！"从医学生誓言中不难看出，一名合格的医生除了要有对患者的生命健康负责和承担救死扶伤的使命，也需要具有高尚的医德和强烈的责任感。职业责任感是一种自觉的道德意识且使医务人员的行为具有稳定性。社会对医生职业的首要要求是具有责任感，强调医生应具有职业道德和职业担当。因为医务人员的责任意识会影响其工作形态与工作效能。

（二）思维判断

对医学生 MBTI（迈尔斯－布里格斯类型指标，一种被广泛用于职业规划和教育的人格类型评估工具）的研究发现，高等医学院校临床医学专业的学生看待和处理问题时更倾向于感觉、思维和判断，而非直觉、情感和认知，这和国外研究结果是一致的。强调感觉、思维、判断，意味着收集信息时，对实际经验更关注，也关注事实和细节；在判断和决策时，基于逻辑的、理性分析的方式考虑事情的前提和后果，遵循一定的标准和原则。这样的个性特点也是医生职业重视细节，强调逻辑，需要快速调动已有的知识经验以解决问题的内在要求。

（三）情感认知

心理个性特征往往反映了个体的思维模式。研究发现，在医生职业心理个性特征中，思维型和判断型占大多数。相较于情感型和认知型，思维型和判断型的医生在共情能力、沟通表达能力上可能会体现出不足。随着医学模式向生物 – 社会 – 心理模式转变，以及社会对人文关怀的呼吁不断增强，要求医生从关注疾病回归到关注患病的人，医生不仅要和疾病打交道，更要和患者打交道。共情能力、沟通表达能力，成为医生"软实力"的重要组成部分，与医生的专业能力相辅相成，共同服务于临床工作。因此，发展医生和医学生的情感认知能力，有利于培养全面、积极的人格特质，促进医患良好人际关系的形成和医生心理健康水平的提升。

（四）心理弹性

心理弹性，又称心理复原力或心理韧性，心理学家将心理弹性定义为一种稳定的心理特质，是个体经历应激情景后具有复原并保持良好的适应系统功能的能力。研究发现，心理弹性与个体的适应能力、积极情绪、幸福感、心理健康水平呈正相关关系。医生处于高压的工作环境中，长期暴露于消极情绪。当医生拥有较高水平的心理弹性时，有利于其适应应激的工作场景、做出冷静决策、保持情绪稳定性，同时也有利于其在临床工作中向患者传递正向情绪。

第二节　医生职业心理个性

在当前新的生物 – 心理 – 社会医学模式背景下，社会对医生职业心理个性提出了更多元化的需求，结合本教材主编研究团队关于医生职业心理个性的调研结果看，其中有 10 个心理个性凸显出来（表 3-1、图 3-1），这些职业心理个性对医生的临床岗位胜任力提升及其长远职业发展起着明显的积极影响。

表 3-1　医生职业心理个性特征十大词汇统计

排序	词汇	平均重要性排序（s/f）	出现频数（f）	总计分（s）
1	责任感	2.842767296	318	904
2	严谨	3.721189591	269	1001
3	积极	4.828877005	187	903
4	亲和力	4.995412844	218	1089
5	友善	5.133333333	150	770
6	耐心	6	213	1278
7	冷静	6.121794872	156	955
8	细致	6.13	200	1226
9	认真	6.533333333	165	1078
10	爱心	6.726708075	161	1083

注释：关键词的"平均重要性排序"以 1 ～ 10 级评分，1 为最重要，10 为最不重要。

根据数据条目分析，社会对医生职业个性的首要要求是"责任感"，即最强调医生应具有职业道德和职业担当；第二是"严谨"，要求医生具有实事求是、精益求精的专业精神；第三是"积极"，强调医生应具有的积极心态和正向应对态度；此外，"亲和力""友善""爱心"则要求医生具有人文关怀，"耐心""细致""认真"强调了医生应具有良好的职业素养与职业道德，"冷静"则要求医生具有良好的心理承受和应激处理能力。

图 3-1 医生职业心理个性画像

一、责任感

责任感是指个人对自己和他人、对家庭和集体、对国家和社会所负责任的认识、情感和信念，以及与之相应的遵守规范、承担责任和履行义务的自觉态度。它是一个人应该具备的基本素养，是健全人格的基础，是家庭和睦、社会安定的保障。责任感是医生做好工作、成就事业的前提，是执行力的基础和前提，是战胜工作中诸多困难的强大精神力量。具有责任感的人，对工作内容、工作权利和职责有清晰而深刻的认识，并能从工作中寻求自身的价值和满足，乐于奉献，热爱工作。

责任感被认为是医生职业最重要的优势心理个性。医生的生命责任意识直接关系到民众的生命与健康，以及和谐医患关系的建立。虽然医生职业人群总体上有极强的责任感，但一项有关医学生生命责任意识的调查发现，当前存在着生命责任意识缺失的现象，部分学生学医目的趋于功利化，对医疗行业的认知程度不够，缺乏应坚守的道德标准和责任意识，生命敬畏感缺失，漠视他人生命，以个人利益为中心。近些年来，社会生活中的医疗纠纷、医疗暴力事件逐年上升，公众对医疗机构的不信任，医生公信力滑坡等，都与医生的职业责任感缺失密不可分。强化医生职业责任感，将责任意识内化于心、外化于行是医生职业的必然要求，是社会需求的呼唤，也是医学教育中的思政教育重点。

二、严谨

在《中华人民共和国医务人员医德规范及实施办法》第三条中明确指出，医务人员应"严谨求实，奋发进取，钻研医术，精益求精，不断更新知识，提高技术水平"。严谨，意味着秉持科学的职业态度，强调实事求是，尊重客观规律。尽管医学需要有充分的人文关怀，但面对疾病的诊治与研究，也同时需要医学具有极强的严谨科学性。因为医学科学的特殊性在于学科的实践性和服务对象的复杂性，故严谨科学的职业态度和工作作风是医学事业持续发展的重要保障。医务工作是以防病治病、救死扶伤为核心的工作，医务工作的服务对象是人，一旦医务工作中出现差错，患者的损失经常是无法弥补的。医务人员需要秉持着严谨、细心对待临床与科研，力争做到求真、求实，理性精确、探索创新。

三、积极

积极与消极相对，强调各种正向、主动、有建设性的心理品质。医生职业的积极个性，是个体对待自身、他人或事物的积极、正向、稳定的心理倾向，也是良性、建设性的心理准备状态。医疗工作不仅是繁重的脑力劳动，还是体力劳动，同时也是情绪劳动。医生的情绪不只是表面的微笑和轻声的问候，更是深层次的内心体验和情绪加工。如果医生在工作中产生了负性情绪，需要及时调整心理冲突，调节好不良情绪。医生积极向上的情绪有利于正确的临床思维与决策，提高工作效率。同时医生的积极心境、积极思维，能够帮助医生在面对突发、困难的医疗状况时，沉着、冷静、乐观地面对困境，乐观地引导病患，从而增强患者康复的信心。

四、亲和力

亲和力源于对他人的尊重与友善，是表达愿意倾听、愿意交流的积极情感与态度，是建立在对他人有一定的共情能力、愿意提供帮助的正向态度的基础上，也体现在个体的行为处事风格之中。亲和力所表达是与对方在心灵上的通达与投合，是一种基于平等平和的相处态度。国外服务行业就把亲和力作为从业人员必备的素质。在医生与病患的互动关系中，患者容易感到紧张、害怕，这时医生良好的亲和力能够迅速帮助患者减轻消极心理，拉进与患者交流的心理距离，促进医患关系的和谐发展，从而在有助于提高诊疗实效的同时，增进患者对医生的医疗依从性和满意度。亲和力是医生职业中"以患者为中心服务"的内在职业要求。

五、友善

友善一词出自《汉书·息夫躬传》，是指人与人之间的亲近和睦。友善是中华民族的传统美德之一，是中国文化的重要内容。自古以来，中华民族就是充满仁爱友善之心的伟大民族，在以孔子、孟子为代表的儒家传统文化中体现出大量和谐友善的思想。孔子提出"仁者爱人"，孟子主张"出入相友，守望相助"，都强调了人与人之间要友爱、友善。2012年党的十八大报告中从国家、社会、公民个人三个层面明确提出社会主义核心价值观。其中，友善成为我国社会主义核心价值观的基本内容之一，是高尚的个人美德，是重要的公民道德规范。友善作为社会主义核心价值观的基本内容，是"爱国、敬业、诚信"三项价值观的基础。医学不是万能的，但医生亲切友善的态度，有利于增进与患者的沟通，消除患者的畏惧焦虑心理，还能安抚患者的情绪，增强患者与疾病作斗争的信心，获得患者信任等，因此表达友善本身就对患者起着治疗作用。

六、耐心

耐心，是指用一种温暖和关怀的态度对待他人，愿意从对方的角度考虑问题，为他人着想，不急躁，不厌烦。良好的沟通和耐心的解释，往往可以在一定程度上弥补能力的不足。很多时候，医生态度粗暴、言语不当，往往会成为激怒患者的"一把火"，引爆医患冲突，甚至酿成医闹事件。另一方面，尽管目前医学处于高速发展阶段，但仍存在很多局限性。对于很多重症患者来说，即便医生拼尽全力，也未必能够达到理想的疗效。而患者往往抱着无限的期待，不仅希望把病看好，还希望自己恢复如初，疾病永不复发。这时就需要报以耐心的态度，充分与患者进行沟通解释，同时指导患者正确面对自己的疾病，耐心配合治疗。医生在临床中多一点耐心，既能体现其个人的人文修养，也是一种自我职业保护。

七、冷静

冷静，指平心静气、毫无偏见地客观分析，避免感情用事。加拿大医学家和教育家、现代医学教育的始祖威廉·奥斯勒教授在 1889 年告诉医学生："虽然没有人给医生的沉着、冷静进行分级，但如果哪位医生没有这个素质，将是一种莫大的不幸。如果哪位医生失去了冷静，在危急时刻开始内心慌乱，心跳加速，那就意味着他无法在紧张的抢救过程中给患者做出最合适的诊治，会使患者迅速失去信心。这无异于草菅人命。"当前，对医生人文素养的呼吁日益高涨，尽管绝大多数人都认为医生要有同理心，但如果一位医生在患者面前焦躁起来，患者和家属都会担心这种态度是否源于医生的经验不足和能力不够。因此，作为医生，保持冷静非常重要，在表达与患者的共情安慰时，更要用冷静、果敢的诊断决策体现出医生的专业水平与职业素养。

八、细致

细致，指办事精细周密。当今医疗科技迅速发展，实验室检查及影像学和内镜检查等检测手段推动着临床医学的发展。但正因如此，一些临床医生忽视了详细询问病史和全面的体格检查。临床情况复杂多变，医生必须细致，做好详细问诊、体格检查，结合辅助检查等，尤其是在一些临床手术中，不乏因为医生的粗心将手术物品滞留在患者体内的报道，由此引发严重的医患矛盾。因此，医生只有重视每一个细节，才能精准把握患者当前病情，提高诊断效率，降低误诊率及死亡率，减少过度医疗。同时，对患者的细致也能让患者感到医生的专业、关怀和温暖，从而促进医患关系，提高患者依从性，减少医疗纠纷。

九、认真

关于认真，是指严肃对待，一丝不苟。说来好似很朴实、很简单，但做起来并不容易。也因此有人常说，认真是一种习惯，习惯认真的人，做事做人的结果都不会太差。认真是在讲端正的态度，细心是在讲对于细节的掌握。认真是细心的态度，细心是认真的方法。认真，从客观技术层面来看，强调医生必须熟练掌握医疗技术，而这需要反复的专注练习，积累操作经验，精益求精，追求极致；从主观道德层面来看，强调医生在从事医疗工作时要贯彻落实"以人为本"和"生命至上"的服务理念，认真对待每一位患者。

十、爱心

爱心，是我国传统文化中"仁爱"思想的体现，以"爱"为核心，以"尊重、理解、关怀、热爱"为基本内容，发扬"自爱、自尊、自强"的精神，以"尊重他人、理解他人、关心他人"为基本要求，以"爱集体、爱社会、爱祖国、爱人类"为自我道德。医生所从事的是一份崇高的职业，是一个最能充分体现爱心的职业。医生的爱心是指能够真切地同情、怜悯、宽容、关怀、爱护、尊重临床工作中遇到的人，其中包括患者、家属、实习生和同事等。医生对患者的爱心有助于缓解患者的焦虑情绪，帮助患者建立自信，建立良好的医患关系，提高患者及其家属的依从性，进而促进临床诊治的顺利开展。医生对实习生的爱心，能促进实习生快速进步，同时通过言传身教，培养实习生的爱心。医生对身边医护人员的爱心，有利于营造良好的工作氛围，提高整体工作效率和工作质量。

值得一提的是，除了上述 10 个职业心理个性外，还有 3 个心理个性对临床医生职业有重要作用，分别是正直、好学及心态平和，可作为医学生培养职业素养的参考。

第三节　医学生职业心理个性的养成

医学生作为未来医生职业群体的后备军，需要对照医生职业心理个性特征，不断促使自己在这些心理个性上的发展，使自己不断向高素质医疗人才对标，为今后有能力服务好国家的医疗卫生事业打下坚实基础。本节主要围绕医生职业心理个性提出医学生的培养思考。

一、对生命负责——责任感的养成

责任感是一种态度，也是长期养成的一种做人习惯。就医学生自身而言，需要从主观上认识到责任意识的重要性。明确医生这一职业的职责，清楚自身应该承担的使命，且在主观上愿意担负起更多的责任，脚踏实地、摒弃浮躁、注重细节，从自己做起，从小事做起，培养责任意识。同时，医学生需要不断树立一些小目标并通过自己的努力去完成目标，逐渐增强自己的自信心，从而逐渐让自己对所应承担的义务和责任拥有更多的胜任力，让自己能够勇敢地从主观愿意上去提升自己的责任感。

在学校教育层面，可从学校、院系和班级三方面做好教育引导。学校可通过文化渗透，营建校园生命文化，引导医学生树立正确的生命价值取向。如通过开展相关主题讲座、主题活动，让医学生领悟到生命的价值，学会珍惜生命与敬畏生命；搭建微信、微博、网站等自主学习平台，丰富生命教育学习资源；鼓励社团开展相关活动，让学生参与到活动中来，从实践中感受医生职业角色和生命价值。院系可通过学科渗透，发挥课堂教学的主渠道作用，增强医学生的生命责任感。人文素质类课程要渗透传统文化，培养医学生的人文关怀情感，形成对他人生命负责的道德情感。班级可通过管理渗透，弱化学生依赖思想，增强医学生对自我的服务管理，树立对自己和班集体保有强烈责任感的主观意识。

二、医疗无小事——严谨、认真、细致的个性养成

严谨，认真，细致，是一组体现做事态度的个性特征。就医学生自身而言，需要理解到严谨是一种科学求真的治学态度，也是一种求真务实的工作态度。培养严谨科学的态度，需要医学生从加强马克思主义哲学理论的学习开始，首先从信念上牢固树立科学的人生观与价值观，把马克思主义、毛泽东思想、中国特色社会主义理论作为科学精神培养的核心内容，通过对名人名家科学事迹的学习，通过日常基础学习与临床实践培养自己严谨求学、一丝不苟的治学态度，并逐步深入体会严谨治学、科学求真的重要意义和社会价值。

认真有时候能够势如破竹，势不可挡。认真是一种习惯，是一个人习惯用100%的投入去思考和付诸行动的态度。同时，认真也包含了责任心与细致的态度，体现了个体做事的内在主观能动性的强弱。心里想要把这件事做好，自然就会加倍认真；如果主观上不愿意做，就容易不自主的粗心大意。做一名认真的医生，要为临床工作付出心血。无论患者病情轻重都一律认真对待，再简单的疾病也会谨小慎微，用心求证；遇到复杂疑难病例更要小心谨慎，反复钻研；再简单的操作也要成千上万次的刻意练习。做一名认真的医生，要为临床工作倾注情感。加强人文素养的培育，秉持"以人为本"和"生命至上"的医学人文精神，想患者所想，急患者所急，真正做到"医者父母心"。此外，做一名认真的医生，要把职业当成信仰，充分认识到自身职业的使命感，做到乐于献身，爱岗敬业，为人类健康努力奋斗终身，将医师职业升华到性命相托的崇高价值。

细致作为一种个性特质，虽与先天个人气质关系密切，但也需要后天的培养。医学生细致个性的培养可以从以下5点入手：①集中精力，注意当下。全力以赴地从事当下的工作和事务。②排除干扰，稳定情绪。只有情绪稳定，才能尽力做到全神贯注。③明确责任，切实用心。责任感和使命感是激发智慧、调动潜力的内在动力。④培养兴趣。兴趣的使然，能让我们保持持久的细心。对于医生职业来说，细致的培养需要强调医生的责任感、使命感和对医学的热爱。一位对临床热爱、对患者负责的医生，自然会努力去精进医术，细致问诊、检查、治疗，专注于每一个临床诊疗细节，耐心细致地服务病患。⑤注意条理性的培养。如果医学生做事逻辑性强，条理清晰，先后有序，就能避免

自己在面对复杂的临床诊疗时慌乱手脚，有条不紊地开展一系列医疗工作。

三、治病救人是一种人文关怀——亲和力、爱心、友善的个性养成

亲和力主要体现在态度、语言的亲和与接纳。"言为心声"，尊重他人、关爱他人的人，待人接物自然具有亲和力。医学生要提升自己的亲和力，需要注意在日常表达中使用礼貌用语，温和善意，避免生硬表达，通过交流来传递友善与关爱。同时，亲和力的展现只靠语言技巧是不够的，根本上是要提升自己的人文素养。医学生要有意识地接受优秀文化和传统美德的熏陶，有意识地塑造自珍自爱、自我接纳的健全人格，这样才能够真正从内心接纳他人，真正做到平等、尊重、关爱地对待患者。

爱心与友善的表达，包含着自我感受、内心体验、情境评价、移情共情和反应选择倾向等。爱心与友爱的养成，依赖于医学生敏锐积极的自我感受、丰富积极的内心体验、正向的情景识别与认知能力、复杂情景中的移情能力及友善纯真的反应倾向性，所有这些能力需要一个人长期在充满爱意和善意的成长环境中成长。也离不开有爱心的家庭环境、学校环境和社会环境的长期沁润和熏陶。家长应在家庭互动中，创设有爱、接纳、及时反馈、关爱互助的教养氛围，努力创建和谐的家庭成员关系，让孩子自小就能够感受到来自周围人的善意与美好，在孩子人格形成的初期就奠定其爱心、友善与接纳的积极心理个性。

四、医生需要超强的临床应对能力——冷静、耐心、积极的个性养成

突发情况下保持冷静，可以尝试 3 个步骤：①理性思考。审视当下所处的情况、原因、可能的措施等，以解决问题为导向进行思考，取代以惶恐和灾难化结果为想象，能帮助我们很快地稳定惊慌的心态。②保持镇定。以资源视角来寻找、分析周围有利的人与物，快速进入解决问题的思维状态，避免过多停留在负性情绪中，增强自己面对困难的信心。③学会自我宽容。不要怕自己犯错误，不要总是担心被他人负性批评等，不要总想着最坏的结果。另一方面，医学生在临床实践中能够表现出冷静的个性，还依赖于其自身的情绪稳定性、专业能力的储备性及已有临床经验的丰富性，在此基础上就能够最大限度地表现出冷静的职业心理素质。

耐心分为对人耐心和对事耐心。对人耐心，可通过提高共情能力和情绪稳定性来养成；对事耐心，可通过延迟满足力的训练来养成。延迟满足是指甘愿为了更具价值的长远结果，放弃即时满足的一种决策倾向，并在等待期中展现出自我控制的能力。延迟满足往往也被认为是耐心的一种表现，因为能够做到"延长"等待，不为一时的小利急功近利，能够在面对复杂、不确定的局面时还能保持相对的坚持、从容，从而表现出较好的耐力与耐心。

积极的个性是可以培养的。医学生可以有意识地在日常学习生活中锻炼自己积极和创新的思维能力，学会从积极的视角去解决实际问题，逐步强化"积极"的思考与心态。同时，可以多看名人名家的优秀事迹，从中学习体会积极心理品质对于人生发展的长远价值。此外，还可以有意识地与具有积极个性品质的师生交往，相互学习借鉴。

本章临床应用

叶天士（1667—1746），名桂，号香岩，别号南阳先生，江苏吴县（今苏州）人，清代杰出的医学家，为温病学派的主要代表人物之一。叶天士生于医学世家，祖父叶时、父亲叶朝采都精通医术，尤以儿科闻名。叶桂12岁开始从父学医，14岁时他的父亲去世，于是抱着失去亲人的痛苦，拜他父亲的门人朱某为师，专学医术。叶天士聪慧过人，悟超象外，一点即通；尤其虚心好学，凡听到某位医生有专长，就向他行弟子之礼，拜其为师，10年之内，换了17个老师，加之他能融会贯通，医术突飞猛进，名声大震。尚书沈德潜曾为他立传，说："以是名著朝野，即下至贩夫竖子，运至邻省外服，无不知有叶天士先生，由其实至而名归也。"（《沈归愚文集·叶香岩传》）叶氏不仅精通医术，且治学讲求宏搜博览，学究天人，精细严谨，使医术与学术相得益彰，他认为"学问无穷，读书不可轻量也"。故其虽享有盛名，却手不释卷，广采众长。好友稽璜曾说："先生之名益高，从游者益众，先生固无日不读书也。"其为人"内外修备、交朋忠信……以患难相告者，倾囊助之，无所顾藉"。他为医却不喜欢以医自名，临终前对他的儿子说："医可为而不可为，必天资敏悟，又读万卷书而后可借术济世。不然，鲜有不杀人者，是以药饵为刃也。吾死，子孙慎勿轻言医。"

你觉得叶天士的个人成长中凸显了哪些作为医生职业最重要的心理个性品质？

【复习思考题】

1. 医生职业心理个性需求有哪些特征？
2. 医生应有哪些利于其临床诊疗提效的职业心理个性？
3. 如何培养和发展医学生的责任感？

【参考文献】

1. 罗明东，王荔，印义炯，等.心理学［M］.昆明：云南大学出版社，2011：284.

2. 李斌，刘奇云.新医疗环境下年轻医生岗位胜任力的培养［J］.中国继续医学教育，2022，14（22）：174-178.

3. 王敏.个性化思想政治教育论析［J］.中学政治教学参考，2021（31）：92-93.

4. 郭瑞泽，赵娟，王晨.执业环境对医学生防御性医疗行为倾向的影响分析［J］.中国医院管理，2023，43（2）：29-32.

5. 鲁娟，何天霖，刘斌.中国医学生MBTI-M常模的构建与分析［J］.中国健康心理学杂志，2020，28（1）：100-107.

6. 马俊，程文玉.医学生伟大抗疫精神普遍认同机理及其培育路径［J］.中国卫生事业管理，2023，40（1）：53-57.

7. 孟雪梅，张珊珊，梁东如，等.心理弹性与护理人员职业倦怠的关系：职业生涯规划的中介作用［J］.中国健康心理学杂志，2022，30（12）：1813-1817.

8. 余习德，刘嘉帆，李婧婧，等.医护人员领悟社会支持对心理弹性的影响［J］.

医学与社会，2022，35（11）：106–110.

9.陈浩彬.大学生智慧对抑郁的影响：逆境评价和心理弹性的链式中介作用［J］.中国健康心理学杂志，2023，31（4）：561–566.

10.刘畅.大学生专业认同、心理弹性和职业决策困难的现状及关系研究［D］.呼和浩特：内蒙古师范大学，2022.

11.夏燕来，王晓荣，何明刚.白求恩精神融入医学生人文素养培养模式探究［J］.中国医院管理，2022，42（3）：94–96.

12.安洪庆，李伟，蔡伟芹.基于TOPSIS法联合RSR法的预防医学生对岗位胜任力要素认同的综合评价［J］.现代预防医学，2022，49（4）：764–768.

第四章 医学生职业心理能力 ▷▷▷

医生职业心理能力是指为更好地胜任医生职业所形成的能够应对职业角色与行为、应对职业压力、进行自我心理调适等心理能力。研究发现，良好的职业心理能力能够有效提升医生的临床岗位胜任力和诊疗能力，并促进医生职业的长足发展。医学生作为医生群体的后备军，应努力在医学培养阶段完成医生职业所需的相应心理能力的培养锻炼，并将这些心理能力迁移至今后的临床实践中。

第一节 职业心理能力的定义与发展

一、心理能力的定义与发展

心理能力是人的全部心理活动能力的总和。目前关于心理能力的概念界定，在教育学、心理学等相关文献中相对较少，对其研究主要集中于以下两类论述。

第一类，从适应社会发展变化的角度，提出心理能力的定义及心理能力的具体内容。其观点主要有以下几种：①第一种观点是指社会心理能力，是人在社会环境中与周围进行有效交往及适应社会发展变化的心理素质。②第二种观点是从学生心理素质教育的角度提出，认为心理能力包括认知方面的智力与非智力的心理适应和发展能力。③第三种观点是组织行为学（positive organization behavior，POB）中提出的积极心理能力，被认为是提高个体、群体和组织工作绩效必备的能力。④第四种观点认为，心理能力是指个体面对压力和挑战时，其自身的人格特色和优势能够提供有效的心理资源来应对压力，缓解心理紧张状态的能力。

第二类，针对特殊职业群体，如各种运动项目的运动员、舞蹈演员及教师等专项心理能力的研究，这属于心理能力的职业化研究，也和本章中所指的职业心理能力相契合。

概括来讲，首先，心理能力基于认知基础，是个体在适应所处环境中所形成和发展起来的能力，并强调心理能力对个体适应环境变化的重要作用。其次，心理能力是心理素质的重要组成部分，通过心理能力的训练可以培养良好的心理素质，心理素质又促进心理能力的发挥。最后，心理能力的形成与特殊职业压力情境密切相关，不同职业环境需要不同的心理能力应对。而职业心理能力是个体以一定的心理结构为基础，在特殊职业情境中的适应性能力，表现为调整自我情绪及行为以适应变化环境。

二、医生职业心理能力的需求特征

医生职业需要适应社会责任重、服务内容广、成才周期长、职业风险高、知识更新快的职业特点，展现出与其他职业所不同的能力需求特征。同时，随着社会经济发展，医学模式逐渐向生物－心理－社会模式转变，对医生职业心理能力提出了更高要求。概括来讲，对医生职业心理能力的需求主要有以下三个方面的重要特征。

（一）体现出医生过硬的职业素养

在理论层面，过硬的职业素养需要优秀的认知能力和学习能力。早在《素问·著至教论》中就提出医者应"上知天文，下知地理，中知人事，可以长久"，说明医生职业需要渊博的知识作为职业基础。随着现代高新技术与信息产业的飞速发展，大量的生物、电子、材料、能源信息、计算机技术涌入医学领域，为医学科研与教学、临床诊断与治疗、疾病预防与康复提供了新的观点、途径和手段。医疗卫生事业的高速发展，技术和指南的不断更新，无疑对医生职业的认知、学习能力提出了更高的要求。《教育部卫生部关于加强医学教育工作提高医学教育质量的若干意见》（教高〔2009〕4号）指出：医学教育改革应"建立以学生为中心的自主学习模式，确立学生在教学中的主体地位，着力推进教学方法的改革与实践"，要求医生职业除了需具备极强的学习能力之外，还应树立起自主学习、终身学习的意识，不断提高信息获取、应用及处理的能力。

在实践层面，一个医生仅具备渊博的专业知识和先进的专业技术还不够，还需要通过大量的临床实践才能真正服务于病患。为此，医生还需要判断决策能力、人际沟通能力、团队协作能力、综合分析能力等职业能力，才能更好地彰显与应用其专业素养。

（二）体现出医生较高的道德情感

杨泉云："夫医者，非仁爱之士不可托也。"医生群体需要对医生职业有高度的职业认同，需要有强烈的社会责任感和使命感。

高水平的职业认同是医生道德情感的基础。职业认同是指人在生活、学习交往中形成的对某种具体职业的认识和评价，其内涵包括了职业情感和职业承诺，是一种愿意主动从事并长期从事医生职业的内心承诺及信念。早在《灵枢·师传》中即指出，学医是为了"上以治民，下以治身，使百姓无病，上下和亲，德泽下流，子孙无忧，传于后世，无有终时"。《希波克拉底誓言》同时讲道"尽余之能力与判断力所及，遵守为病家谋利益之信条……我愿以此纯洁与神圣之精神，终身执行我职务"。从古至今，无论东西文化，均强调医生的职业认同与职业责任感。新时代背景下，更需要医生具备医德精神和医德意志，将职业精神融入医生人格与信念系统，并落实到临床实践中发挥其意义和价值。

（三）体现出医生较高的情绪智力

情绪智力是医生完成临床实践的重要个人素养，是医生体现人文关怀的实现途径。

医生需要正确认知并能够调节自身情绪。研究发现，医务工作需要付出大量知识、智慧、情感和体力等资源，同时容易处于超负荷工作状态，并长期过度暴露于患者的躯体伤痛与精神苦恼等负性情绪中。这就要求医生自身具备很好的情绪智力去自我调节，尽量保持自己情绪和心理状态的稳定性。同时，临床工作强调以患者为中心的医患沟通，要求医务工作者能够正确识别和体会患者的情绪，并作出正向情绪反馈。需要医生充分调动自己的情绪智力去应对医患双方中的压力情景。

第二节　医生职业心理能力

2014年教育部等六部门联合印发的《关于医教协同深化临床医学人才培养改革的意见》和2015年印发的《教育部 国家中医药管理局关于批准卓越医生（中医）教育培养计划改革试点高校的通知》中均指出要不断提升全体卫生健康工作人员的职业素质能力。职业素质能力除了专业能力以外，还需要能够胜任医生职业的职业心理能力。当前医患关系紧张，医患矛盾难以避免，医生群体的身心压力较大，已成为心理问题高发的主要职业群体之一。医生具备一定的职业心理能力才能够更好地胜任医生职业。

基于我们的研究发现，医生职业需要多种优势心理能力，其中沟通、道德遵守、应变、决策、合作、抗压、移情、自省、学习、协调10种心理能力被认为是提升医生岗位胜任力中最具优势意义的心理能力（表4-1、图4-1）。根据词条统计和数据分析，沟通能力成为医生职业除专业能力以外的首要能力，职业道德、自省能力则强调医生的医德规范和职业素养，应变和抗压能力强调医生应具有良好的应激处理能力，评估判断则强调医生敏锐的理性决策能力，合作、协调能力要求医生具有人际交往与互助互商能力，移情能力要求医生具有感受理解能力，学习能力则强调医生的自主学习能力。

表4-1　医生职业心理能力词汇统计

排序	词汇	平均重要性排序（s/f）	出现频数（f）	总计分（s）
1	沟通	3.30	320	1057
2	道德遵守	4.51	300	1354
3	应变	4.55	224	1020
4	决策	4.70	257	1208
5	合作	5.16	271	1398
6	抗压	5.18	247	1280
7	移情	5.96	50	298
8	自省	6.00	97	582
9	学习	6.07	247	1499
10	协调	6.07	176	1069

注释：关键词的"平均重要性排序"以1～10级评分，1为最重要，10为最不重要。

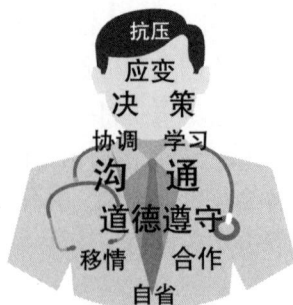

图 4-1　医生职业心理能力画像

一、沟通能力

沟通被认为是医生职业最重要的职业心理能力。一方面，沟通有利于医生正确收集四诊信息、诊断疾病和有效治疗疾病。沟通需要各类信息作为媒介。尽管随着高新技术的发展，诊疗手段的进步，患者的病情有很大一部分反映在了各类检验、检查报告上，但患者的主诉、治疗情况、生活习惯、职业情况、家庭情况等信息仍然需要医患沟通来获取。全面、准确地收集病史是诊断、治疗的基础，而这依赖于医患之间的良好沟通。同时，医生还需要向患者提供医疗信息，如实际病情、治疗方案、安全保障、预后转归、风险评估等。俄罗斯科学院院士尤里·布济阿什维利说："医生最好的助手是患者本人。"通过有效的沟通，医患间形成良性互动，才能更好更快地改善疾病状态，促进患者健康。如何处理紧张的医患关系，建立新型和谐、信任合作的医患关系是新时代背景下医疗卫生事业的重大命题，而有效沟通正是其中要义。

二、道德遵守

道德通常被理解为一种规则与规范，但其实道德更是一种能力，其内在包含了一种意志力、判断力、信仰与观念等。道德能力是指对道德规则的认识，并在行动中去实施道德规则的能力。这里的道德遵守除了指医生在从事医疗行为时的一种行为规范以外，还包含去实施这些医疗道德，去坚守医疗行为规范，这其中需要医生有能力去遵守医疗道德规范。在临床调研中，患者将医生的道德遵守放在第二重要的位置，认为医生遵守职业道德非常重要，事关自己的身体健康与生命安全。患者不仅期望医生能够知晓医疗道德规范和准则的内容，更期望医生能够在医疗行为中去遵守医疗准则，实施医疗规则。

《中华人民共和国医务人员医德规范及实施办法》第三条对医德规范明确作出 7 项规定：①救死扶伤，实行社会主义的人道主义。②尊重患者的人格与权利，对待患者不分民族、性别、职业、地位、财产状况，都应一视同仁。③文明礼貌服务。④廉洁奉公。⑤为患者保守医密，实行保护性医疗，不泄露患者隐私与秘密。⑥互学互尊，团结协作。⑦严谨求实，奋发进取，钻研医术，精益求精，不断更新知识，提高技术水平。医生需要遵守职业道德规范，尽最大努力维护患者健康，尽好医者本分。

三、应变能力

应变能力，是指人在外界事物发生改变时所做出的反应，可能是本能反应，也可能是经过理性思考后所做出的决策行为。应变能力主要体现在 3 个方面：能在变化中产生应对的创意和策略；能审时度势，随机应变；在变动中辨明方向，持之以恒。

由于医生工作的复杂性、多变性，临床医生每天要处理大量患者，在工作中也会遇到许多突发状况，这些突发状况或许是涉及病情的，或许是涉及医院管理制度的，或许是涉及医患沟通的，均需要医生在最短的时间内快速反应，沉着冷静、严谨科学地妥善处理。医生的临床应变能力建立在扎实的专业理论知识、过硬的专业技术、稳定的情绪调节、冷静细致的观察、正确科学的决策、积极有效的沟通等各个环节上，这是医生职业的天然要求，也是优秀临床医生必须具备的重要职业心理素质。

四、决策能力

决策能力简单说是一种评估判断的综合能力。决策是人在理性思维的基础上对事物进行分析、辨别、评估，并做出判断，为最终决策提供一定依据的综合能力。决策能力以人的认知能力为基础，当人们对事物有准确、全面、深刻的认识，才能作出尽量正确的判断。衡量决策能力的高低是通过社会实践及相应的结果来评定的。临床工作的复杂性要求医生必须具备极强的决策能力，利用自身专业知识和经验，基于实际情况，权衡多方利弊，作出患者利益最大化的判断选择。国外相关研究已引入了情景判断测试（situational judgement tests，SJTs）对医务人员的决策能力进行规范化培训。

五、合作能力

合作能力，是指建立在团队组织的基础上，发挥团队精神、互补互助，以达到团队最大工作效率的能力。对于团队成员来说，不仅要有个人能力，更需要有在不同位置上各尽所能，与其他成员进行有效协调合作的能力。

在当前社会经济快速发展的大背景下，社会分工越来越细，医学研究也逐渐细分，临床医生大多处于专科专病的医疗管理的设置下。但当涉及多系统多器官的疾病诊疗时，或当患者患有多种疾病时，通常需要多科多人会诊，各学科通力协作完成治疗任务。另一方面，医生团队合作能力，不仅指医生与医生之间、科室与科室之间，也包含了医护之间、医生与药师之间、中医与西医之间等多方的合作，其核心是充分发挥不同层面的有效资源，通过协作来整合医疗资源，做出最优方案。如 20 世纪 90 年代以来，西方医学中不断涌现出的针对重要的恶性肿瘤的多学科协作诊疗模式（multidisciplinary team，MDT），是由外科、影像、放疗、介入、化疗、营养、疼痛控制、麻醉、心理等相关专科构成的多学科联合诊疗机制。有研究发现，积极的医护合作可降低患者并发症的发生率、患者病死率及不良预后发生率，还对提升医疗工作者的职业满意度、降低离职率等方面有积极作用。以上都充分说明团队合作能力对医生职业的重要作用。

六、抗压能力

抗压能力，是个体对心理压力和负性情绪的承受与调节能力，主要指对逆境的适应力、容忍力、耐力及战胜力的强弱。一定的抗压能力是个体良好心理素质的体现。医生所面临的工作压力是多方面的，如疾病处理、医疗文件撰写、医患矛盾处理、职称晋升、医疗制度的改革制约等都容易使医生产生明显的心理压力。此外，医生群体还同时担任着多面的社会角色，在外有管理职务、社会任职、专家学者身份，在家还有子女、父母、夫妻等多重角色任务，使其需要承担复杂的角色任务，可能面临着多重压力。因此，医生职业需要极强的心理抗压能力，以应对突发和多重任务，胜任临床工作岗位。

七、移情能力

移情能力，又称共情能力，是设身处地地站在他人角度，理解和欣赏他人感情的能力。移情能力有3个基本特点：①是人类固有且特有的能力；②属于社会行为范畴；③可以通过特定训练获得改善和发展。作为一种心理品质，移情能力对一个人保持心理健康、形成良好的人际关系等具有重要作用。研究表明，医学领域中的移情能力存在年龄、性别差异，与学习经历、个人职业压力呈负相关，而与个人主观幸福观和临床能力呈正相关。医学关注的对象不仅是疾病，更是患者本人，医生的移情能力表现在能体会患者所要表达的内容和情感，能设身处地地为患者着想并做出有利于患者的治疗方案，还要求医生能利用语言表达和肢体动作等体现出对患者的同理心。

八、自省能力

自省一词出自《论语·里仁》所言"见贤思齐焉，见不贤而内自省也"，即自我反省之意。自省是中国传统文化中一种重要的修身方法，是具有中国特色的积极心理品质。研究发现，虽然高自省可能会带来更多的情绪耗竭和更低的工作满意度，但自省与学习表现成正相关，与创造力成正相关，还能改善负性情绪，改善动态决策，提高决策的果断性和自觉性，且对人际关系、自我认知均有一定的积极正向作用。医生的自省能力能促进其将自己的临床疾病处理进行复盘思考，在复盘中提取有益经验，多总结、多提炼，以不断自我提高。

九、学习能力

学习能力是指个体从事学习活动所需具备的心理能力，是指能够进行认知学习的各种能力与潜能的总和。对个体而言，学习能力包括理解与储存信息，掌握不同种类和数量的信息，掌握不同的行为活动模式，并实现新旧信息更替融合的信息处理能力。在医学技术日新月异的今天，医生需要在临床实践中反复学习、不断学习、终身学习，学习最前沿的医学知识、最前沿的医学技术、最新的医学理念等，还需要学习跟疾病治疗相关的多学科知识、跟职业相关的其他能力等。此外，医生的学习主要强调自主式学习，即自主学习的能力和创新思维能力，需要医生不断将临床实际与理论知识相联系、相参照，在古籍和医学文献中不断钻研和精进。

十、协调能力

协调能力，包含沟通调节、化解矛盾的能力，是聚分力为合力的能力，变消极因素为积极因素的能力，是动员组织以充分调动人的积极性解决问题的能力。协调能力主要包括人际关系协调能力和工作协调能力两方面。协调能力是医生职业多面性和社会性的内在要求。21世纪的医生，不仅要面对患者，还同时承担着教学、科研、管理等多重任务。因此，拥有较强的工作协调能力能让医生同时应对和处理好多重任务，是医生实现自身多方面职业发展与个人价值的必备能力。此外，无论是临床工作中处理与同事、患者的关系，科研工作中处理与科研团队的关系，还是管理工作中处理上下级的关系，都要求医生具备良好的沟通协调能力，以更好地解决问题、协调矛盾，保证工作的顺利完成。医生的协调能力其实暗含了其自省、移情、应变、抗压、团队合作等多种职业能力，具备良好的协调能力能综合处理好各种矛盾，化解危机，尤其是帮助完成困难的工作任务。

除了上述10种医生职业心理能力外，还有实践能力、情绪调节能力、专研能力等对临床医生职业发展也具有重要的意义，在此不再赘述。

第三节　医学生职业心理能力的养成

与医学生职业心理个性的养成一样，医学生也需要对照医生职业心理能力，不断促使自己在这些心理能力上的发展。这些关键能力对于提高医生岗位胜任力和职业发展具有重要的意义。本节主要围绕医生职业心理能力提出医学生的培养思考。

一、医疗行为的底线——道德遵守的养成

这里的道德遵守主要指医生职业道德的遵守。医学生自医学入门起，在职业认同培养的阶段就需要首先学习医生职业的道德内涵与准则，在认知上不断体悟作为医生所谓"大医精诚""悬壶济世"的崇高医道品德。医学生还可以通过学习名医名家的优秀事迹、成长成才之路，去真切感受作为医学大家心系苍生性命福祉的伟大情怀，不断增强自己的职业认同，不断内化医生的职业道德于心、实施职业道德于行。因此，医学生首先需要学习医生职业道德的丰富内涵，更需要学会在临床医疗行为中协调自己与患者利益平衡，在恪守医生职业道德的同时也促进自我职业的发展。遵守医疗道德是一种医疗能力，更是一种医疗智慧。

二、医疗中没有"英雄主义"——沟通、合作、协调能力的养成

当前的医疗越发强调团队的协同合作，个人属性的英雄主义已经不适用于当今医疗体系，取而代之的是医疗中的充分沟通、合作与协调。沟通是开展一切工作的前提，沟通能力已成为21世纪人才竞争中最重要的素质之一。沟通作为医生职业心理能力中排

位第一的核心能力，应受到医学生的高度重视。医学生应自觉地在日常学习生活中有意识地锻炼自己与人沟通交流的方法技巧，有意识地强化自己的沟通水平，积累有效的沟通经验。还可以多看一些沟通技巧的书籍和课程等，并利用平时跟诊学习的机会来观察、模仿老师的医患沟通方式，从而不断提高自己的人际沟通能力。

合作能力是个人人生发展的重要能力之一，个人的发展往往依赖团队的协作共赢。医学生应树立积极与人合作的意识，做到愿意与人合作、能够与人合作、善于找到合作点，从而助人助己地长远发展。团队合作能力也内在地包含了一个人的共情、应变、沟通协调、组织管理等综合能力，医学生需要同时加强这些能力的自我锻炼与提升。

协调能力需要以沟通为基础，以合作为促进。协调意味着在取舍、妥协与让步之间取得某种平衡，使矛盾双方都能各有所得，合理取利，共同解决问题或迎来双赢新局面。协调能力的达成还需要良好的人际处理能力、创新思维能力、组织管理能力等的综合应用，是一种不可多得的个人能力。一般组织领导者都需要具备极好的组织协调能力。因此医学生要认识到协调能力对于个人发展的重要意义，自觉去培养和提升自己的协调能力，帮助自己在生活中解决实际困难，同时提升自己在临床岗位的适应性发展。

三、医疗过程时刻需要决策——应变、抗压、决策能力的养成

疾病的演变何其复杂，使得医疗过程充满着变化。医生在临床中时刻处于应变状态，根据患者病情的演变，做出及时正确的处理决策，同时需要强大的心理抗压能力去应对这种突发状态。因此，医生需要超强的应变能力和抗压能力，为做出正确的医疗决策奠定基础。

医学生在日常学习生活中，应注意锻炼自己的灵活应变能力，在遇到实际问题时尝试从不同角度去思考，同时通过成功地处理困难、化解危机，增强自己提高应变突发问题的胜任力。不忘扎牢自己的专业知识和技能，为应对突发医疗事件提供关键的专业支持。在"早临床、多临床、反复临床"的跟诊实训中，注意总结积累有效的诊疗经验。

抗压能力是个体多种内在心理品质综合表现的结果，需要医学生注重自身内在积极心理素质的培养。研究表明，乐观、自尊、高自我效能感等心理素质与高抗压能力有着密切的正相关。医学生要有意识地加强自己心理韧性的锻炼，加强自己灵活应变能力的提升，培养自己积极乐观的思维方式与乐观心态。

决策能力依赖于过硬的专业知识掌握、信息的全面收集及缜密的评估判断。因此要求医学生夯实专业知识，广博知识讯息，掌握信息采集的技巧方法，学会分析问题、决策问题。医学生需要掌握综合抗压能力和应变能力，处事不惊，冷静分析问题、评估问题，最终做出尽可能正确的医疗决策。

四、医疗过程是内外互动获取双向信息的过程——移情、自省、学习能力的养成

移情与共情类似，是一种可以通过特定训练获得发展和提高的心智化技巧，其内涵包括了认知能力和情绪反应能力。移情能力能帮助医学生在临床实践中准确感知和识

别出患者的情绪、情感，并通过恰当的沟通表达出对患者的理解支持，从而促进医患关系。医学生需要有意识地训练自己对他人情绪、情感的感知能力，做到有效倾听、准确共情；在人际互动中通过刻意训练，训练自己良好的语言表达能力，同时能很好地促进自己的人际关系发展。

如果说移情能力主要指向对他人的体悟，自省则主要指向对自己的体悟。古人云："吾日三省吾身。"这已成为能人贤士的自我修养法则。医学生要提高对自省能力的重视，养成"凡事多自省，每日一自省"的自我修养习惯。需要说明的是，自省并非只是反省自己的不足，应同时兼顾审视自己的长处和短处，在自省中总结提炼有效经验，也总结提取失败经验，促使自己不断提升。

这里的学习能力主要指自主式学习的能力和终身学习的意识。医学生需要加强对于"学习"内涵的理解：①学习分为理解性学习和思维性学习。前者是接受式学习，也是常说的"填鸭式"学习，这种学习过程相对被动；后者是自主性学习，也称为"批判式"和"创造式"学习，这种学习要求学习者主动思考，辩证地接受知识观点。②学习不只是局限于书本和课堂学习，而是应该适用于更广泛的生活中，除了知识等智力学习，还应该有情绪、情感，人生经验与智慧的体悟和总结，以及行为活动、思想情感的学习等。③学习不应局限于专业知识的学习，还应该有其他学科、相关领域的通识化学习，正所谓"触类旁通"。④学习是一种行为，更是一种能力，要有自主自学的能力。学生接受教师授课的终极目的是为了能够掌握自学的能力。"不会就学，没人教就自学，没有学不会，只有不会学"应当成为当今时代对于"学习"的最好概括。有了以上4点关于学习的正确认识，相信医学生能够有的放矢地培养自己的学习能力。

本章临床应用

孙思邈，汉族，唐朝京兆华原（今陕西铜川市耀州区）人，是著名的医师与道士。他是中国乃至世界史上著名的医学家和药物学家，被誉为药王，许多华人奉之为医神。他18岁立志学医，20岁即为乡邻治病。他十分重视民间验方，一生致力于医学临床研究，精通内、外、妇、儿、五官，"无欲无求"，对患者一视同仁，"皆如至尊""华夷愚智，普同一等"。他身体力行，一心赴救，不慕名利，"胆欲大而心欲小，智欲圆而行欲方"（"胆大"是要有如赳赳武夫般，是指遇事圆活机变，不得拘泥，须有制敌机先的能力；"行方"是指不贪名、不夺利，心中自有坦荡天地）。孙思邈一生淡泊名利，多次推却做官召请。隋文帝时征召他为国子博士，唐太宗欲授予爵位，唐高宗欲拜谏议大夫，他都固辞不受，一心致力于医学。唐朝建立后，孙思邈接受朝廷的邀请，与政府合作开展医学活动。唐高宗显庆四年（659年），完成了世界上第一部国家药典《唐新本草》。

你觉得孙思邈的个人成长中凸显了哪些重要的医生职业心理能力？

【复习思考题】

1. 医生职业心理能力需求有哪些特征？
2. 简述医生职业应具备的优势心理能力。

3. 医学生如何发挥主观能动性，培养和发展自己的职业心理能力？

【参考文献】

1. 林崇德.中国独生子女教育百科［M］.杭州：浙江人民出版社，1999：111.

2. 肖汉仕.学校心理教育研究［M］.北京：科学出版社，2000：184-232.

3. JimGolby,Michael Sheard.Mental toughness and hardiness at different levels of rugby league［J］.Personality and Individual Differences,2003,37（5）.

4. 方金鸣，陶红兵，彭义香，等.基于结构方程模型的全科医生岗位胜任力要素研究［J］.医学与社会，2020，33（1）：134-138.

5. 郑德伟，孙宏伟，刘晓芹.医学生心理素养"三维螺旋"培养模式浅析［J］.中国高等医学教育，2017（2）：31-32.

6. 乔正荣，何东山.论对医生职业素养问题的哲学性思考［J］.中国卫生标准管理，2018，9（19）：28-30.

7. 韩颖，王晶，郑建中，等.全科医生岗位胜任力评价指标体系的构建研究［J］.中国全科医学，2017，20（1）：15-20.

8. 邱隆树，张毅，彭波.中国医生角色行为中的文化传统初探［J］.中国当代医药，2012，19（18）：146-148.

9. 王富华，谢铮，张拓红.医务人员职业倦怠的国内外研究［J］.中国社会医学杂志，2013，30（3）：188-190.

10. 刘国伟，徐民，徐萍.医患身心受授关系中医生职业特征研究［J］.中医临床研究，2020，12（36）：136-139.

11. 王锦帆.关于我国医患沟通内涵与目的的思考［J］.中国医院管理，2007（3）：27-29.

12. 谢国光，胡承根，刘学华，等.浅谈医患关系"寒冷期"的形成原因与对策［J］.中国卫生事业管理，2002（12）：743-744.

13. 郑建辉，江陆平.医学生医德人格培养的内涵与途径［J］.西北医学教育，2012，20（6）：1150-1152+1219.

14. 于德华，王一方，陈英群，等.医学生人文医学教育中的共情培育［J］.中国高等医学教育，2010（12）：13-14.

15. 张挺，王小飞，曲巍.医学生终身学习能力与培养模式研究［J］.中国医学教育技术，2020，34（2）：165-167.

（下） （篇） **医学生职业心理知识与技能**

第五章 心理学主要理论流派 ▷▷▷

西方心理学经历了漫长的发展，受不同文化背景的影响，衍生出了众多理论流派，从不同视角以期揭开人类心理活动的神秘面纱。本章系统介绍心理动力学理论、行为学习理论、认知理论、人本主义理论和生物心理学理论的起源与代表性理论，并总结了不同理论在临床医学中的应用价值。

第一节 心理动力学理论

心理动力学（psychodynamic），又称精神动力学或精神分析学。心理动力学的观点认为，行为是由那些不曾被个体觉知或控制的内在力量、记忆和冲突所激发。

一、理论起源与发展

19 世纪末 20 世纪初，西格蒙德·弗洛伊德（Sigmund Freud，1856 — 1939）于 1895 年正式提出精神分析的概念，1899 年《梦的解析》一书的出版标志着精神分析心理学正式形成。随着 1919 年国际精神分析学会的成立，精神分析学派正式成为一门心理学流派。

19 世纪末 20 世纪初，弗洛伊德从精神病患者的临床实践中逐步提出并发展为完整的心理动力学理论，能够分别应用于对正常行为和变态行为的解释与分析。他强调儿童早期是人格形成的关键阶段。后来新弗洛伊德主义理论学家把弗洛伊德的理论进行了扩展，认为人格的形成与发展会持续至个体一生的社会影响和互动上。他们承认童年经历对人格发展有着至深的影响，同时也认为后来的人生经历，特别是青春期和成年初期的经历对于人格的形成也非常重要。还有许多新弗洛伊德主义的理论学家从精神分析外部进行了突破和发展，并结合社会学、文化学、人类学和哲学等产出一大批成果，涌现出了如霍妮、弗洛姆等的精神分析社会文化学、宾斯万格和鲍斯的存在精神分析学和拉康的结构主义精神分析学等。

二、主要理论观点

本节主要介绍精神分析流派最具代表性的两位人物弗洛伊德与荣格。两位大师的理论学说对后世的心理学学科发展及社会文化生活均产生了深远的影响。

（一）弗洛伊德精神分析理论

1. 人格结构理论　弗洛伊德的人格结构理论认为，人格结构由本我、自我、超我3部分组成。本我是指原始的自己，包含生存所需的本能欲望、冲动和生命力。本我是一切心理能量之源，按快乐原则行事，不理会社会道德、外在行为规范，唯一的要求是获得快乐、避免痛苦。超我是人格结构中居于管制地位的最高部分，是由于个体在生活中接受社会文化、道德规范的教养而逐渐形成的。超我以追求完美与道德为行事原则。而自我是个体出生后在现实环境中由本我分化发展产生的，是介于本我与超我之间，对本我的冲动与超我的管制具有缓冲与调节的功能。由本我产生的各种需求，如不能在现实中立即获得满足，就必须接受现实的限制，并学习如何在现实中获得需求满足，这时需要自我发挥功能，去协调本我与超我之间的矛盾冲突。精神分析认为，当三个"我"之间出现不协调的矛盾时，就会导致人出现精神痛苦。

2. 意识层次理论　弗洛伊德的意识层次理论阐述的是人的精神活动，包括欲望、冲动、思维、幻想、判断、决定、情感等，会在人不同的意识层次发生和进行。该理论认为，人的意识共分为三层，包括意识（conscious）、前意识（preconscious）和潜意识（unconscious）。意识即自觉，凡是自己能察觉的心理活动属于意识层面，它属于人的心理结构的表层，感知着外界现实环境和刺激，用语言来反映和概括事物的理性内容。前意识又称下意识，是人们能够提前预知他人或自己事态的发生及后果的意识，也是调节意识和潜意识的中介机制。潜意识又称无意识，是指在意识和前意识之下受到压抑的、没有被意识到的心理活动，代表着人类更深层、更隐秘、更原始、更根本的心理能量。意识层次理论好像一座冰山，露出水面的只是一小部分意识，但隐藏在水下的绝大部分前意识和无意识才是对人的行为产生重要影响的意识部分。

3. 自我防御机制　首先由西格蒙德·弗洛伊德提出，后由他的女儿安娜·弗洛伊德（Anna Freud）对之进行了系统研究。弗洛伊德认为当自我以理性的方式消除焦虑而未能奏效时，就必须改换为非理性的方法来缓解焦虑，从而保护自我免于发生身心疾病。自我防御机制是自我面对有可能的威胁和伤害时所产生的一系列反应机制，包括否认、压抑、合理化、移置、投射、反向形成、过度代偿、抵消、升华、幽默和认同等多种形式。自我防御机制主要有两个特点：①通常在人的无意识水平自动发生，具有一定的自欺性质，是人出于本能的潜意识防卫；②通常具有伪装和歪曲现实的特点。其作用主要是降低自我的焦虑，不具有道德上欺骗的含义，在心理疾病防治中具有积极作用。

（二）荣格人格分析心理学理论

卡尔·荣格（Carl Gustav Jung，1875—1961）是新弗洛伊德主义中非常突出的一位代表人物，他提出人们的心理与行为有可遵行的规律，一旦人们掌握了这个规律，即便是尚未发生的人和事，看起来也是可以预测的。1913 年，荣格在慕尼黑国际精神分析会议上提出了性格学说，后来又在 1921 年出版《心理类型》一书，极大促进了心理动力学的研究与实践。

1. 人格理论　荣格把人格称为"精神"，其内涵包括一个人所有的思想感情和行为，无论是有意识的还是无意识的。荣格认为人格具有原始统一性，我们终其一生需要不断追求心灵的整合，也需要不断修复自己人格的完整性。在荣格看来，人格结构是由意识（自我）、个体潜意识（情结）和集体潜意识（原型）三个层面构成。

2. 人格动力说　荣格认为心灵的能量来自外界或身体，而一旦外界能量转化为心灵能量，就由心灵来支配。心理能量是一种普遍的生命力，不是性本能。荣格借用物理学的能量守恒定律来解释心理能量的变化，即能量在心理结构中可以转移，并且可以把某一结构的部分特征进行转换。心灵是一个相对封闭的系统或是自给自足的能量系统，心理能量是人格的动力，心理值是测量心理能量的标准。心理能量是可以发生能量转换和形态变化的。荣格发现，原始部落以各种仪式和舞蹈来转换心理能量，而现代人则通过"有意志的行为"，用科学技术把梦想变成现实，从而实现心理能量的转换。

三、理论价值与临床应用

（一）理论价值

1. 心理动力学理论首次明确了无意识对行为的影响　弗洛伊德所阐述的关于无意识影响行为的观点是一项重要成就，并且得到广泛认同，在西方文化中的影响范围十分广泛。此外，当代研究记忆和学习的学者认为，那些我们并未觉察的记忆对我们的行为有着重要影响。

2. 心理动力学把心理研究引入到内在动力的领域　心理动力，顾名思义，就是心理活动的内在力量或者内在驱动力。弗洛伊德认为人心理活动的动力源泉是生理上的"力比多（libido）"。荣格认为"原型"是人类心理活动的动力，原型就是人生中的"典型情境"，是心灵的"原始模型"，是人先天和后天的积淀。新精神分析学派的代表人物阿德勒认为，自卑与超越是人行为的原始决定力量。心理动力学理论极大地丰富了心理学家们对心理活动中内在力量的探索和挖掘。

（二）临床应用

心理动力学观点主要聚焦于心理问题的症状和问题背后的动力，试图解决该症状为什么会出现在此时此刻此人的身上。心理动力学理论观点（主要是精神分析学派的潜意识冲突理论）可作为探讨心身医学中关于心身疾病发病机制的理论基础之一，去探究心理与躯体症状之间的相互作用关系。例如从心理动力学视角看待心理问题的症状，会认为所谓"症状"是有心理功能的，一旦帮助患者转移对该功能的需求或满足该需求，患者的"症状"会自动减轻或消失。

第二节　行为学习理论

行为主义学习理论（behaviorist theory）是指运用行为主义的理论和方法研究学习活动的心理学流派。该理论是通过对动物和人类进行一系列控制，在严密的实验研究的基础上，发现并提出一系列有关学习心理的原理和规律。行为主义认为，学习是刺激与反应之间的联结，其基本假设是：行为是学习者对环境刺激所做出的反应。他们把环境看成是刺激，把伴随发生的有机体行为看作是反应，认为所有行为都是人后天习得的。因此从行为观点的角度出发，人的发展是由可以观测的行为和外部环境的刺激相互作用的结果，行为主义认为后天比先天对个体的发展更重要。

一、理论起源与发展

19 世纪末，功能主义思潮应运而生，它将人的心理、意识作为适应环境的工具，抹杀了人在意识指导下的行为与动物本能行为之间的本质差异，把人的行为等同于动物的行为。20 世纪初，作为功能主义心理学集大成者安吉尔的学生约翰·华生，深受功能主义心理学的影响，正式把功能主义顺利地过渡到行为主义。

华生认为心理学研究的对象不应该是意识而是行为，主张研究行为与环境之间的关系，且认为心理学的研究方法必须抛弃内省法，而代之以自然科学常用的实验法和观察法，由此创立了行为主义理论。自此，行为主义理论从 20 世纪 20 ～ 50 年代在美国心理学界一直处于统治位置，成为世界主流心理学流派之一。斯金纳（Burrhus Frederic Skinner, 1904—1990）更是将行为主义学习理论推向了高峰，他提出了操作性条件作用原理，并对强化原理进行系统研究，使强化理论得到了完善发展。

二、主要理论观点

（一）约翰·华生环境决定论

华生（John Broadus Watson, 1878—1958）曾说："请给我 10 个健康而没有缺陷的婴儿，让我在我的特殊世界里教养他们，我可以担保，在这 10 个婴儿中，我随便拿出一个，都可以训练他成为任何一种专家。"

华生认为人类的行为都是后天习得的，环境决定了一个人的行为模式，无论是正常的行为还是病态的行为都是经过学习而获得的，也可以通过学习而更改、增加或消除。华生认为明确了环境刺激与行为反应之间的规律性关系，就能根据刺激预知反应，或根据反应推断刺激，达到预测并控制动物和人的行为的目的。他认为，行为就是有机体用以适应环境刺激的各种躯体反应的组合，有的表现在外表，有的隐藏在内部，人和动物都遵循同样的规律。

（二）斯金纳操作性条件作用

斯金纳（Burrhus Frederic Skinner，1904—1990）自制了一个"斯金纳箱"，在箱内装上特殊装置，压一次杠杆就会出现食物。他将一只饿鼠放入箱内，它会在里面乱跑乱碰，自由探索，偶然一次压杠杆就得到食物，此后老鼠压杠杆的频率越来越多，即学会了通过压杠杆来得到食物的方法。斯金纳将其命名为操作性条件反射或工具性条件作用。操作性条件反射是学习的一种形式，指的是一种自发反应由于其正性或者负性后果而得以加强或者削弱的过程。这一实验中，食物即是强化物，运用强化物来增加某种反应（即行为）频率的过程叫做强化。他把行为分成两类：一类是应答性行为，这是由已知的刺激引起的反应；另一类是操作性行为，是有机体自身发出的反应，与任何已知刺激物无关。与这两类行为相对应，斯金纳把条件反射也分为两类：与应答性行为相应的是应答性反射，称为 S（刺激）型；与操作性行为相应的是操作性反射，称为 R（反应）型。

（三）班杜拉社会－认知学习理论

班杜拉（Albert Bandura，1925—2021）及其同事提出了社会－认知学习理论。该理论强调人们可以通过观察他人的行为进行学习，被观察的对象称为榜样。观察学习又称无尝试学习或替代性学习，指的是人们只需要通过观察他人的行为和该行为产生的结果，就能学会该行为。班杜拉认为，人类的一切社会行为都是在社会环境的影响下，通过观察他人的示范行为和该行为产生的结果而习得的。观察学习分为四个阶段：第一，观察者必须注意并察觉榜样行为中最关键的特征；第二，观察者必须成功地回忆起该行为；第三，观察者必须正确地重现该行为；第四，观察者必须被激发去学习和执行该行为。

班杜拉认为，在人的心理功能中，人的内部因素、行为和环境影响三者之间相互作用，共同促进了人的学习过程。但与经典行为主义相比，其明显地重视人的主观能动性在行为中的决定作用。

三、理论价值与临床应用

（一）理论价值

在行为主义产生之前，心理学的研究对象多限于意识。行为主义把心理学的研究对象确定为可以观察的外显行为，通过实验方法来研究人和动物的行为，使得心理学在研究对象和研究方法上具有自然科学的特性，能够获得比较客观的研究成果。行为主义是从对动物的客观性行为研究中得到启示而发展起来的，直接促进了动物心理学的进一步发展；同时，因对行为的客观观察和实验更适合于儿童心理的研究，从而使儿童心理学迅速发展起来。此外，行为主义产生后，注重对学习特别是动物学习的实验研究，并把从动物学习的实验研究中所获得的结论推广到人类的学习之中，从而促使了学习心理学和教育心理学的出现。

（二）临床应用

行为主义认为人的问题行为、症状是由错误认知与学习所导致的，主张将心理治疗或心理咨询的着眼点放在来访者当前的行为问题上，注重当前某一特殊行为问题的学习和解决，以促使问题行为的转化消失或新的行为获得。行为学习理论对于问题行为的矫正有重要指导意义，临床运用广泛，主要用于矫正智力障碍儿童的不适当行为或情绪困难儿童的不良行为，还可以用于矫正精神病患者或者人格障碍患者的异常行为。通过掌握塑造和矫正问题行为的方法，为患者创设一种环境，尽可能在最大程度上强化患者的适当行为，消除不恰当行为。

第三节　认知心理学理论

认知心理学理论（cognitive psychology）研究的是人类关于注意、知觉、表象、记忆、创造性、问题解决、言语和思维等高级心理过程，是关于人类学习的内部加工过程的认识，重点关注人们认识、理解和思考世界的过程，重点研究人们如何对世界进行内部表征（信息在头脑中的呈现方式）和思考。

一、理论起源与发展

20 世纪 40 年代第三次科技革命兴起，信息论的概念被引入心理学，对现代认知心理学的兴起产生了重要影响。随着计算机科学的迅速发展，心理学家把人与计算机类比，提出了用计算机类比和检验人类行为的可能性。

与此同时，20 世纪 50 年代中期行为主义逐渐衰败，认知心理学明确关注内部心理活动的观点开始受到人们的重视，并在西方兴起一种新的心理学思潮。现代认知心理学是在批判行为主义的基础上发展起来的。其后语言学对认知心理学的发展有很大影响，乔姆斯基将语言学与心理学相结合所创立的心理语言学，可以说是认知心理学的一个分支。

认知心理学起始于 20 世纪 50 年代中期，它强调认知的作用，并继承早期实验心理学的传统，同时深受格式塔心理学的影响，在 60 年代以后得以飞速发展。1967 年美国心理学家奈瑟所著《认知心理学》一书的出版，标志着认知心理学已成为一个独立的流派。20 世纪 60 年代随着信息电子处理过程的发展，日内瓦大学建立"心理与教育科学院"，蒙纳德发表的《儿童心理学的变革》标志着新皮亚杰理论的建立。到了 80 年代，认知心理学已成为直至当今西方心理学界盛行的流派，基本取代了行为主义心理学在西方心理学的主导地位。

二、主要理论观点

让·皮亚杰（Jean Piaget，1896—1980），近代最有名的儿童心理学家。他的认知发展理论成为这个学科的典范，一生留给后人60多本专著、500多篇论文。皮亚杰对心理学最重要的贡献，是把弗洛伊德的那种随意、缺乏系统性的临床观察，变得更为科学化和系统化，促进了日后临床心理学的长足发展。

1. 儿童认知发展理论 皮亚杰把儿童的认知发展分成以下4个阶段。

（1）感知运算阶段（感觉–动作期，sensorimotor stage，0—2岁） 这个阶段儿童的认知活动主要是通过探索感知觉与运动之间的关系来获得动作经验，儿童的语言和表象尚未产生，主要是通过看、抓和嘴的吸吮等简单动作来了解外部环境。儿童的主要认知结构是感知运动图式，儿童借助这种图式可以协调感知输入和动作反应，从而依靠动作去适应环境。通过这一阶段的认知发展，儿童从一个仅仅具有反射行为的个体逐渐发展成为对其日常生活环境有初步了解的问题解决者。此时，儿童在认知上发展出了客体永恒性，能够明白眼前消逝了的事物可以在其他地方存在。此外，具有了合乎逻辑的目标定向行为。

（2）前运算阶段（前运算思维期，preoperational stage，2—7岁） 在这个阶段儿童具有使用字词、手势、标记、想象等符号的能力，具备了符号言语功能，词汇得到发展。儿童将感知动作内化为表象，建立了符号功能，可凭借心理符号（主要指事物的表象）来进行思维，从而使儿童思维有了质的飞跃。但这个阶段的儿童思维具有不可逆性，尚未获得守恒概念，还是以自我为中心。

（3）具体运算阶段（具体运算思维期，concrete operations stage，7—11岁） 在本阶段内，儿童的认知结构已经发生了重组和改善，由前运算阶段的表象图式演化为运算图式。具体运算思维的特点是具有守恒性、脱自我中心性和可逆性。皮亚杰认为，该时期的心理操作着眼于抽象概念，具有运算性、逻辑性，但思维活动仍需要具体内容作为支持。儿童解决守恒问题依赖于对三个基本原理的理解：同一性、补偿性和可逆性。但是这个阶段儿童的思维仍然需要具体事物的支持，儿童还不能进行抽象逻辑思维。对于规则的遵守，表现比较刻板。

（4）形式运算阶段（形式运算思维期，formal operational stage，从11岁开始一直发展） 这个时期儿童的思维是以命题形式进行的，并且能够发展命题之间的关系，能够依据逻辑推理、归纳或者演绎的方式来解决问题；能够理解符号的意义、隐喻和直喻，能够做一定的概括，其思维发展水平已接近成人。这个阶段的儿童能够进行"假设—演绎"推理，具有了系统思维能力。另外一个特征就是青春期的"自我中心"。青少年开始非常关注自己，而且觉得他人也同样关注自己。而对于规则，已经能够灵活运用。

以上4个阶段的认知发展理论被广泛应用于儿童心理发展及儿童学习教育中，在教育领域产生了深刻影响。

2. 图式理论 图式是认知心理学理论中的核心概念，皮亚杰对其进行了深入研究，对于理解人的心理结构提供了可操作性的视野。图式实质上是一种心理结构，是假设的认知结构，是能帮助人们知觉、组织、获得和利用信息的认知结构。旧有的图式主要通过同化和顺应两个心理过程升级为新的图式，让人们对事物的认知升级。

例如骑自行车就是一种行为图式。一个人学会了骑自行车，就会在大脑认知中形成关于骑自行车的心理结构，这种心理结构具有一定的稳定性，一般需要通过"同化"和"顺应"两个心理反应过程，从而产生新的图式，也是个体适应环境的心理过程。皮亚杰发现，把环境因素纳入自己已有的图式中，去加强和丰富原有的图式结构，这就是同化的心理过程。这个过程主要是数量上的变化，还没有质性的改变。

学会骑自行车以后，再学怎么左拐弯，怎么右拐弯，去适应不同的路况，这是对骑车图式的同化过程。下一次，当场景变换成需要去到很远的地方时，骑自行车无法到达目的地，这时个体需要改变策略为骑摩托车。于是个体开始学习摩托车的驾驶，而原有关于骑自行车的心理图式已经无法纳入新的驾驶技术时，顺应的心理过程发生。顺应使个体已有的图式结构发生改变和扩充，发展出包含摩托车驾驶的新的认识图式结构。这时我们的图式发生了质性的改变。

总结起来，在同化与顺应两种心理过程的调适下，机体在应对问题时可以保持一种心理平衡状态，并产生出一种新的图式。因此，图式是一种动态可变的认知结构，对于我们不断学习、升级学习、创造性学习具有重要作用，而图式、同化、顺应和平衡则阐述了我们的大脑认知过程的结构化演变。

三、理论价值与临床应用

（一）理论价值

1. 认知心理理论深化了科学认识论　认知心理理论在吸收神经生理学、生物学、人类学、逻辑学、数理逻辑、系统论、控制论和信息论的基础上，特别是把认识论和心理学紧密结合起来，创造了发生认识论。皮亚杰将心理学成果引进认识论之中，提出活动中介论、主客体相互作用论和认识活动中的双向建构论，这些都揭示了认知形成的辩证运动规律，丰富了原有认识论的内容，改变了整个认识论的结构和体系，促进了科学认识论的发展。

2. 认知心理理论推动了儿童心理学的发展　皮亚杰所创立的"日内瓦学派"批判儿童心理学发展史上各种形而上学的发展观，提出了儿童心理发展是在内外因相互作用中不断产生量与质变化的心理发展观。认知心理理论极大地丰富和深化了儿童心理学的研究，成为发展心理学史上一个重要的里程碑。

（二）临床应用

1. 认知神经科学在自闭症儿童的早期识别　认知神经科学家致力于确定大脑中与不同类型认知活动相关联的实际部位和功能，而不是简单地假定存在着与思维相关的、基于假设或理论的认知结构。这一工作方向为自闭症（自闭症是一种广泛性发展障碍，可导致年幼儿童显著的语言功能缺陷、刻板行为和社会交往障碍）的病因提供了线索。神经科学家已经发现，罹患自闭症障碍的特殊儿童在其生命的头一年，大脑呈现爆炸式的急剧发育，这使得他们的头部明显大于正常儿童。通过早期对患儿的迅速识别，医护工作者可以及时提供关键的早期干预。

2. 认知理论在临床医学的运用　认知理论在临床医学上对于首发精神病患者、抑郁情绪患者都有良好的效果。卢国强、李辉等人对首发精神分裂症患者 113 例进行治疗，发现认知心理治疗可提升首发精神分裂症患者的疗效、治疗依从性、康复状态及心理健康水平，值得临床推广应用。赵琳、张晓虎认知心理疗法应用于结核病伴抑郁患者可调节其焦虑和抑郁心态，提高其对生活和疾病治疗的希望水平，提高自身用药依从性及自我效能，改善生活质量。吴亚平在对脑卒中患者治疗时发现，对患者予以认知心理疗法和药物治疗，患者的认知功能得到明显改善，抑郁情绪减轻，预后效果得到提升。

第四节　人本主义理论

人本主义（theory of humanism）反对将人的心理低俗化、动物化的倾向，被称为心理学中的第三思潮。人本主义心理学家认为，个体追求自我实现的动机，会驱使个体朝向积极的方向发展。自我实现的倾向作为一种建设性、指导性的力量，驱动个体不断扩展自我并做出积极行为。人本主义理论是美国当代心理学主要流派之一，由美国心理学家 A.H 马斯洛创立，代表人物还有 C.R 罗杰斯（Carl Ransom Rogers，1902—1987）。

一、理论起源与发展

19 世纪 50 年代初，资本主义的高度物质文明带来人的异化，使人的自由受到桎梏，社会层面的精神疾病日趋增多。而人本主义心理学强调内心体验，关注个人潜能与自我实现，正好迎合了这一社会需求。人本主义心理学的兴起有一个较长的酝酿过程。20 世纪 20 ～ 30 年代美国人格心理学、新精神分析和机体论的研究是其早期的理论准备。戈尔德施泰因于 1939 年发表《机体论》，被认为是人本主义心理学的主要理论即自我实现论的基石，他第一次从机体潜能发挥的角度论述了自我实现。第一批系统讨论人本主义心理学的代表作是在 20 世纪 40 ～ 50 年代陆续发表的，主要包括马斯洛的《人类动机论》（1943）、《动机和人格》（1954），罗杰斯的《患者中心疗法》（1951）、《论人的成长》（1961），以及罗洛·梅主编的《存在：精神病学和心理学的新角度》（1959）。20 世纪 80 年代以来，人本主义运动得到进一步深化发展。

人本主义的产生是基于反对当时影响最大的两个流派，即行为主义心理学与精神分析流派。它既反对行为主义把人等同于动物，只研究人的行为，不理解人的内在本性，又批评弗洛伊德只研究神经症和精神病患者，不考察正常人的心理。因此人本主义是人类认识自己的一次全新的里程碑。

人本主义理论有以下 4 个主要核心观点：①强调个人的责任（虽然我们尝试拒绝，但是我们最终需要对发生在自己身上的事情负责，并认识到自己才是自我生活的积极塑造者）。②强调此时此地，即强调我们要活在当下。有一句广告语说"今天是你人生余生的第一天"，正好符合这个论调。③强调对个体潜力的挖掘，认为没有人比我们自己更了解自己，每个人都有充分的潜能去解决自己所遇到的困难。④强调个人的成长。人本主义认为，只要个体的需求没有被满足，就会促使个体不断努力，从而促进自己不断成长，最终以达到"自我实现"为目标。

二、主要理论观点

（一）罗杰斯的自我理论

罗杰斯人格理论的核心是自我理论，这也是他的心理治疗理论和人本主义教育理论的基础。罗杰斯认为，个体是完整有机体的存在，是一切体验的发源地，且在自我实现倾向的驱使下成长与发展，其结果就是"自我""自我概念"的发展、扩充及实现。

儿童出生以后，随着身心的成长，由最初的物我不分、主客不分，到逐渐把自我与环境区分开来，并在语言的帮助下进一步分清了主我和客我。"自我概念"有两种：一种是真实的自我，是较符合现实的自我形象；另一种是理想的自我，是一个人期望实现的自我形象。这两种自我是否和谐与趋近，将直接影响个体心理健康的水平。

罗杰斯用"无条件积极关注"来解释自我发展的机制。所谓无条件积极关注是一种没有价值条件的积极关注体验，是在即使自我行为不够理想的状况下，个体仍受到父母或他人真正的尊重、理解与关怀的积极体验。罗杰斯认为，在个体获得自我发展的过程中，关键在于婴幼儿时期是否能够获得无条件积极关注，即需要母亲能够给予婴幼儿足够的关爱与及时的反馈。若是如此，个体会进一步产生自我价值感，感受到自己被爱、被接纳、被认可，也会对自我的潜能有更积极的预期，从而愿意去尝试与冒险，追求更大的自我价值的实现。

（二）马斯洛的需求层次理论

马斯洛说过："弗洛伊德向我们展示了心理现象当中悲观的一面，现在我们必须用健康的另一半来补充。"他用一幅关于人类本性乐观而振奋的图景取代了弗洛伊德悲观、阴郁的观点，受到大众的接纳和追捧。马斯洛认为，人类行为的心理驱力不是性本能，而是人的需要，他将人的需要分为5个层次，由下而上依次是生理需要、安全需要、归属与爱的需要、尊重的需要，以及自我实现需要。

马斯洛认为，人在满足高一层次的需要之前，至少必须先部分满足低一层次的需要。并将生理需要、安全需要归为缺失性需要，这类需要可产生匮乏性动机，为人与动物所共有，一旦得到满足，紧张消除，兴奋降低，便失去动机。第二类需要属于生长需要，包括归属与爱的需要、尊重的需要和自我实现的需要。这类需要可产生成长性动机，为人类所特有，是一种超越了生存满足之后，发自内心的渴求发展和实现自身潜能的需要。满足了这种需要个体才能进入心理的自由状态，体现人的本质和价值，产生深刻的幸福感，马斯洛称之为"巅峰体验"。马斯洛认为，人类共有真、善、美、正义、欢乐等内在本性，具有共同的价值观和道德标准，达到人的自我实现关键在于改善人的"自知"或自我意识，使人认识到自我的内在潜能或价值。简而言之，人本主义心理学就是想要促进人的自我实现，作为人终其一生追求的人生目标。

三、理论价值与临床应用

（一）理论价值

1. 人本主义理论对现代教育产生了积极影响　人本主义强调爱、创造性、自我表现、自主性、责任心等心理品质和人格特征的培育，对现代教育产生了深刻的影响。马斯洛作为人本主义心理学的创始人，充分肯定人的尊严和价值，积极倡导人的潜能的实现。罗杰斯同样强调人的自我表现、情感与主体性接纳。他认为教育的目标是要培养健全的人格，必须创造出一个积极的成长环境。

2. 人本主义理论关注人类的积极品质　人本主义理论关注的核心是人类的独特品质。人本主义观点主张人们具有天生的能力，能够对自己的生活做出决策，或者控制自己的行为。根据这一理论，每个个体都有能力和动机去达到成熟的更高水平，而且人们也会自然地去实现自己的全部潜能。

（二）临床应用

1. 人本主义理论应用于心理治疗和教育教学　罗杰斯提出治疗者对来访者的态度也应该是无条件地积极关注，这样才有利于来访者克服障碍，解决存在的问题。罗杰斯把其"以人为中心的治疗"理论扩展到教育领域，他认为学生的学习是一种经验学习，它以学生经验的生长为中心，以学生的自发性与主动性为学习动机。因此，教育的目标是促进学生变化和使学生学会学习，培养学生成为能够适应变化和知道如何学习的、有独特人格特征而又充分发挥作用的"自由人"。

2. 人本主义理论应用在临床治疗中　中医学认为人是万物之灵，中医学视角下的人的心理行为、生理表现和疾病现象都在于强调人之为人本身的价值。《素问·宝命全形论》曰："天覆地载，万物悉备，莫贵于人。"整个中医临床治疗中都体现了人的主体地位。中医学以活人为对象，以人的整体为对象，以人的整个一生为对象，注重临床治病，是真正的全科医学。治未病，治欲病，治已病，治急危重症，都是中医的强项。此外，中医注重生命质量的提升，积极主张日常起居养生保健，涵养精气神，培植正气元气，精神内守，延年增寿。

第五节　心理生物学理论

有人说过你的举止很像你的父母吗？也许你也听到过"你的性子比较急，跟你爸简直是一个模子印出来的"之类的话。可见，遗传不仅会把眼睛颜色、皮肤、身高等生理特点遗传给孩子，连孩子的人格特点也有一定的遗传性。后来随着科学的发展，人类逐步认识到，心理是神经系统的功能，特别是脑的功能。因此，人的心理的产生离不开一定的生物学基础，由此也逐步衍化出了本节要讨论的主题——心理生物学理论。

心理生物学（psychobiology）是心理学研究的重要分支，认为心理因素无论是影响人类健康，还是对疾病的产生起作用，都以生理活动作为中介。其重点研究各种心理活动的生理机制，特别是心与身之间相互作用的规律；同时探讨心理与脑机制的联系，研究行为与生物作用过程之间的关系，关注神经系统的活动。其研究内容包括脑与行为的演化、脑的解剖及其与行为的关系等神经过程和神经机制。以下介绍心理生物学的主要理论学说。

一、理论起源与发展

随着科学技术高速发展，尤其是神经科学的迅速发展和实验技术的进步，为研究心理与脑的关系，心理与机体其他系统的关系等提供了可能。20世纪初以来，不少生理学家和心理学家通过解剖法、电刺激法、电记录法、生物化学法，同时使用心理测量、行为分析和行为记录等方法，共同来探索心身相互关系的规律。20世纪20年代，生理学家坎农提出了丘脑情绪假说。30年代，赛里提出应激学说，认为应激是机体对外界刺激的一种全身性应变反应。40年代，黑斯首先使用电刺激探查脑的深部结构，使用电刺激脑内某些区域的方法来研究行为。美国医生沃尔夫（H.G. Wolf'）等人发现不同的情绪变化可以造成消化系统及消化液分泌的变化，并阐述了心理变量和生物学变量之间的关系，进而强调心理社会因素与生理因素相互作用对健康和疾病的重要意义。以上研究持续推动着生物心理学向前发展，目前心理生物学理论是心身相关研究中的前沿部分，也是今后医学心理学研究的重要方向。

二、主要理论观点

（一）坎农：情绪心理说

该学说由美国生理学家坎农提出。他认为，丘脑是情绪活动的中枢；丘脑对激发情绪的刺激进行加工，同时把信息传送至大脑及机体其他部位；传递到大脑皮层的信息引起情绪体验，而传送至内脏和骨骼肌的信息激活生理反应。因此坎农认为，情绪是大脑皮层和自主神经系统共同激活的结果，也就是说，情绪体验和生理反应是同时发生的。

举个例子，当一个人遇到一只熊，由视觉感官引起的冲动经内导神经传至丘脑处，这时可能促发两种意识活动：第一种是认为熊是驯养动物并不可怕，因此大脑将神经冲动传至丘脑，并控制自主神经系统的活动，使活动状态受到压抑。第二种是认为熊是可怕的，大脑解除对丘脑的抑制，使自主神经系统活跃起来，加强身体的应激生理反应，并采取逃跑的行动，同时产生了恐惧，随着逃跑的生理变化加剧，恐惧的情绪也会加强。因此，该理论的逻辑基础认为，情绪具有生理基础，不只是在心理层面独立发生。

（二）赛里：应激学说

20 世纪 30 年代，加拿大病理生理学家赛里（Han Selye）提出了应激适应假说。塞里认为不论是物理的、化学的、生物的或是心理社会的刺激，作用于机体以后，机体都会产生一种非特应性的全身适应综合征，这时主要产生垂体肾上腺系统的变化，并形成 3 个阶段的发展：第 1 个阶段是警觉期，遇到刺激物以后，有机体动员全身各系统的功能以应对刺激，这时机体处于高度戒备期，随时准备触发反应。第 2 个阶段是抵抗期，机体动员全身生理机制以应对刺激物，这时机体抵抗能力高于正常水平，使得机体处于最佳适应期。如果刺激物超强且持续存在，机体应激反应就会逐渐进入第 3 个阶段，也就是衰竭期。在这个阶段机体可能会出现各种形式的躯体疾病。应激学说阐释了有机体在应对外界刺激时，身体如何应对及应对后对身体产生的持续性影响机制，为后来的医学心理学、身心疾病的发病机制奠定了生物学理论基础。

（三）斯佩里：脑功能定位学说

很早之前研究者们就对心理活动的脑区定位产生了兴趣。脑的研究学者早就发现大脑分为左右半球，并彼此联系，中间由胼胝体连接左右。胼胝体包含约两亿根神经纤维，并以每秒 40 亿个神经冲动的速度在两半球之间传递信息，以保证左、右两个半球在功能上的统一。美国著名脑科学家斯佩里博士潜心研究裂脑人，为此还于 1981 年获得诺贝尔生理学或医学奖。其研究发现，大脑两半球可能具有不同的功能：右脑属于情绪脑，知觉物体的空间关系、情绪、欣赏音乐和艺术等功能主要由右半球控制；左脑属于理性脑，长于语言功能，主要负责言语、阅读、书写、数学运算和逻辑推理等。由此发展出了脑功能定位学说，该学说进一步促进人们科学、分区地认识大脑功能，为大脑功能发展提供了更精准的生物学基础，并将大脑功能与人的心理能力对应起来予以系统认识。

三、理论价值与临床应用

西医学和生物学的发展，尤其是以脑为中心的心理神经内分泌学和心理神经免疫学等学科的发展，极大地促进了心理生物学的研究，同时为理解临床上的心身疾病提供了理论支撑。

不同种类的心理社会因素如紧张劳动和抑郁情绪，可通过身体的神经、内分泌、免疫系统单一或协同反应，作用于具有不同遗传素质的个体，从而导致相应疾病的发生。例如面对"丧偶"这一巨大压力时，无论男女，其体内重要的内分泌系统下丘脑－垂体－肾上腺轴都会过度激活，引起体内皮质醇水平升高，继而损伤细胞的免疫功能，这可能是导致很多老年夫妻相继去世的重要原因。再例如临床上的神经性贪食症，表现为患者反复出现发作性大量进食，一直要吃到难以忍受为止，无法自我控制。同时，患者又过分关心自己的体重和体型，存在担心发胖的恐惧心理，为避免体重迅速增加，常常会采用不适当的代偿行为，包括自我诱发、药物滥用、间歇性进食等方式。生物心理学理论认为，这类心身疾病属于生物因素与心理因素相互影响而成，需要采取心身综合治疗原则，纠正患者对自我的歪曲的消极认知，并消除心理社会刺激，再结合调节其生物学症状，才能从根本上治愈神经性厌食症。

本章临床应用

一位突然失聪的神经症患者，通过心理动力学分析发现他的失聪是为了逃避一直爱啰嗦抱怨的妻子。因为无法正面表达对妻子爱抱怨的不满，又在内心对妻子的抱怨非常抵触，在这种极端的内心冲突下发展出"失聪"的心理应对策略，作为自己的心理防御机制，以缓和自己内心冲突，寻求问题的解决。在临床心理治疗中，作为心理治疗师，可以充分了解患者的内在心理需求，分析患者症状行为背后的功能获益，并就患者的内在心理需求进行充分讨论，让患者意识到其自身的潜在心理需求，通过帮助患者从其他途径满足需求，从而解决患者的对应症状行为。

【复习思考题】

1. 心理学主要理论流派有哪些？
2. 简述认知理论的代表性观点。
3. 作为一名医学生，如何看待心理学理论在医学领域的运用？

【参考文献】

1. 罗伯特·费尔曼. 发展心理学［M］.6 版. 北京：世界图书出版公司，2013.

2. 林崇德. 心理学大辞典（下卷）［M］.上海：上海教育出版社，2003.

3. 顾明远. 教育大辞典［M］.上海：上海教育出版社，1998.

4. 叶浩生. 西方心理学理论与流派［M］.广州：广东高等教育出版社，2004.

5. 车文博. 西方心理学史［M］.杭州：浙江教育出版社，1998：521.

6. 卢国强、李辉、李英英，等. 认知心理治疗对首发精神分裂症患者的疗效分析［J］.广西医科大学学报，2019，36（5）：771–775.

7. 赵琳、张晓虎. 认知心理治疗对结核病伴抑郁患者负面情绪、希望水平及自我效能的影响［J］.中国健康心理学，2021，29（8）：1205–1209.

8. 吴亚平. 探析认知心理疗法合并药物治疗对脑卒中患者抑郁情绪及认知功能的影响［J］.健康必读，2020，7（20）：51.

9. 戴维·霍瑟萨尔. 心理学史［M］.北京：人民邮电出版社，2011.

第六章　心理学基础 ▷▷▷

现代心理学的内容大多源于西方，其研究的范围甚广，所谓"有人的地方就有心理学"，指明了心理学是一切围绕人的心理现象所展开的一门独立学科，且具有生物与社会的双重属性。现代心理学就人的基本心理现象、认知过程、情绪情感、意志力及人格发展等问题开展了深入研究与探讨，并形成了一定的科学认识与测量方法，为我们更好地了解自己、了解他人提供了理论依据和实践方法。在21世纪倡导以人为中心的"生物－心理－社会"新医学模式下，作为医学生，掌握一定的心理学基础知识，能够为进一步学习医学心理学和提升心身综合诊疗能力奠定基础。

第一节　人的心理现象

一、心理现象

人的心理是一种奇妙的现象。我们会为感人的故事而流泪，会对不公平的社会事件感到愤恨。人脑也可以学习经验知识，即使时过境迁也能记忆犹存。人类相比于其他生物的最大不同在于人类特有的"意识"，并能用语言交流，通过劳动满足自己的需要；人有喜、怒、忧、思、悲、恐、惊等许多情绪类别。总之，人类在认识世界、改造世界方面取得的所有成就，都离不开人的心理活动。心理现象（psychological phenomena）是个体心理活动的表现形式，一般分为两类，即心理过程和个性特征（图6-1）。

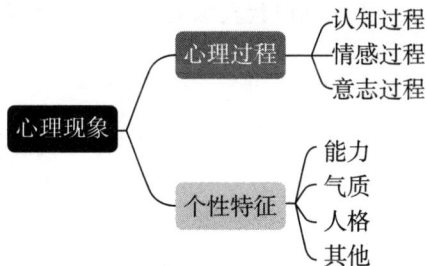

图6-1　心理现象结构图

1. 心理过程　是心理现象的动态表现形式，包括认知过程、情感过程与意志过程。认知过程是人类获得信息及信息加工和处理过程，包括感觉、知觉、记忆、思维、想象等。情感过程是产生态度或体验的过程。意志过程是人为了满足某种需要，自觉地确定目的、制定计划、克服困难，努力达到目标的过程。

2. 个性特征 主要由人格、气质、性格、能力等要素构成。人在活动的过程中，会表现出其各自独特的特点，这些特点就是他本人的人格特点。

知识链接

从众效应

从众效应也称羊群效应，是指人在社会群体中容易不加思考地接受大多数人认同的观点或行为的心理倾向。此项结果由美国心理学家所罗门·阿希（Solomon E. Asch，1907—1996）于1952年进行的实验证明。其结果显示，在群体活动中有76%的人至少做了一次从众的行为，还有24%的人没有从众行为，平均有33%的人会选择从众行为。

案例：在一条旅游餐饮聚集的街道上，同时有3家面馆，大多数第一次来这条街吃饭的人会更倾向于选择那家人气最旺的面馆，因为一般会认为人多的那家面馆味道更好。所以选择大多数人的选择，是大多数人倾向做出的"从众行为"。

阿伦森效应

阿伦森效应是指随着奖励减少而导致态度逐渐消极，随着奖励增加而导致态度逐渐积极的心理现象。表现为人们喜欢那些对自己喜欢、奖励、赞扬不断增加的人或物，而不喜欢那些对自己喜欢、奖励、赞扬不断减少的人或物。阿伦森效应由美国社会心理学家阿伦森（Elliot Aronson，1932—）提出。

案例：工业区大院里有个旧的大油罐，下午放学后孩子们都喜欢到罐子里蹦蹦跳跳，声音扰人，很多人劝阻都无济于事，小孩反而愈加闹腾。一天，一位老爷爷说，我们来打个赌，谁跳的最大声，谁就可以拿到一把玩具枪，最后果然获胜者成功拿奖。第二天，老爷爷把礼物改成了两颗奶糖，孩子们开始觉得有点失望，敷衍地跳了跳，胜者拿走了奶糖。第三天，老爷爷把礼物改成了两颗花生，这时孩子们不愿意了，纷纷表示："不玩了，不玩了，没意思，要回家看电视去。"老爷爷通过巧妙减少奖励的策略而导致小孩扰民行为逐渐减少，竟然把困扰大家的"熊孩子闹腾"问题解决了。

二、心理本质

人类对心理本质的研究经历了相当长的探索时期。在心理学成为一门独立的科学之前，有关"观念""心灵""意识""欲望"等问题，一直是古代哲学家、教育家、文学艺术家和医生们共同关心的主题。

在我国先秦时代，儒、墨、道、法等各派著名思想家都讨论过天人关系、人兽关系、身心关系、人性的本质和发展及知行关系等，并已提出了一些重要的心理学思想。例如，荀子在《天论》中提出"形具而神生"，认为精神现象是依赖于形体而存在的；荀况还称"性之好、恶、喜、怒、哀、乐谓之情"，对人的情绪进行了分类。中医学中蕴藏着极为丰富的心理学思想，中医心神之学，即是中国的心理学。

西方心理学的历史可追溯至古希腊柏拉图、亚里士多德时代。亚里士多德对灵魂的实质、灵魂和肉体的关系、灵魂的种类与功能等问题从理论上进行了探讨。在正式成为一门科学之前，心理学还处于哲学的学科范畴。19世纪中叶，生理学的发展，尤其是神经系统生理学和感官生理学的发展，对心理学走上独立发展的道路产生了重要影响。1879年，德国著名心理学家冯特在德国莱比锡大学创建了第一个心理学实验室，开始对心理现象进行系统的实验室研究。在心理学史上，这个实验室的建立，被人们认为是心理学脱离哲学怀抱、走上独立发展道路的重要标志。

（一）心理是脑的功能

伴随科学的进步，人类逐渐认识到脑是心理的器官，心理是神经系统的功能尤其是脑的功能。心理活动与脑有密切的关系，人类的心理现象是人脑进化的结果。人脑是由大量神经元细胞借助突触而形成的一个巨大的网络系统。人脑是心理的器官，本身也是物质。人脑结构极为复杂，由大脑（分为左右两个半球，内有沟和回）脑干（包括延髓、脑桥和中脑）、间脑（包括丘脑和下丘脑）、小脑和边缘系统组成（图6-2）。人脑主管人的全身运动和感觉。

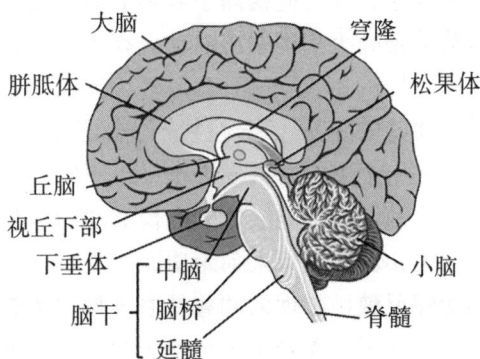

图6-2 人脑结构图

心理现象是如何产生的？是身体的哪一部分产生的？尽管古代朴素唯物主义者认为心理现象是身体的一种功能，但由于当时科学水平的限制，人们并不清楚心理活动的器官在哪里。历史上相当长一个时期，人们曾经认为心脏是产生心理活动的器官，心理是心脏的功能。因为人们在各种不同活动状态下，能感觉到自己心脏活动的差异。如我国古代思想家意思是说，心脏的功能在于思考。汉字中，凡和心理活动有关的字多带"心"字底或"忄"旁，如思、想、念、怨、情、恨、悦等。

随着事实和经验的积累，人们逐渐认识到心理活动不是与心而是与脑联系着的。如人们观察到，人在睡眠和酒醉时，心脏活动与清醒时并没有太大差别，而精神状态却大不相同。一些精神病患者心跳正常，但却神志不清。一个心脏功能正常的人，如果脑受了损伤，心理活动就会受到严重破坏，有的人耳朵和眼睛完好而变聋变盲，有的人记忆丧失，有的人言语、思维或随意运动出现了障碍。由此人们逐渐认识到心理现象是脑的产物。如我国明代医药家李时珍曾提出"脑为元神之府"。脑又是如何产生心理现象的？由于脑的结构和功能的复杂性，很长一段时间人们并不清楚。

（二）心理是脑对客观现实主观的、能动的反映

脑是产生心理的器官，是一切心理活动的物质基础，但大脑本身并不能凭空产生心理活动，客观现实是心理的源泉和内容，没有客观现实就很难产生心理现象。

1. 认知神经心理学的发展　随着科学技术的发展，尤其是认知神经心理学的深入研究，以及脑核磁共振技术等方法的使用，很多现象获得解释。例如，切除或破坏动物脑的特定部位，会对应引起动物某些正常行为的功能丧失，这说明行为与大脑的功能有关，而动物的行为又与动物的心理息息相关，所以心理与脑的功能有着不可分割的联系。在临床实践方面，有这样一些现象为其提供了有力证据：枕叶受到损伤，视觉会失常；额叶受到损伤，语言就会失常。这说明当人脑遭受损伤时，其正常的心理活动就会部分甚至全部失调和改变，从而证实了心理现象与大脑功能的密切联系。

2. 脑的反射活动　现代科学研究表明，人的一切心理活动的产生方式都是脑的反射活动的结果。比如俄国生理学家巴甫洛夫通过对狗进行多次实验（即经典反射实验），发现了高等动物的条件反射现象，并由此揭露了心理活动产生于脑的反射机制。也就是说，从生理方面看，大脑活动是高级神经系统活动，高级神经系统活动的意义就是心理活动。

3. 心理功能与神经系统功能的联系　现代科学实验证明：动物神经系统的结构和功能发展的完善程度不同，反映出个体的心理发展水平也不同。一般来说，无脊椎动物只有感觉，脊椎动物才有知觉，哺乳类动物进化到灵长类动物才开始有思维的萌芽。这说明心理与神经系统的功能有关，也就是与人脑的功能有关。

4. 心理活动通过脑的功能反映　心理活动总是通过脑的功能把外界的信息以形象和概念的形式接收来而形成心理意识。离开了客观现实对脑的作用，离开了由此而引起的脑的反映活动，就谈不上心理的产生。例如，简单的吃饭喝水，也离不开机体的物质需要通过头脑而知觉到饥渴和饱足的心理活动。又如，"举头望明月，低头思故乡"的诗情画意，乃是月亮和故乡的客观景物通过诗人李白的头脑，引起回忆和想象而反映出来的思想感情。所以，思维是由人脑产生的，而思维又属于心理的范畴，即心理是人脑的功能。

5. 人的心理活动是物质的一种反映形式　人脑是反映客观事物的物质器官，是人的心理活动产生的自然前提，如果没有客观现实，人脑就没有反映的对象，就不可能产生心理现象。客观事物以各种不同形式作用于人脑，通过人脑的加工处理才产生了感觉、知觉、表象、记忆、思维等各种心理活动。这说明心理意识是客观世界的反映，客观现实是人心理的源泉和内容，所以一切心理活动都是人脑的功能对客观现实的反映。

三、气质与性格

性格与气质的概念容易混淆，两者既有区别，又有联系。气质是个体与生俱来的

心理活动的动力特征，主要受到先天遗传素质的影响，它反映了高级神经活动类型的特性。而性格是在后天社会生活环境中逐渐形成并发展起来的。其次，气质形成于早年，不易改变。而性格受后天教养环境的影响，虽然具有稳定性，但相比气质更容易变化。同时，气质影响着性格形成的动态特征和类型。以下分别阐述气质和性格的具体内涵。

（一）气质

1. 气质的概念 现代心理学将气质（temperament）理解为典型的、稳定的心理活动的动力特性。它主要表现在人的心理活动的动力方面，包括心理活动过程的速度和灵活性（如知觉的速度、思维的灵活度、注意集中时间的长短等），心理活动的强度（如情绪的强弱、意志努力的程度等），以及心理活动的指向性（倾向于外部事物或倾向于内部体验）。即一般所说的一个人的"性情""脾气"或"秉性"。气质对个体活动的各个方面都有重要影响。

2. 气质的特质 气质类型是心理特征的结合，气质区别于人格与能力等，有其自身的特性（表6-1）。

表6-1 气质的内涵特性

气质特性	具体内涵
感受性	指个体对外界刺激的感知能力
耐受性	指个体在经受外界刺激作用时表现在时间和强度上的耐受程度
反应的敏捷性	指个体不随意注意及运动的指向性，心理反应及心理活动的速度、灵活程度
行为的可塑性	指个体依据外界事物的变化情况改变自己以适应的可塑程度
情绪兴奋性	包括个体情绪兴奋性的强弱和情绪外露的程度两方面
外倾性与内倾性	外倾特性的个体其动作反应、言语反应、情绪反应倾向于外，内倾特性的个体表现则相反

3. 气质的类型 现在较为常用的气质分类是古希腊希波克拉底提出的气质体液学说。他认为人体内有血液、黏液、黑胆汁和黄胆汁四种液体，根据四种体液在人体内的不同占比，将气质分为多血质、胆汁质、黏液质和抑郁质。根据气质体液学说，四种气质类型的典型外在表现特征如下：

（1）多血质 注意力容易转移，志趣容易变化，灵活好动，有较生动的面部表情和语言表达能力，性格直爽热情，容易适应环境的变化。活动中行动敏捷，精力充沛。代表人物：韦小宝、孙悟空、王熙凤。

（2）胆汁质 动作迅速，情绪易于冲动，自我控制能力较差，心境波动较大。活动中容易缺乏耐心和可塑性。代表人物：张飞、李逵、晴雯。

（3）黏液质 安静稳重，注意力稳定但难以转移，喜怒不形于色。动作反应较慢，不够灵活，工作有条理，易于因循守旧，缺乏创新精神。代表人物：薛宝钗。

（4）抑郁质 对事物的情绪体验较深刻，善于觉察他人难以发现的微小细节，容易对事物和他人感到羞怯，孤僻内向，动作迟钝，多愁善感。代表人物：林黛玉。

4. 气质的功能 气质对于个体的社会实践活动具有一定的影响，正确认识气质特征与类型对指导个体的社会实践活动具有积极意义。需要注意的是，任何一种气质都有其积极和消极的两方面，无须简单地评价某种气质类型的好与坏。因此，气质不直接决定一个人社会活动的价值及成就的高低，各种气质类型的人都可以对社会作出杰出贡献。

此外，也有一些研究表明，不同的气质类型对人的身心健康有不同的影响。通常情况下，情绪不稳定、易伤感、过分性急和冲动等性格特征不利于心理健康，可成为罹患心身疾病的易感因素。

（二）性格

1. 性格的概念　性格是人格的重要组成部分。性格更多地反映出人格中的社会属性，而气质更多地反映出人的生物属性。研究发现，在人的一生中，大多数人的性格是不断发展变化的。

性格（character）指的是个体对人、对事物所持的态度和稳定的行为特征。是人与人相互区别的主要体现，也是个体表现出来的鲜明的心理特征，是人格中最重要的心理特征。性格是个体在社会实践中逐渐形成的，一经形成较为稳定，但也不是一成不变，当遇到重大刺激性事件时，性格容易发生明显的改变。

2. 性格的结构　人的性格由各种特征构成，但这些特征并非杂乱堆积而成，而是有机组合成为一个完整而有序的心理结构，这个结构又分为静态结构和动态结构。

（1）性格的静态结构　从组成性格的各个方面来看，可以把性格分解为态度特征、意志特征、情绪特征和理智特征4个组成成分。

1）性格的态度特征：主要指表现在对现实态度方面的性格特征。作为社会人，人总是不断地接受现实生活的影响，并且总是以一定的态度做出反应。由于客观现实的复杂性和多样性，人对现实的态度也是多种多样的。对社会、集体、他人态度的性格特征，主要有爱国或不爱国、关心集体或无视集体、遵守纪律或自由散漫、助人为乐或自私自利、诚实或虚伪、礼貌或粗鲁等；对劳动和工作态度的性格特征，主要有勤劳或懒惰、奋发或懈怠、认真或马虎、务实或浮华、节约或浪费、有首创精神或墨守成规等；对自己态度的性格特征，主要有谦虚或自负、自信或自馁、自尊或自卑、严于律己或放任自流等。

2）性格的意志特征：是指一个人对自己的行为自觉地进行调节的特征。按照意志的品质划分，良好的意志特征有具有远大理想、行动有计划、独立自主、不受别人左右、果断、勇敢、坚忍不拔、有毅力、自制力强等，不良的意志特征有鼠目寸光、盲目性强、随大流、易受暗示、优柔寡断、放任自流或固执己见、怯懦、任性等。

3）性格的情绪特征：是指一个人的情绪对其活动的影响，以及个体对情绪的控制能力。良好的情绪特征有善于控制自己的情绪、情绪保持稳定、常常处于积极乐观的心境状态等；不良的情绪特征有事无大小都容易引起情绪反应，且情绪对身体、工作和生活的影响较大，意志对情绪的控制能力比较薄弱，情绪波动，心境容易消极悲观等。

4）性格的理智特征：是指一个人在认知活动中的性格特征。如认知活动中的独立性和依存性：性格独立性的人能根据自己的任务和兴趣自主地进行观察选择，善于独立思考；性格依存性的人则容易受到外界无关因素干扰，愿意借用已有的答案来做选择。

（2）性格的动态结构 性格的静态特征是彼此关联、相互制约组成的一个整体。一般来说，性格的态度特征是性格的核心，因为态度直接表现出了个体对事物所特有的、较稳定的倾向，同时它也影响性格的其他特征。例如，小明是对社会、对集体有高度责任感的人，因而他对工作、对学习通常也是认真负责的。

另外，性格的各种特征并不是一成不变的机械组合，常常在不同的场合下显露出一个人性格的不同侧面。鲁迅先生既"横眉冷对千夫指"，又"俯首甘为孺子牛"，就充分表现了他性格的多面性，又说明了性格的丰富性和统一性。

2. 性格的形成和与发展 与气质的形成相比，性格主要是后天养成的。个体主要通过社会实践活动来发展起不同的性格。其主要影响因素如下：

（1）家庭因素 一个人出生后首先成长于家庭。社会对儿童的影响主要是通过父母亲和家庭成员间的互动关系和实际行动而实现。

（2）学校因素 学校教育不仅让学生掌握知识技能，还将通过3种方式在学生性格发展中起作用：①在班集体中，由班级中师生关系、同学关系对个体产生影响；②学校的教育教学过程对性格形成和发展的影响；③学校的氛围，如校风、班风以潜移默化的方式影响作用于学生的性格养成。

（3）社会因素 社会信息对个体性格的影响较为广泛。随着个体年龄和经历的增长，有时持续性的社会影响甚至会超过家庭和学校的影响作用。

四、能力

随着时代的进步，人们越来越注重对一个人的能力评价，而非单一的学历评价。能力是在活动中形成和发展的，也会在活动中表现出来。我们经常议论某人做事聪慧，或某人做事笨拙，这是对一个人某种实践能力的评价。同时也要认识到，要完成某种活动，往往不只依靠一种能力，而是需要多种能力综合运用，以促进该活动的顺利进行。例如，学生学习知识的过程要有正确的认知理解能力、严谨的逻辑思维能力、科学的时间管理能力，并综合加以运用。

（一）能力的概念

能力（ability）是一种心理特征，是顺利实现某种活动的心理条件。例如，一名飞行员要完成飞行任务，需要同时具有心理抗压能力、飞行技术的运用能力、灵活应变的决策能力，这些能力是保证飞行员完成飞行任务时的心理条件。

（二）能力的分类

人的能力有许多种，我们可以从不同的层面对其进行划分。

1. 一般能力和特殊能力 一般能力是指在任何活动中都必须具备的能力，具体表现为观察力、注意力、记忆力、想象力和思维能力5个方面，也就是人们通常所指的智力。特殊能力是指在某种专门活动中所表现出来的能力，例如舞蹈家的平衡能力、主持人的逻辑表达能力等，具有特殊能力是顺利完成某种专业活动的心理条件。

一般能力与特殊能力具有互相影响、互相制约的关系。人们要顺利进行某种活动，必须既有一般能力，又具有与其活动相关的特殊能力。一般能力的发展为特殊能力的形成和发展创造了有利条件；在各种活动中发展特殊能力的同时，也将促进一般能力的发展。

2. 实际能力和潜在能力　能力有两种涵义：一是已经表现出的实际能力，二是潜在的能力。通过个体的发展成熟和学习实践，潜在能力有可能转变为实际能力。

3. 流体能力和晶体能力　根据能力在人一生中的发展趋势及能力对先天禀赋与社会文化因素的依赖关系，可将能力分化为流体能力和晶体能力。流体能力指在信息加工和问题解决过程中所表现出的能力，它较少依赖于文化和知识的内容，而取决于个人禀赋。流体能力的发展与年龄有密切关系。一般在 20 岁以后，流体能力的发展达到顶峰，30 岁以后将随年龄的增长而降低。晶体能力是指获得语言、数学等知识的能力，取决于后天的学习，与社会文化有紧密关系。晶体能力在人的一生中一直在发展，但通常在25 岁以后，其发展的速度渐趋平缓。

（三）能力的形成和发展

能力在人的一生中处于发展变化中。能力的形成与发展依赖于多种因素的交互作用，但基于长期的劳动实践与认知发展，遗传、环境和教育、社会实践及主观努力 4 个因素在个体能力的发展中起到了缺一不可的作用。

1. 遗传物质　遗传物质是有机体生来具有的某些生理解剖特性，它是能力形成和发展的自然前提。它为个体能力的发展提供了生物保障和基础，也在一定程度上限制了能力发展的方向和水平。

2. 环境和教育　这里的环境主要包括个体的产前环境和出生后童年早期的成长环境。许多研究表明个体在母亲怀孕阶段的营养环境会影响儿童的智力发展。此外，从出生到青少年时期是个体能力发展的重要时期。大量的实验研究表明，丰富的环境刺激有利于促进儿童能力的发展。而学校教育能对个体能力的发展产生有目的、有计划、有组织的影响。个体通过接受系统的学校教育，不仅能掌握知识和技能，而且也能发展各种能力和其他心理品质。

3. 社会实践　社会实践活动对能力的发展起着重要作用，不同职业的劳动实践因其特殊要求的不同，影响着个体能力的发展方向。可以说，个体的各种能力是在社会实践中最终形成的。

4. 人的主观能动性　能力的提高离不开人的主观能动性。一个人刻苦努力，积极向上，具有广泛的兴趣和强烈的求知欲，均能促使其能力得到充分的发展。

（四）能力发展的个体差异

能力的发展有一定的发展趋势，同时存在个体差异。心理学研究表明，能力的个体差异可以体现在质和量两个维度。量的差异表现在能力的发展水平和表现早晚上，质的差异表现在能力的类型上。

1. 能力发展水平的差异　能力有高低的差异。人口统计学研究表明，能力在人群中表现为两头小、中间大的常态分布，即能力很高或很低的人都很少，绝大多数人的能力都接近平均水平。

2. 能力表现早晚的差异　人的能力表现有早有晚。有些人较早就表现出某种能力，我们称为"早慧"。而有些人年轻时并未显现出众的能力，但到人生后期却表现出惊人的才智，被称为"大器晚成"。

3. 能力结构的差异　能力由各种不同的成分或因素构成，它们可以按不同方式结合起来，构成了结构上的差异。例如，有的人具有较强的记忆力，有的人具有较强的逻辑思维能力，有的人则具有较强的语言表达能力。

五、需要

需要是由个体对某种客观事物的要求所驱动的。人的需要多种多样，当你渴了想喝水、饿了想吃饭、冷了想加衣等，这些现象都是需要。

（一）需要的含义

需要是有机体内部的一种不平衡状态，它表现为有机体对内部环境或外部生活条件的一种稳定的要求，并成为有机体活动的源泉。这种不平衡状态包括生理和心理的不平衡。

（二）需要的分类

人的需要多种多样，按起源可分为自然需要和社会需要，按指向的对象可分为物质需要和精神需要。

1. 自然需要和社会需要　自然需要是指个体对维持其生存和种族延续所必需的条件要求，如充饥解渴、避暑御寒、睡眠及性的要求等。社会需要是指个体对维持和发展社会正常生活所必须的条件要求，如个体对劳动、对人际交往、对自我成就的需要等。

2. 物质需要和精神需要　物质需要主要是指个体对物质文化对象的需要，如对衣、食、住、行有关物品的要求等。精神需要则表现为对精神文化方面的欲求，如对掌握社会意识产品的欲求和对美的享受的需求及对创造发明的欲望等。

（三）马斯洛的需要层次论

关于需要的结构，心理学家们存在不同的理论观点。其中马斯洛需要层次理论被认为是影响最为广泛的。该理论认为每个人都存在一定的内在价值。这种内在价值包含人的潜能或基本需要，人的需要应该得到满足，潜能应该得到释放，并把人的需要划分为递进式的 5 个层次。

1. 生理的需要　是个体生存必不可少的需要，其中以饥饿和渴的需要为主。生理需要在人类各种需要中最重要，也最有力量。当一个人被生理需要所控制时，其他的需要均会被放到次要位置。

2. 安全的需要　当人的生理需要获得一定程度的满足之后，随之便产生新的需要，即安全的需要（包括对生命安全、财产安全、职业安全和心理安全的需要），以求免受威胁、免于孤独、免受别人的侵犯。当这一需要获得满足之后，个体就产生了安全感。

3. 归属和爱的需要　随着安全需要获得满足之后，个体就会产生进一步的社会性需要，即归属和爱的需要。归属的需要就是指参加一定的组织，依附于某个团体等。爱的需要包括接受他人和给予他人爱的需求。马斯洛指出，这一层次的需要缺失就像机体缺乏维生素一样，会抑制人的健康成长和影响到人的潜能发展。

4. 尊重的需要　分为自我尊重和受到他人尊重两个方面。包括渴望拥有实力、获得成就、独立和自由，以及渴望名誉或声望，希望受到他人尊重与赏识等。一个人在人际交往中，如果得到社会认同，受到他人尊重，就会产生自信、自强的心理体验；反之，则会产生自卑、虚弱和无能的自我感受。

5. 自我实现的需要　是在前 4 种需要获得满足的基础上所产生的最高层次的需要，使得个体的潜能和天赋得到充分的发挥。不同层次需要的发展进程，一般与人的年龄增长相适应，它与社会的经济文化背景、个体受教育的程度有关。自我实现的需要是人们渴望追求奋斗目标以实现自我价值的需要，一般只有少数人才能达到真正的自我实现。

以上 5 个不同层次的需要不是简单的并列关系，而是按次序逐级上升的（图 6-3）。在最基本的生理、安全需要得到满足以后，后面 3 个层次的需要才能依次出现并得到满足。当低一级需要获得基本满足以后，追求高一级需要就成了驱动行为的动力。但这种需要层次的逐级上升并不遵照"全"或"无"的规律，并非一种需要完全满足后，另一种需要才会出现。如临床患者虽然是以安全需要最为迫切，但同时也有归属和获得他人爱与尊重的各种需要。

但通常来讲，高层次需要的实现比低层次需要的实现难度更大，被满足的可能性更小。

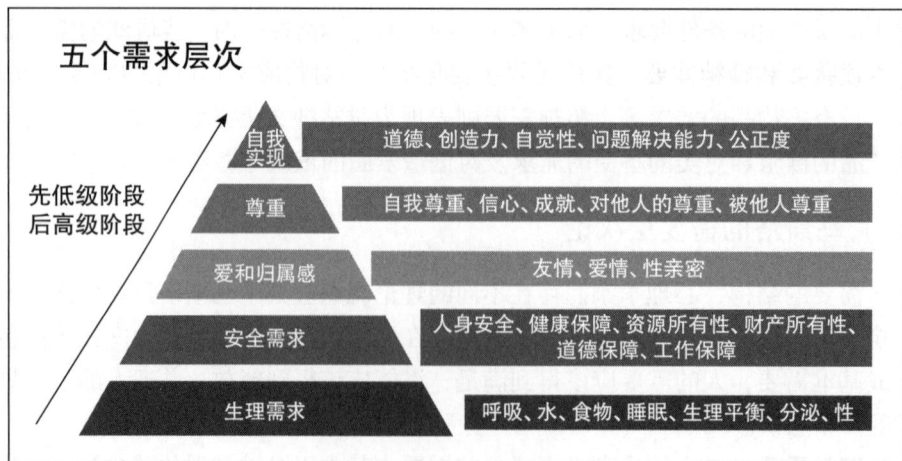

图 6-3　马斯洛需要层次理论结构图

六、动机

动机是在需要的基础之上产生的。当人的某种需要没有得到满足时，它会推动人去寻找满足需要的对象，从而产生活动的动机。

（一）动机的概念

动机（motivation）是指由目标和对象引起，支配和维持生理和心理活动的内在心理过程或内部动力（Pintrich & Schunk，1996）。动机是对人的行为的激发和指引，是人渴望事物、向往性亲密及追求成就等愿望背后的力量。动机是构成人类大部分行为的基础，因此动机可以推动行为的持续发生，甚至能够帮助个人克服困难以维持行为，以获得个体想要的结果。

（二）动机的功能

动机对于个人的发展具有重要的促进作用。具体来讲，动机具有以下 3 个方面的功能。

1. 激发功能　激发个体产生某种行为，是人指向积极性的一个重要方面。但很多研究发现，并不是激发的动力水平越强，就越有利于完成目标任务。研究发现，中等强度的动机水平最有利于任务的完成。

2. 指向功能　有机体的活动总是朝向一定的对象或目标。不同的动机驱动下，个体活动的方向和追求的目标会不一样。如在休息动机的支配下，人们会选择去卧室睡觉；在娱乐动机的支配下，人们可能会选择去逛街、旅游等。

3. 维持和调节功能　动机的维持功能表现在个体行为的坚持性上。正是因为有了明确的动机，才帮助个体持续或坚持某个行为。同时，动机水平的变化也会对人们的行为起到明显的调节作用。如个体的学习动机增强，则学习更加努力认真；反之，则出现学习倦怠。

（三）动机的冲突

在同一时间内人们常常存在着两种或多种非常相似或相互矛盾的动机，这就是动机斗争，或称为动机冲突。个体心理不平衡的重要原因在于动机的冲突。一般认为，动机冲突主要有以下 4 种基本形式。

1. 双趋冲突　即所谓"鱼与熊掌不可兼得"。是指两个目标具有相同的吸引力，引起同样强度的动机，但由于受条件等因素的限制，无法同时实现，二者必择其一。这时人往往容易陷入纠结中，也就是我们常说的"选择综合征"。

2. 双避冲突　即令人左右两难。是指一个人同时受到两种事物的威胁，产生同等强度的逃避动机，但迫于情势，必须接受其中一个，才能避开另一个，处于左右为难的紧张状态。如期末考试临近，有的同学可能既不想辛苦复习，也不想门门挂科。

3. 趋避冲突　即令人进退两难。指一个人对同一事物产生了两种相反的动机，既向往得到它，又想拒绝和避开它。如嗜酒成瘾者既想戒酒回归正常生活，又很不情愿放弃喝酒。

4. 双重趋避式冲突　亦称双重接近 – 避式冲突。人们常常会遇到多个目标，每个目标也可能对自己有利也都有弊，当反复权衡拿不定主意时就会产生内心冲突。如挑选工作时，一个工作待遇好又离家近，但待遇不高同时自己也不喜欢；而另一份工作待遇好，自己也喜欢，但工作的社会地位不高且离家也远。究竟该作何选择，让人难以抉择。

（四）动机与效率

耶克斯 – 多德森定律（Yerkes–Dodson law）是心理学家耶克斯（R.M Yerkes）与多德森（J.D Dodson）经实验研究归纳出的一种法则，用来解释心理压力、工作难度与作业成绩三者之间的关系。该定律揭示了动机水平与工作效率之间的关系不是一种线性关系，而是倒 U 形曲线，并得出了中等强度的动机水平最有利于任务完成的重要结论。值得注意的是，动机的最佳水平不是固定的，依据任务的不同性质会有所改变。一般而言，在完成简单的任务中，较高的动机水平更有利于完成好任务；在完成中等难度的任务时，中等强度的动机水平更有利于完成任务；在完成高难度任务时，偏低的动机水平反而更有利于任务的完成（图 6-4）。

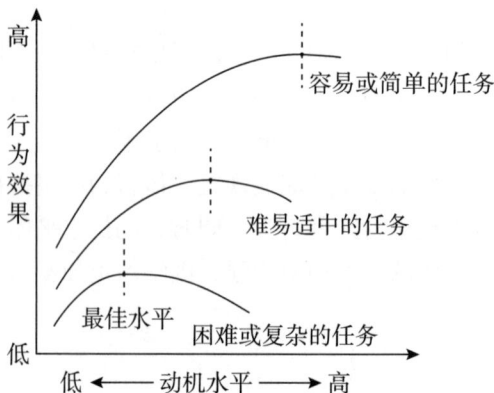

图 6-4　动机水平与行为效率关系图

总结起来，在日常学习中，学习内容越困难，学习效果越容易受到较高动机水平的影响；动机水平处于适宜强度时，工作效率最佳；动机水平过低时，缺乏参与活动的积极性，工作效率反而降低；动机水平超过顶峰时，工作效率又会随强度增加而下降，因为过强的动机水平会使机体处于过度焦虑和紧张的心理状态，会干扰记忆、思维等心理过程的正常活动。

第二节　认知过程

认知过程（cognitive process）是指人们获得知识、应用知识的过程，也是信息加工的过程，是人最基本的心理过程。认知过程包括感觉、知觉、记忆、想象、思维和语言等。

一、感觉

感觉（sentation）是人脑对直接作用于感觉器官的客观事物的个别属性的反映，是最基本的认知过程。感觉是人类认识客观世界的开始，如用手感受水的温度，用眼睛感受五彩的颜色，用耳朵感受美妙的音乐等。感觉能提供个体正常生存的必要信息，在人的生活和学习中起重要作用。

知识链接

感觉剥夺实验

1954年，心理学家贝克斯顿（W. H. Bexton）、赫伦（W. Heron）和斯科特（T. H. Scott）等，在付给学生被试每天20美元的报酬后，让他们在缺乏刺激的环境中逗留。实验似乎是非常愉快的。具体地说，就是在没有图形视觉（被试须戴上特制的半透明的塑料眼镜），限制触觉（手和臂上都套有纸板做的手套和袖头）和听觉（实验在一个隔音室里进行，用空气调节器的单调嗡嗡声代替其听觉）的环境中静静地躺在舒适的帆布床上。开始阶段，许多被试都是大睡特睡，或者考虑其学期论文。然而，两三天后，他们便决意要逃脱这单调乏味的环境。实验结果显示：感到无聊和焦躁不安是最起码的反应。在实验过后的几天里，被试者注意力涣散，思维受到干扰，不能进行明晰的思考，智力测验的成绩不理想。另外，生理上也发生明显变化。通过对脑电波的分析，证明被试的全部活动严重失调，有的被试甚至出现了幻觉（白日做梦）现象。

（一）感觉的分类

根据刺激的来源，可把感觉分为外部感觉和内部感觉。

1. 外部感觉　是由外部刺激作用于感觉器官所引起的感觉，包括视觉、听觉、嗅觉、味觉和皮肤觉。

（1）视觉　是光刺激于人眼所产生的感觉。光作用于视觉器官，使其感受细胞兴奋，其信息经视觉神经系统加工后便产生视觉。通过视觉，人感知外界物体的大小、明暗、颜色、动静，获得对机体生存具有重要意义的各种信息。对于个体而言，至少有80%以上的外界信息是通过视觉获得的，视觉是人最重要的感觉。

（2）听觉　是声波作用于耳所产生的感觉。听觉是人类另一重要的感觉。听觉和视觉起着相互补充的作用。人耳能感受的振动频率在16～20000Hz。人们通过听觉可以和别人进行言语交流，可以欣赏歌声和钢琴协奏曲。很多危险信号也是通过听觉传给个体。

（3）嗅觉　是由有气味的气体物质作用于鼻腔黏膜中的嗅细胞所引起。这种物质作用于鼻腔上部黏膜中的嗅细胞，产生神经兴奋，经嗅束传至嗅觉的皮层部位——海马回、沟内，因此产生了嗅觉。嗅觉是人类最基本的感觉之一。新生儿在出生后1个小时内就能根据嗅觉辨认出母亲的乳头，说明嗅觉在出生后就开始起作用了。

（4）味觉　味觉的感觉器官是舌头上的味蕾，能够溶于水的化学物质是味觉的适宜刺激。人的味觉有甜、苦、酸、咸4种，负责他们的味蕾在舌面的分布是不一样的。不同部位的味蕾对不同味刺激的敏感度不同，一般舌尖对甜味比较敏感，舌两侧对酸味比较敏感，舌两侧前部对咸味比较敏感，而软腭和舌根部则对苦味敏感。味觉的敏感度常受食物或刺激物本身温度的影响，在20～30℃味觉的敏感度最高。

（5）皮肤觉　是指由皮肤感受器官所产生的感觉。皮肤感觉包括触觉、压觉、振动觉、痛觉、冷觉和温度觉。刺激作用于皮肤，未引起皮肤变形时产生的是触觉，引起皮肤变形时便产生压觉。触觉、压觉都是被动的触觉，触觉和振动觉结合产生的触摸觉则是主动的触觉。

2. 内部感觉　是由有机体内部的刺激所引起的感觉，包括运动觉、平衡觉、内脏感觉（如饥渴、饱胀、窒息等）。

（1）运动觉　又称动觉，是对身体各部分位置及相对运动进行反应的感觉。其感受器为肌梭、腱梭和关节小体，位于肌肉、肌腱、韧带和关节中。当机体运动时，肌梭、腱梭和关节小体产生兴奋，冲动沿脊后索上传，经丘脑至中央皮层前回，产生运动觉。

（2）平衡觉　又称静觉，是对人体作直线加速或减速运动或作旋转运动进行反映的感觉。平衡觉的感受器位于内耳的半规管和前庭。半规管反映人的旋转运动，前庭反映人的直线加速或减速运动。前庭与小脑关系密切，对保持身体平衡有重要作用。

（3）内脏感觉　又称机体觉，是对机体饥、渴、痛、温等状态的感觉。其感受器位于脏器壁上。它们将内脏的活动及变化信息传入中枢。一般情况下，内部感受器的冲动传至大脑皮层，即被外部感受器的冲动掩蔽了，没有能够在言语系统中得以反映。只有当内部器官受到特别强烈的刺激，内部感受器发放的冲动很强，机体觉才变得鲜明，处于优势。

（二）感觉现象

1. 感觉的适应　是指刺激物对人体感受器的持续作用而使感受性发生变化（感受性提高或降低）的现象，称为感觉的适应。各种感觉都有适应现象，如视觉适应（分暗适应和明适应）、听觉适应（分选择性适应、寂静适应和噪音适应）、皮肤觉适应、嗅觉适应和味觉适应等，但痛觉很难适应。感觉适应能力是有机体在长期进化过程中形成的，有助于将注意力集中在对我们更有意义的信息上。

《孔子家语·六本》曰："入芝兰之室，久而不闻其香……入鲍鱼之肆，久而不闻其臭。"说的就是嗅觉感受性发生变化的现象。泡脚的时候，把脚放在温水里，开始感觉热，慢慢就不觉得热了，这是温度觉感受性发生变化的现象。所有这些感受性发生变化的现象，都是在刺激物的持续作用下发生的。

对暗适应是从亮处到暗处，开始什么都看不见，随着时间延长，原来看不见的慢慢看见了，这是感受性提高的过程。对明适应是从暗处到亮处，在暗处时感受性大大提高，所以到亮处时会觉得光特别强，照得睁不开眼睛，但是很快就觉得光线不那么刺眼了。因此，对明适应是在强光作用下，感受性降低的过程。

2. 感觉的对比 是指同一感觉器官在不同刺激物的作用下，感受性在性质和强度上发生变化的现象。几个刺激物同时作用于同一感受器产生的对比现象称为同时对比（simultaneous contrast）。这在视觉中表现得很明显。视觉对比可分为无彩色对比和彩色对比，前者对比的结果是引起明度感觉的变化。马赫带是典型的同时对比，它是奥地利物理学家 E. 马赫（Ernst Mach, 1838—1916）发现的一种明度对比现象，是一种主观的边缘对比效应（图6-5）。当观察两块亮度不同的区域时，边界处亮度对比加强，使轮廓表现得特别明显。刺激物先后作用于同一感受器产生的对比现象称为继时对比（successive contrast），也称为先后对比或相继对比。例如，吃梨会觉得梨很甜，但吃了糖之后接着吃梨，会觉得梨很酸；喝了苦药后接着喝白开水，会觉得白开水有点儿甜味；凝视红色物体之后再看白色的东西，会觉得后者有点儿青绿色。

图6-5 马赫带

3. 感觉的相互作用 也称为联觉，是指当一种感觉器官受到刺激而产生一种特定感觉的同时又产生另外一种不同的感觉。感觉并不是孤立的，感觉之间会相互影响，相互作用。感觉的相互作用可以分为同一感觉中的相互作用和不同感觉间的相互作用。

（1）同一感觉中的相互作用 既可由刺激作用的时间顺序不同而引起，也可由感受器官的各部分受到不同刺激而引起。前者如各种感觉适应，后者如感觉对比现象。

（2）不同感觉间的相互作用 是指一种感觉器官受到刺激而引起另外一种感觉器官产生的感觉或者感受性发生变化的现象，如弱光刺激可以提高听觉感受性。最常见的联觉是"色–听"联觉，即对色彩的感觉能引起相应的听觉，现代的"彩色音乐"就是利用这一原理。色觉又兼有温度感觉，例如红、橙、黄色会使人感到温暖，所以这些颜色被称为暖色；蓝、青、绿色会使人感到寒冷，因此被称为冷色。

4. 感觉补偿 是指当某种感受器受到损伤之后，在社会生活与实践活动的影响下，其他感受器的感受性大大提高的现象。例如聋哑人的视觉特别敏锐。又如盲人只能依靠视觉以外的其他感觉信息判断和识别客观对象，先天失明者即使有的经治疗恢复视觉，开始阶段仍需要借助听觉、触觉等手段验证视觉信息，并将后来的视觉信息纳入先前依据非视觉信息所建立的已有图式。

二、知觉

人通过感官得到了外部世界的信息，这些信息经过头脑加工（综合与解释），使个体产生了对事物整体的认识，并了解它的意义，这就是知觉（perception）。知觉是人脑对直接作用于感觉器官的客观事物在整体属性上的反映，它是一系列组织并解释外界客体和事件产生的感觉信息的加工过程。例如，看到一张桌子、听到一首歌曲、闻到一种菜肴的芳香、微风拂面感到丝丝凉意时，我们能知道这些东西的意义，这就是知觉现象。

（一）知觉的分类

根据知觉反映客观事物的不同特性，知觉可分为空间知觉、时间知觉和运动知觉。

1. 空间知觉　是指对物体距离、形状、大小、方位等空间特性的知觉。两个视网膜上略有差异的映象，是观察物体空间关系的重要线索。它使人能在两维的视网膜刺激的基础上，形成三维的空间映象。对物体不同部位的远近感知称为立体视觉或深度知觉。

（1）形状知觉（shape pereption）　是空间知觉之一，是指个体对物体轮廓和细节的整体反映。其形成主要依赖视觉、触觉和动觉的协同活动。视觉使人获得物体在视网膜上投影的形状。其知觉线索包括物体在视网膜上的投影、视线沿物体轮廓移动时眼球运动的信息，以及在排除视觉条件下用手沿着物体边界产生的触摸觉。所有这些都为大脑提供了物体形状的暂时神经联系，经过综合分析形成对物体的形状知觉，图 6-6 显示了不同的知觉形状。

图 6-6　不同的知觉形状

（2）大小知觉（size perception）　是指个体对物体长短、面积和体积大小的知觉。物体大小的不同，投射在视网膜上的映象大小也不一样。同等距离下，物体大，映象大；同样大小的物体，越远看起来越小。影响大小知觉的因素有物体的熟悉性、临近物体的大小对比及体态变化，图 6-7 显示了大小知觉图像。

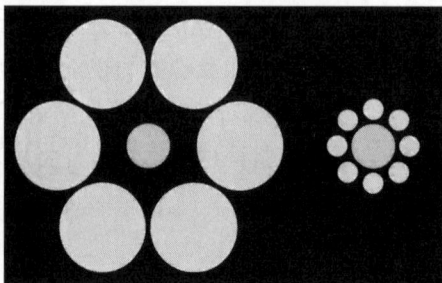

图 6-7　大小知觉差异

（3）**深度知觉**（depth perception）　亦称"立体知觉"或"距离知觉"，是对物体的立体或对不同物体的远近的知觉。视网膜只能接受两维空间的刺激，对三维空间的反映主要依靠双眼视觉实现。产生深度知觉的主要线索有双眼视差、双眼辐合、水晶体的调节、对象的重叠、线条透视、空气透视、运动视差、对象的明暗等。前2种只对双眼视觉起作用，后6种对单眼视觉和双眼视觉都起作用。

2. 时间知觉　是对客观事物的顺序性和延续性的反映。时间知觉主要包括时序、时距和时间点的3种知觉。我们能够分辨事件发生的前后顺序，就是时序知觉。如洗手在先，吃饭在后，两件事的顺序是不同的。能估计出事件存在的持续事件就是时距知觉。时间点知觉也叫对时间的确认，指知道某个事件发生的具体时间，如2022年5月4日是青年节等。影响时间知觉的因素有感觉通道的性质、一定时间内事件发生的数量和性质、人的兴趣和情绪等。

3. 运动知觉　是个体对物体空间移动及移动速度的反映。运动知觉的意义对于人类的生存和发展非常重要。对于个体来说，在过马路的时候要对车速、自己与车的距离进行估计，在进行网球、乒乓球等运动时需要对球的速度、方向进行估计等，这些活动都需要运动知觉的参与才能够完成。如果失去了运动知觉，个体不仅不能骑自行车或驾驶汽车，甚至连写字、吃饭和走路都有困难。

（二）知觉的基本特质

知觉作为一种心理活动，具有自身的特性，主要包括选择性、整体性、理解性和恒常性。

1. 知觉的选择性　人在知觉客观世界时，总是有选择性地把少数事物当成知觉的对象，而把其他事物当成知觉的背景，以便更清晰地感知一定事物和对象，这就是知觉的选择性。如图6-8中，如果选择白色为视觉主题，则容易看到花瓶图像；如果选择黑色为视觉主题，则容易看到人脸图像。

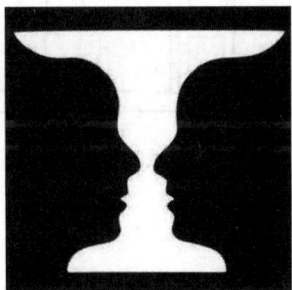

图6-8　知觉的选择性图示

2. 知觉的整体性　是指知觉系统把感觉到的客观事物的个别特征、个别属性整合为整体的功能特性。临床医生根据四诊信息采集得到患者疾病的典型特征群，再作出正确诊断的过程也是知觉整体性的一种体现。如图6-9中，以中间数字图像为视觉主体，如果整体竖着看，更容易将其视觉为数字13，如果整体横向看，更容易将其视觉为字母B。

12

A　13　C

14

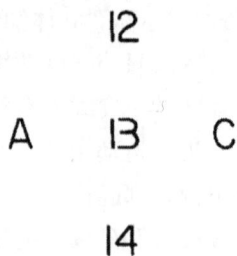

图 6-9　知觉的整体性图示

3. 知觉的理解性　是指人在感知当前事物时，不仅依赖于当前的信息，还要根据自己过去的知识经验来理解它，给它赋予一定的意义。如图 6-10 中，如果从整体看这些随意散布的不规则图形，容易知觉出一只狗的图像。

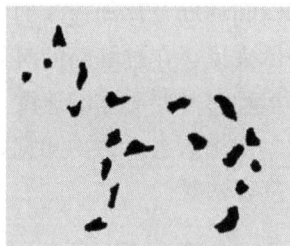

图 6-10　知觉的理解性图示

4. 知觉的恒常性　当知觉对象的刺激输入在一定范围内发生了变化的时候，知觉形象并不因此发生相应的变化，而是维持恒定，这种特性称为知觉的恒常性。如图 6-11 中，尽管显示了不同的视角图像，但我们仍然能够知觉出"门"的图像。

图 6-11　知觉的恒常性图示

（三）错觉

错觉（illusion）是指在客观事物刺激作用下产生的对刺激的主观歪曲的知觉，是不正确的知觉。在生活中常见的错觉有大小错觉、形状错觉、方向错觉、形重错觉、倾斜错觉、运动错觉、时间错觉等；其中，视错觉最常见。

1. 大小错觉　是指人们对几何图形大小或线段长短的知觉由于某种原因而出现错误。

（1）缪勒 – 莱耶错觉　也叫箭形错觉。如图 6-12 所示，有两条长度相等的直线，如果一条直线的两端加上向外的两条斜线，另一条直线的两端加上向内的两条斜线，那么前者就显得比后者长得多。

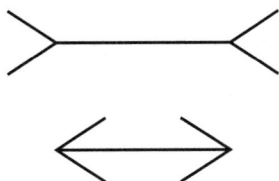

图 6-12 缪勒-莱耶错觉图示

（2）潘佐错觉 也叫铁轨错觉。如图 6-13 所示，在两条辐合线的中间有两条等长的直线，但是上面一条直线看上去比下面一条直线长些。

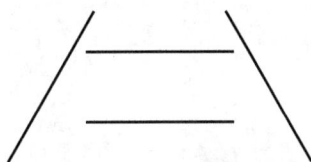

图 6-13 潘佐错觉图示

（3）垂直-水平错觉 如图 6-14 所示，两条等长的直线，一条垂直于另一条的中点，垂直线看上去比水平线要长一些。

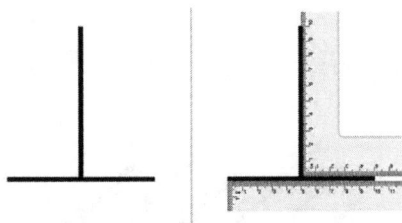

图 6-14 垂直-水平错觉图示

（4）贾斯特罗错觉 两条等长的曲线，包含在下的一条比上面一条看上去会长一些；同样，两个完全一样的扇形环，包含在下面的扇形环比上面的扇形环看上去大些（图 6-15）。

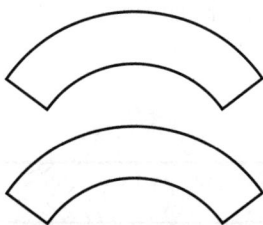

图 6-15 贾斯特罗错觉图示

（5）多尔波也夫错觉 两个面积相等的圆形，一个在小圆的包围中，另一个在大圆的包围中，结果前者显大，后者显小（图 6-16）。

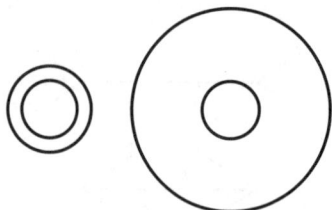

图 6-16　多尔波也夫错觉图示

（6）月亮错觉　月亮在天边（刚升起）时显得较大，而在天顶时则显得较小些（图 6-17）。

图 6-17　月亮错觉图示

2. 形状和方向错觉

（1）佐尔拉错觉　一组平行线，由于一些附加线段的影响看起来好像不平行的现象（图 6-18）。

图 6-18　佐尔拉错觉图示

（2）冯特错觉　两条平行线由于附加线段的影响，使中间显得窄而两端显得宽，明明是直线看起来也好像是弯曲的（图 6-19）。

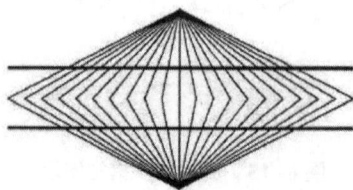

图 6-19　冯特错觉图示

（3）爱因斯坦错觉 在很多环形曲线中，正方形的四边略微显得好像是弯曲的（图6-20）。

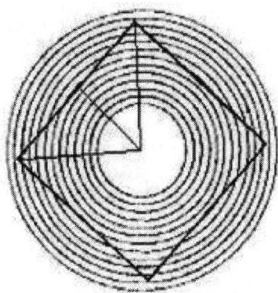

图6-20 爱因斯坦错觉图示

（4）波根多夫错觉 如果一条直线以某个角度消失于一个实体表面后，随即又出现于该实体的另一侧，则看上去似乎有些"错位"（图6-21）。

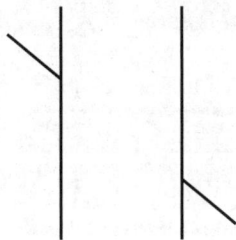

图6-21 波根多夫错觉图示

3. 螺旋和运动错觉

（1）Fraser螺旋错觉 是因大脑对整体判断错误在视网膜上产生的一种错觉。Fraser螺旋一圈圈的弧看起来是一个螺旋，其实它们是由一组同心圆构成（图6-22）。

图6-22 螺旋错觉图示

（2）运动错觉 在一定条件下人们把客观上静止的物体看作是在运动的一种错觉（图6-23）。运动错觉与似动知觉联系十分密切，在一定程度上运动错觉与似动知觉概念相当。主要的运动错觉有4种形式：Φ现象（动景运动）、自主运动、诱导运动、运动后效。

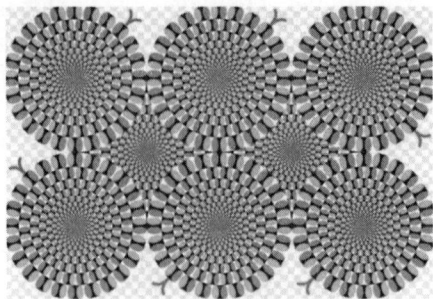

图 6-23　运动错觉图示

4. 明暗错觉　被称为赫尔曼（hermann）格栅。在图上的焦点看到灰点，但仔细看并不存在（图 6-24）。更为有趣的是，看着此图，用眼睛环视它，你可以看到那些交叉点放出火花，这个新发现的错觉叫格力德（Grid）火花错觉。

图 6-24　明暗错觉图示

三、记忆

一张纸被折叠后，会留下一道印痕；一只鸟飞过天空，会留下一抹印迹。所有自然界的物体在受到外力作用时，似乎都会留下痕迹。记忆是一种积极、能动的活动。记忆就是过去经历过的事物在大脑这块特殊物质上留下的痕迹，只不过它在形式和内容上要复杂得多。记忆作为一种有趣的心理现象，对个体学习、生活的影响重大。

（一）记忆的概念

记忆（memory）是指在头脑中积累和保持个体经验的心理过程。记忆作为一种基本的心理过程，是和其他心理活动密切联系着的。记忆联结着人的心理活动，是人们学习、工作和生活的基本功能。从信息加工的观点看，记忆是人脑对外界输入的信息进行编码、储存和提取的过程。

1. 编码　是指信息的最初加工，从而形成记忆中的表征。比如，设想让你回忆今天中午你吃了什么，你会如何介绍中午的菜肴？在每种情形下，这些都是原始表征。心理表征保存了过去经验最重要的特征，从而使你能够把这些经验再现出来。

2. 存储　是指对被编码材料的保持。如果信息得到适当的编码，将会被保存一段时间。如果未得到适当的编码，将很快被我们遗忘。

3. 提取 是指被存储信息在随后某一时间的恢复。当你的编码和存储起作用，能够使你得到早先存储的信息，通常是在不到一秒钟的时间里提取出来。记忆的好坏是通过信息的提取表现出来的。

（二）记忆的分类

1. 根据记忆的内容分类 根据记忆的内容不同，记忆可分为形象记忆、逻辑记忆、情绪记忆和运动记忆。

（1）形象记忆 以感知过的事物形象为内容的记忆。如对日常生活中的人物面貌、景色、音乐、绘画等各种形象的记忆，直接对客观事物的形状、大小、体积、颜色、声音、气味、味道、软硬和温冷等具体形象或外貌的记忆。其本质特征是直观性。按主导分析器的不同，又可分为视觉形象记忆、听觉形象记忆、嗅觉形象记忆、味觉形象记忆、触觉形象记忆等。

（2）逻辑记忆 即"词语逻辑记忆"，是以词语、概念、原理为内容的记忆。这种记忆所保持的不是具体的形象，而是反映客观事物本质和规律的定义、定理、公式、法则等。

（3）情绪记忆 是对曾经体验过的情绪和情感的记忆。情绪记忆是情绪和记忆研究的重要领域之一，与个体的成长、行为、知觉、信念、目标，甚至自我和心理健康状况都有很大的相关性。

（4）运动记忆 是以身体的运动状态或动作形象为内容的记忆。它是形象记忆的一种形式，只是记忆的对象不是静态的人物、物体或自然景物的直观形象，而是各种运动的动作形象。由过去的运动或操作动作所形成的动作表象是运动记忆的前提。如果没有运动表象，就没有运动记忆。

2. 根据记忆加工的方式或保持时间的长短分类 根据记忆中信息保持时间的长短，将记忆分为感觉记忆、短时记忆和长时记忆（图6-25）。

（1）感觉记忆 是记忆系统的开始阶段，它是一种原始的感觉形式，是记忆系统在对外界信息进行进一步加工之前的暂时登记。感觉记忆保存时间短暂，但在外界刺激的直接作用消失之后，它为进一步的信息加工提供了可能性。感觉记忆有较大的容量，其中大部分信息因为来不及加工而迅速消退，只有一部分信息由于注意而得到进一步加工，并进入短时记忆。图像记忆是感觉记忆的主要编码形式。

（2）短时记忆 对信息的保持时间大约为1分钟，是感觉记忆和长时记忆的中间阶段。它最大的特点是其保持的容量有限，约 7 ± 2 个组块。而事实上每一个组块内又可以容纳多个信息元，这一发现启示了有效大量记忆的方法。同时在没有复述的情况下，信息在短时记忆中保持的时间很短，因此精细复述是短时记忆存储信息的重要方法，可以防止短时记忆中的信息发生遗忘。短时记忆的遗忘主要是由于其他信息的干扰引起的。

（3）长时记忆 是指存储时间在1分钟以上的记忆。这种有组织的知识系统对人的学习和行为决策有重要意义。它使人能够有效地对新信息进行编码，以便更好地识记，也能使人迅速有效地从头脑中提取有用的信息，以解决当前问题。例如，我们知觉事物、理解语言和解决问题等，都需要提取头脑中各种有关的信息。长时记忆构成了个体关于外界和自身的全部知识经验。长时记忆的信息容量没有限制，良好的编码能够改善信息在长时记忆中的保持和提取。

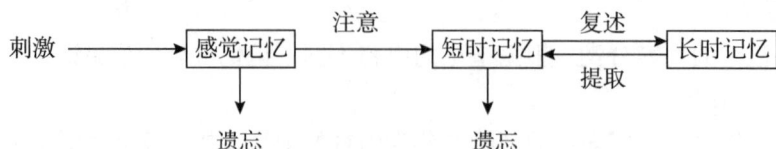

图 6-25　感觉记忆、短时记忆和长时记忆的关系

3. 根据是否需要意识参与分类　按照个体是否意识到，可以将记忆分为外显记忆和内隐记忆。

（1）外显记忆　是指在意识的控制下，过去的经验对当前作业产生的有意识的影响，又称受意识控制的记忆。

（2）内隐记忆　是指在不需要意识或有意回忆的条件下，个体的过去经验对当前任务自动产生影响的现象，又称自动的、无意识记忆。

（三）遗忘

记忆的内容不能保持或提出时有困难，称为遗忘。遗忘可分为暂时性遗忘和永久性遗忘。由于某种原因对识记材料一时不能再认或回忆的，叫暂时性遗忘；识记过的内容不经重新学习不能再认或回忆的，叫永久性遗忘。

1. 遗忘的规律与特点　德国心理学家艾宾浩斯（H. Ebbinghaus）对遗忘规律做了开创性的系统研究。结果表明，学习后最初一段时间遗忘最快，随时间推移和记忆材料的减少，遗忘便渐渐缓慢，最后稳定在一定的水平上。

（1）遗忘进程先快后慢　艾宾浩斯首先发现了这一现象。从艾宾浩斯遗忘曲线图中我们可以发现，遗忘的进程是不均衡的，遗忘在学习之后立即开始，遗忘的过程最初进展很快，以后逐渐缓慢（图 6-26）。

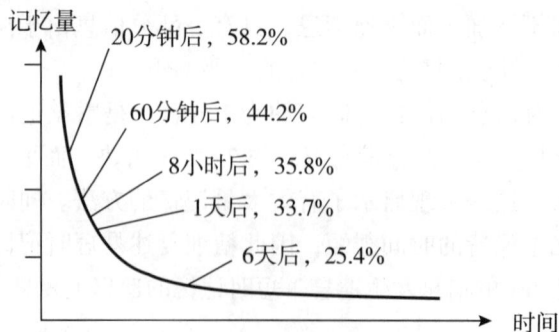

图 6-26　艾宾浩斯遗忘曲线

（2）遗忘的多少与记忆材料的性质和长度有关　从记忆材料的性质上说，抽象的材料遗忘快于形象的材料，无意义的材料遗忘快于有意义的材料，言语材料遗忘快于形象材料，熟练的技能遗忘最慢。从记忆材料的长度来说，记忆材料长度越长，越容易遗忘。

（3）遗忘的多少与个体心理状态的关系　能满足个体需要或对个体有重要意义的材料容易保持，不能满足个体需要或对个体没有意义的材料容易遗忘；能引起个体愉快的情绪体验的材料容易保持，能引起个体不愉快的情绪体验的材料容易遗忘。

（4）遗忘与个体的学习程度和学习方式的关系　从学习程度方面来说，学习重复的次数越多，就越不容易遗忘，如超额学习 50% 保持记忆的效果最佳；从学习方式上来说，反复阅读与试图回忆相结合的记忆，比单纯的反复阅读记忆保持的效果更好。

（5）遗忘与识记材料的系列位置的关系　识记材料的系列位置不同，遗忘的情况也不一样。一般是记忆材料的开始部分最容易被记住，其次是末尾部分，中间偏后一点的项目则容易被遗忘。材料开头部分回忆率较高，被称为首因效应；材料末尾部分回忆率也较高，被称为近因效应；而材料中间部分回忆率最低，是因为受前摄抑制和倒摄抑制影响的缘故。所谓前摄抑制，是指先学习的材料对识记和回忆后学习的材料的干扰；而倒摄抑制，是指后学习的材料对保持、回忆先学习的材料的干扰作用。这种材料顺序对回忆效果的影响称为系列位置效应。

2. 遗忘的原因　关于遗忘的原因，心理学家们有不同解释和看法，大体分为如下几类。

（1）消退说　认为遗忘是记忆痕迹得不到强化而逐渐衰弱，以致最后消退的结果。

（2）干扰说　认为遗忘是由于在学习和回忆之前受到其他刺激的干扰所致。一旦干扰被排除，记忆就能恢复，而记忆痕迹不会消退。

（3）压抑（动机）说　认为遗忘是由于情绪或动机的压抑作用引起的，如果压抑被解除，记忆就能恢复。

（4）提取失败说　我们常常有这样的经验，明明知道对方的名字，但就是想不起来。这种现象称为"舌尖现象"。遗忘之所以发生，不是因为存储在长时记忆中的信息消失了，而是因为编码不准确，失去了检索线索或线索错误。一旦有了正确的线索，经过搜寻，所需要的信息就能提取出来，这就是遗忘的提取失败理论。

知识链接

舌尖现象

很多人在聊八卦时都有过这样的经历：一位你认识的明星，怎么都无法记起名字，在过后的某天却突然忆起。心理学上称这种特殊现象为记忆的"舌尖现象"，意思是回忆的内容到了舌尖，只差一点，但就是无法忆起。舌尖现象是因为大脑对记忆内容的暂时性抑制所造成的，这种抑制来自多方面，比如对有关事物的其他部分特征的回忆掩盖了所要回忆的那部分特征，又比如回忆时的情境因素及自身情绪因素的干扰，等等。而消除了抑制，如经他人提示、离开回忆困难时的情境、消除紧张情绪等，舌尖现象往往就会消失。

四、思维

我们不仅能认识事物和现象的外部联系，还能够认识事物和现象的内在联系与规律。这种认识是通过思维过程获得的。思维是在感知觉的基础之上发展起来，是一种更复杂、更高级的认识活动。在我们的学习生活中，我们每时每刻都离不开思维，用思维学习知识、解决问题。

（一）思维的概念及特征

思维（thinking）是人脑间接的、概括的对客观事物的反映。思维最初是人脑借助于语言对事物的概括和间接的反应过程。人的思维是借助概念、表象和动作，在感性认识的基础上认识事物的一般的、本质的特征及规律性联系的心理过程。它探索与发现事物的内部本质联系和规律性，是认识过程的高级阶段。间接性和概括性是思维过程的主要特征。

1. 思维的间接性　表现在它是借助其他事物为媒介间接地认识事物。例如，人类虽然还未搞清楚宇宙形成的奥秘，但人们可以根据宇宙中存在的种种现象及相关的知识经验来推测它的形成。同样，人们不知道某些疾病与遗传因素的关系，但人们可以根据实验来推测和认识他们之间的关系。

2. 思维的概括性　是指在大量感性材料的基础之上，把一类事物共同的特征和规律抽取出来加以概括。思维的概括性表现在两个方面：一是对一类事物的共同本质特征概括性的认识；二是对事物之间规律性的内在联系的认识。

（二）思维的分类

思维属于较为复杂的心理过程，需要多种认知能力的综合参与，并可以从不同的角度进行分类。

1. 根据思维方式分类　这种分类主要是根据思维任务的性质、内容和解决方法来划分。

（1）动作思维　是以实际动作或操作来解决问题的思维，即思维以动作为支柱，依赖实际操作解决具体直观的问题。例如，电脑出了毛病，必须通过检查电脑的部件才能检查出故障。这种通过实际操作解决直观具体问题的思维活动，就是动作思维。

（2）形象思维　是利用具体形象解决问题的思维，思维活动依赖具体形象和已有的表象。例如，在开车导航时，我们需要事先在头脑中想出可能到达的道路，经过分析与比较，最后选择一条短而方便的路，这种思维就是形象思维。

（3）抽象思维　是以抽象的概念和理论知识来解决问题的思维，这是人类思维的核心形式。例如，学习科学知识，科学工作者从事科学研究都需要大量运用抽象思维。

2. 根据思维探索答案的方向分类　这种分类主要根据思维的加工与延展方向来划分。

（1）聚合思维　也称求同思维，就是把解决问题所能提供的各种信息聚合起来，得出一个正确的答案或一个最好的解决问题的方案。也就是从给予的信息中，产生合乎逻辑的结论。例如，甲＞丙，甲＜乙，乙＞丙，乙＜丁，其结果必然是丙＜丁。

（2）发散思维　又称求异思维，是指解决一个问题时，沿着各种不同的方向去进行积极的思考，找出符合条件的多种答案、解决方法或结论的一种思维。例如，如何提高患者的就诊满意度？回答这样的问题，人们可以从不同的方向思考，如提高智能服务、减少看病流程、提高医护人员的服务意识等，由此可以产生多种答案，但究其哪种答案最好，则需要经过检验。

3. 根据思维的独立程度来分类　这种分类主要根据是否需要突破个体的原有认知图示或认知结构来划分。

（1）常规思维　是用常规的方法和现成的程序解决问题的思维。这种思维不创造新成果，创造性水平很低。

（2）创造性思维　是指在思维过程中，在头脑中重新组织已有的知识经验，沿着新的思路寻求产生一些新颖的、前所未有的、有创造想象参加的且具有社会价值的思维。例如，提出新的科学理论就是需要创造性思维。

（三）思维过程

思维过程包括分析、综合、比较、抽象、概括判断和推理等基本过程。

1. 分析与综合　分析是指在头脑中把整体事物分解为各个部分或各个属性，再分辨出个别方面、个别特征，并加以思考的过程。而综合则是在头脑中把事物的各个部分、各个特征、各属性结合起来，形成一个整体。

2. 比较和分类　比较是在分析与综合的基础上，把各种事物和现象加以对比，从而找出事物之间的相同点、不同点及其联系。分类是在比较的基础上确认事物主次并将其联合为组、局、种、类的过程。

3. 抽象与概括　抽象是找出事物的本质属性，排除非本质属性的思维过程。概括是在思想上把抽象出的各种事物与现象的共同特征和属性综合起来，形成对一类事物的概括性本质属性的认识。

五、表象

人们在思维过程中，经常伴有感性的直观形象，这些直观形象的思维活动有利于思维活动的顺利进行，也有利于问题解决。表象可以离开具体事物，摆脱感知觉的局限，进而为进一步的思维奠定感性的基础。表象是认知过程中一个重要的环节。

（一）表象的概念

表象（representation）是指曾经感知过的事物在大脑中留下的印象。是当事物不在面前时，人们在头脑中形成的关于事物的形象，或在大脑中再现的过程。从信息加工的角度来讲，表象是指当前不存在的事物的一种知识表征，这种表征具有形象性。同时表象也是一种心理操作，即形象思维活动。

（二）表象的特征

表象是客观对象不在主体面前呈现时，在观念中所保持的客观对象的形象和客体形象在观念中复现的过程。表象有如下特征：

1. 直观性　表象是在知觉的基础上产生的，构成表象的材料均来自过去知觉过的内容。因此表象是直观的感性反映，表象又与知觉不同，它只是知觉的概略再现。例如，给儿童呈现一张内容复杂的图片，30 秒后把照片移开，让其看白色屏幕，这时他会看见一张同样清晰的图片。儿童就能根据表象正确的描述出图片中的细节，即使那张图片并不再眼前。

2. 概括性　表象是多次知觉概括的结果，它有感知的原型，却不限于某个原型。因此表象具有概括性，这是对某一类对象的表面感性形象的概括性反映，这种概括常常表征为对象的轮廓而不是细节。

表象的概括性有一定的限度，对于复杂的事物和关系，表象是难以囊括的。例如，上述内容复杂的图片，如果是呈一个故事的片断，那么，关于整个故事的前因后果，人物关系相互作用的来龙去脉，则不可能在表象中完整地呈现，各个关于故事的表象不过是表达故事片断的例证，要表达故事情节和含义，则要靠语言描述中所运用的概念和命题。对连环画的理解是靠语言把一页页画面连贯起来，漫画的深层含义也是由词的概括来显示的。

（三）想象

想象（imagination）是一种特殊的思维方式。想象与思维有着密切的联系，都属于高级认知过程，它们都产生于问题的情景，由个体的需要所推动，并能预见未来。想象是人类特有的对客观世界的一种反映形式。它能突破时间和空间的束缚，达到思接千载、神通万里的境域。

1. 想象的定义　想象是人在头脑里对已储存的表象进行加工改造形成新形象的心理过程。想象有形象性和新颖性的特点，是一种创造性的反映客观现实的形式。

2. 想象的种类　根据产生想象时有无明确的目的性，可以把想象划分为有意想象和无意想象。有一定目的、自觉进行的想象是有意想象，有意想象又分为再造想象、创造想象和幻想；在刺激作用影响下，没有目的、不由自主地进行的想象是无意想象。

（1）有意想象　个体自觉地提出想象任务，根据自己的意向，有目的、有意识地进行想象。

（2）无意想象　没有特殊目的，不由自主地想象。梦是一种常见的无意想象。

（3）再造想象　依据词语描述或图表描绘，在人脑中产生新形象的过程。

（4）创造想象　在刺激物作用下，人脑独立地构成新表象的过程。

六、注意

你是否有这样的经历，在课堂上，尽管老师讲得眉飞色舞，你却"心猿意马"，直到下课，也不知道老师讲了什么；你专心思考问题时，根本听不到别人对你说的话；你觉得一天中的某个时段精神特别好，做事效率特别高，而过了这段时间精神状态就没那么好了。这些都是在不同意识状态下，我们对周围世界及自身变化的觉知和敏感程度处在不同的注意水平的表现。

（一）注意的概念

注意（attention）是心理活动对一定对象的指向和集中。注意本身不是一种独立的心理活动，不能单独进行或完成，它是心理活动的一种属性或特性。注意的基本特征包括指向性和集中性。

注意不等同于意识。一般来说，注意是一种心理活动或"心理动作"，而意识主要是一种心理内容或体验。与意识相比，注意更为主动和易于控制。但注意和意识又密不可分。当人们处于注意状态时，意识内容比较清晰。人从睡眠到觉醒再到注意，其意识状态分别处在不同的水平上。

总之，在注意条件下，意识与心理活动指向并集中于特定的对象，从而使意识内容或对象清晰明确，意识过程紧张有序，并使个体的行为活动受到意识的控制，而进入意识的具体过程可能是无意识的，即有时包含了无意识过程。

（二）注意的特点

注意是一种内部心理活动，具有指向性和集中性两个特点。

1. 注意的指向性　是指在某个时间个体的心理活动或意识选择了某个对象，而忽略了另一个对象。例如，一位同学在教室里上课，他的心理活动或意识选择了讲台上老师的知识重点，而忽略了教室里其他的同学。对于知识点他能够看得清、记得牢，而对于其他同学的动态只能留下模糊的印象，甚至一无所知。因此，注意的指向性是指心理活动或意识在某个方向上活动。指向性不同，人们从外界接受的信息也不同，也称为注意的选择性。可以说，每个人眼中看到的世界是他（她）主观选择想看到的内容集合，所以每个人眼中的世界是不同的。

2. 注意的集中性　是指心理活动停留在被选择对象上的强度或紧张度。指向性表现为对出现在同一时间的许多刺激的选择，集中性表现为对干扰刺激的抑制。例如，医生在做复杂的外科手术时，他的注意高度集中在患者的患病部位和自己的手术动作上，而忽略与手术无关的信息。心理活动的强度越大，紧张度越高，注意也就越集中。

（三）注意的功能

注意的基本功能是对外界信息进行选择。周围环境给人们提供了大量的刺激，这些刺激有的对人很重要，有的对人不重要，有的毫无意义，甚至会干扰当前进行的活动。

人在正常的生活与工作中，需要选择重要的信息，排除无关信息，这是注意的基本功能。除了基本的选择功能，注意还有保持、调节和监督功能。

1. 选择功能　注意的基本功能是对信息进行选择，使心理活动选择有意义的、符合需要的和与当前活动任务一致的各种信息；同时避开或抑制其他无意义的、附加的并会干扰当前活动的各种信息。

2. 保持功能　外界信息输入后，每种信息单元必须通过注意才能得以保持；如果不加以注意，信息会很快消失。因此，需要将注意对象的内容保持在意识中，一直到完成任务为止。

3. 调节功能　可以控制活动向着一定的目标和方向进行，使注意适当分配和适当转移。

4. 监督功能　注意在调节过程中需要被监督，使得注意向规定方向集中和保持。

（四）注意的分类

根据是否有目标和是否需要意志力努力，可以将注意分为无意注意、有意注意、有意后注意。

1. 无意注意　又称不随意注意，是没有预定目的、不需要意志努力、不由自主地对一定事物所产生的注意。例如，你正在听讲，教室的门突然被人打开，一声门响，你不由自主地看了一眼，这就是无意注意。强度大的、对比鲜明的、突然出现的、变化运动的、新颖的刺激，或是自己感兴趣的、觉得有价值的刺激最容易引起无意注意。

2. 有意注意　是指有预定的目的，需要一定意志努力的注意，是注意的一种高级形式。有意注意自觉主动地服从一定的目的和任务，有意注意的客体不一定吸引人，需要通过一定的意志努力自觉调节和支配，去注意那些必须注意的事物。学习是典型的有意注意的过程。影响有意注意的因素包括以下几个：

（1）明确目的和任务　有意注意是由目的、任务来决定的，目的越明确、越具体，对完成目的、任务的意义理解得越深刻，完成任务的愿望越强烈，就越能引起和保持有意注意。

（2）组织有关活动　在明确目的和任务的前提下，合理地组织能引起注意的有关活动，有利于有意注意的维持。例如当需要完成一个有思维活动参与的学习任务时，你需要有加强注意的自我要求，尽可能地把智力活动与实际活动（如实验操作、技能练习）密切结合起来等，这些将有助于你维持持久的注意，从而完成学习任务。

（3）激发间接兴趣　间接兴趣是引起和保持有意注意的重要条件之一。所谓间接兴趣，是指对活动本身和过程暂无兴趣，但对活动的意义和最后获得的结果有很大兴趣。例如，学医这一活动往往使人感到单调、枯燥，但当学习者认识到成为医生后可以救死扶伤，就会对学医产生间接兴趣。这一间接兴趣，能帮助人们维持稳定而持久的注意。

（4）用意志力排除各种干扰　有意注意是与排除干扰相联系的。干扰可能是外部的刺激物，如分散注意的声音和光线等；也可能是机体自身的某种状态，如人的疾病、疲倦、无关思想和情绪的影响。为此，我们要设法采取一定措施排除这些干扰。除了事先去掉一切可能妨碍工作或学习的因素，创造良好的工作或学习环境外，更重要的是用坚强的意志同一切干扰作斗争，努力培养和锻炼自己在任何干扰的情况下进行工作和学习的自制能力。

3. 有意后注意　是指事先有预定的目的，但不需要一定意志努力的注意。有意后注意是在有意注意的基础上发展起来的，它具有高度的稳定性，是人类从事创造活动的必要条件。有意后注意同时具备有意注意和无意注意二者的部分特征。它有自觉的目的，通常与特定的目标、任务相关联，这与有意注意的目的性特征相符，它无需意志的努力。简单地说，有意后注意既遵循当前活动的目的又不需要付出意志努力。例如初学文言文，你可能对此不感兴趣，只是为了完成任务，这时候是有意注意。此后，随着你对基础知识的掌握，对文言文产生兴趣，凭兴趣可自然地将注意力集中到学习上，这时的注意就是有意后注意。有意后注意服从当前的活动目的与任务，又能节省注意的努力，因而对完成长期、持续的任务特别有利。因此，培养有意后注意的关键在于激发对活动的浓厚兴趣。

第三节　情　绪

我们的生活中充满着情绪，有时欣喜若狂，有时焦虑不安，有时孤独恐惧，有时满腔怒火等。这一切使我们的生活时而阳光灿烂，时而阴霾密布，时而晦涩呆板，形成了人们纷繁复杂的心理世界。情绪是人脑的高级功能，是一种内部的主观体验，它对个体的记忆、学习、决策有着重要的意义，是个体存在和适应的重要保障。

一、情绪的概念

情绪（emotion）是指人们对客观事物是否符合自身需要的态度的体验，是个体对当前所面临的事物与正在进行的活动或已形成的观点之间的关系的体验和反映。情绪是一种混合的心理现象。它由独特的主观体验、外部表现和生理唤醒3种成分构成。

1. 主观体验　是个体对不同情绪状态的自我感受。每种情绪有不同的主观体验。它代表了人的不同的感受，如快乐还是悲伤等，构成了情绪的心理内容。

2. 外部表现　通常称之为表情。它是在情绪状态发生时所有外在表现的模式，比如高兴就眉开眼笑，悲伤就痛哭流涕，紧张就面色凝重。

3. 生理唤醒　是指情绪产生的生理反应。它主要涉及神经系统，如中枢神经系统的脑干、丘脑、杏仁核、下丘脑等。生理唤醒是一种生理的激活水平。如紧张会心跳加快、血压升高、呼吸频率增加等。现代司法系统经常用到的测谎仪就是根据情绪状态下个人不能控制其生理变化的原理来设计的。

二、情绪的外部表现

情绪总是伴随着某种外部表现。这种外部表现也就是可以观察到的某些外显行为特征。常见的外部表现主要有面部表情、姿态表情、语调表情等。

1. 面部表情　是指通过脸部肌肉的变化来表现各种情绪状态。人的眼睛最善于传情，不同的眼神可以表达人的各种不同的情绪和情感。例如，高兴和兴奋时眉开眼笑，气愤时怒目而视，恐惧时目瞪口呆，悲伤时两目无光，惊奇时双目凝视等。

2. 姿态表情　姿态表情可分成身体表情（body expression）和手势（gesture）两种。人在不同的情绪状态下，身体姿态会发生变化，如高兴时捧腹大笑，恐惧时紧缩双肩，紧张时坐立不安等。手势通常和言语一起使用，表达赞成还是反对、接纳还是拒绝、喜欢还是厌恶等态度和思想。

3. 语调表情　除面部表情、姿态表情以外，语音、语调表情（intonation expression）也是表达情绪的重要形式。朗朗笑声表达了愉快的情绪，而呻吟表达了痛苦的情绪。言语是人们沟通思想的工具，同时，语音的高低、强弱、抑扬顿挫等，也是表达说话者情绪的方式。例如，当播音员转播乒乓球的比赛实况时，他的声音尖锐、急促、声嘶力竭，表达了一种紧张而兴奋的情绪；而当他播出某位领导人逝世的讣告时，语调缓慢而深沉，表达了一种悲痛而惋惜的情绪。

总之，面部表情、姿态表情和语调表情等，构成了人类的非言语交往形式，心理学家和语言学家称之为"身体语言（body language）"。人们除了使用语言沟通达到互相了解之外，还可以通过由面部、身体姿势、手势及语调等构成的身体语言，来表达个人的思想、感情和态度。

三、情绪的功能

情绪是人脑的高级功能，是人类早期赖以生存的手段，它具有适应、动机和调节功能。

1. 适应功能　情绪是适应生存的工具，是生物进化的产物。情绪的适应功能在于改善和完善个体的生存条件。如遇到危险时产生怕的呼救，就是求生的一种手段。

2. 动机功能　情绪是动机的源泉之一。它能激励个体的活动，提高人的活动效率。适度的情绪兴奋，可以使身心处于最佳状态，以便更加有效地完成任务。

3. 组织功能　情绪的组织作用是指情绪对其他心理活动具有组织作用。它包括对活动的促进或瓦解两方面。正性情绪起协调、组织作用，负性情绪起破坏、瓦解作用。

4. 社会功能　情绪在人际间具有传递信息、沟通思想的功能。这种功能通过情绪的外部表现，即表情来实现。表情是思想的符号，如用微笑表示赞赏，用点头表示默认等。

四、情绪的分类

心理学对情绪的分类方法有很多，包括中医学的七情学说也将情绪分为喜、怒、忧、思、悲、恐、惊。以下介绍两种主要的情绪分类。

1. 根据情绪的习得方式分类　情绪可以分为与生俱来的基本情绪和后天学习到的复合情绪。

（1）基本情绪　是人和动物共有的、不学而会的情绪，有文化共通性。每一种基本情绪都具有独立的神经生理机制、内部体验和外部表现，并有不同的适应功能。

（2）复合情绪 是由基本情绪的不同组合派生出来的，也就是说，复合情绪是由两种及以上的基本情绪组合而形成的情绪复合体。

2. 根据情绪的色彩倾向分类 情绪可以分为积极情绪和消极情绪。

（1）积极情绪 是指当事情进展较为顺利时所产生的较好的感受。当某种需要得到满足时，通常伴有愉悦的主观体验，产生积极情绪。积极情绪主要包括快乐、满足、兴奋、感恩和爱等。

（2）消极情绪 是指事件对人的心理所造成的负面影响，如悲伤、痛苦、恐惧、愤怒等。适度的消极情绪有时是有益的，但长期处于消极情绪中会影响个体的学习生活。

五、情绪的状态

情绪状态是指在某种事件或情境的影响下，在一定时间内个体所产生的情绪本身的存在形式。其中较典型的情绪状态有心境、激情和应激三种。

1. 心境 是指人比较平静而持久的情绪状态。心境具有弥漫性，它不是关于某一事物的特定体验，而是以同样的态度体验对待一切事物。

心境持续时间有很大差别。某些心境可能持续几小时，另一些心境可能持续几周、几个月或更长的时间。一种心境的持续时间依赖于引起心境的客观刺激的性质，如失去亲人往往使人产生较长时间的低落心境。一个人取得了重大的成就（如高考被录取、实验获得成功等），在较长一段时期内会使人处于积极、愉快的心境。

心境对人的生活、工作、学习、健康有很大的影响。积极向上、乐观的心境，可以提高人的活动效率，增强信心，对未来充满希望，有益于健康；消极悲观的心境，会降低认知活动效率，使人丧失信心和希望。经常处于消极心境状态，有损于健康。

2. 激情 是一种强烈的、爆发性的、为时短促的情绪状态。这种情绪状态通常是由对个人有重大意义的事件引起的。重大成功之后的狂喜、惨遭失败后的绝望、亲人突然死亡引起的极度悲哀、突如其来的危险所带来的异常恐惧等，都属于激情状态。

激情状态下人往往会出现"意识狭窄"现象，即认识活动的范围缩小，理智分析能力受到抑制，自我控制能力减弱，进而使人的行为失去控制，甚至做出一些鲁莽的动作或行为。因此，我们要善于控制自己的激情，做自己情绪的主人。培养坚强的意志品质、提高自我控制的能力可以达到这个目的。同时激情也包含大量的积极状态，如发射卫星成功时研制人员的兴高采烈，运动员在国际比赛中取得金牌时的欣喜若狂，在这些激情中包含着强烈的爱国主义情感，是激励人上进的强大动力。

3. 应激 是指人对某种意外的环境刺激所做出的适应性反应。人们遇到某种意外危险或面临某种突然事变时，需要运用自己的智慧和经验，调动自己的全部力量，迅速做出选择，采取有效行动，此时人的身心处于高度紧张状态，这就是应激状态。例如，正常行驶的汽车意外地遇到故障时，司机紧急刹车。

人在应激状态下，会引起机体的一系列生物性反应，如肌肉紧张度、血压、心率、呼吸及腺体活动都会出现明显的变化。这些变化有助于适应急剧变化的环境刺激，维护机体功能的完整性。

六、情绪的维度与两极性

情绪的维度（dimension）是指情绪所固有的某些特征，主要指情绪的动力性、激动性、强度和紧张度等方面，这些特征的变化幅度又具有两极性（bipolarity），即每个特征都存在两种对立的状态。

1. 情绪的动力性 有增力和减力两极。一般来讲，需要得到满足时产生的肯定情绪是积极的，一般具有增力；需要得不到满足时产生的否定情绪是消极的，一般具有减力。

2. 情绪的激动性 有激动和平静两极。激动是由一些重要的刺激所引起的一种强烈的、外显的情绪状态，而平静的情绪是指一种平稳安静的情绪状态。

3. 情绪的强度 有强和弱两极。情绪强度的大小决定于情绪事件对个体意义的大小，意义重大产生的情绪反应强烈，相反则情绪反应较弱。

4. 情绪的紧张度 情绪的紧张度有紧张和放松两极。人们情绪的紧张程度决定于面对情境的紧迫性、个体心理的准备状态及应变能力等。

七、情绪的理论

关于情绪理论，众多心理学家进行了不同的研究。由于不同学派观点的不同，采取的研究方法各异，导致各家对情绪的理解和解释也有所不同。以下简要介绍几种主要的情绪理论。

1. 詹姆士 – 兰格的情绪外周学说 是由美国心理学家 W·詹姆斯（Willian James，1842—1910）和丹麦生理学家 C·兰格（Carl Lange）提出。

詹姆斯根据情绪发生时所引起的自主神经系统的活动和由此产生的一系列机体变化提出，情绪就是对身体变化的知觉。当一个情绪刺激物作用于我们的感官时，立刻会引起身体上的某种变化，激起神经冲动，传至中枢神经系统而产生情绪。在詹姆斯看来，是先有机体的生理变化，而后才有情绪。所以悲伤由哭泣引起，恐惧由战栗引起。

兰格认为，情绪是内脏活动的结果。他特别强调情绪与血管变化的关系。兰格以饮酒和药物为例来说明情绪变化的原因。酒和某些药物都是引起情绪变化的因素，它们之所以能够引起情绪变化，是因为饮酒、用药都能引起血管的活动，而血管的活动是受自主神经系统控制的。自主神经系统支配作用加强，血管舒张，结果就产生了愉快的情绪；自主神经系统活动减弱，血管收缩或器官痉挛，结果就产生了恐怖的情绪。

2. 坎农 – 巴德的情绪丘脑学说 是由美国生理学家坎农（W. B. Cannon）和巴德（P. Bard）提出。

坎农认为情绪产生的中心不在外周系统，而在中枢神经系统的丘脑。坎农和巴德于20世纪20～30年代提出了情绪的丘脑学说，他们认为由外界刺激引起感官的神经冲动，通过感觉神经传至丘脑，再由丘脑同时向上向下发出神经冲动，向上传到大脑产生情绪的主观体验，向下传至交感神经引起机体的生理变化。

例如，某人遇到一只熊，由视觉感官引起的冲动（刺激）经内导神经传至丘脑处，在此更换神经元后，同时发出两种冲动：一是经体干神经系统和自主神经系统到达骨骼肌和内脏，引起生理应激状态。二是传至大脑，使某人意识到熊的出现。此时某人的大脑中可能出现两种意识活动：第一，认为熊是驯养动物并不可怕，因此大脑将神经冲动传至丘脑，并转而控制自主神经系统的活动，使活动状态受到压抑。第二，认为熊是可怕的，大脑解除对丘脑的抑制，使自主神经系统活跃起来，加强身体的应激生理反应，并采取逃跑的行动，产生了恐惧，随着逃跑的生理变化的加剧，恐惧的情绪也会加强，这就是情绪丘脑说。

3. 阿诺德的评定 – 兴奋学说 美国心理学家阿诺德（M. B. Arnold）于 20 世纪 50 年代提出了情绪的"评定 – 兴奋"学说，强调情绪的来源是大脑皮层对刺激情境的评估，大脑皮层的兴奋是情绪产生最重要的条件。刺激情境并不能直接决定情绪的性质，同一刺激情境，人对他的认知和评估不同，就会产生不同的情绪。例如人们在森林里看到虎会产生恐惧，而在动物园里看到关在笼子里的虎却不产生恐惧。阿诺德认为情绪产生的具体模式是：外界刺激作用于感受器，产生神经冲动，通过感觉神经上传至丘脑，进而传至大脑皮层，在大脑皮层刺激得到评估，形成某种特殊的态度，这种态度通过皮层的冲动传至丘脑的交感和副交感神经，并进而将冲动下行至血管和内脏组织，引起血管和内脏反应。血管和内脏的反应进一步反馈到大脑皮层，大脑皮层进行再次评估，使认识经验转化为情绪体验。

4. 沙赫特 – 辛格的情绪三因素学说 20 世纪 60 年代美国心理学家沙赫特（S. Schachter）提出情绪的产生是受认知过程、环境刺激、生理反应三种因素所制约，其中认知因素对情绪的产生起关键作用。沙赫特和另一位美国心理学家辛格（J. Singer）于 1962 年用实验来验证他们的理论，证明情绪状态是由认知过程、环境刺激、生理反应在大脑皮层中整合的结果，即环境中的刺激因素通过感受器向大脑皮层输入外界信息，同时生理因素通过内部器官、骨骼肌的活动也向大脑输入生理变化的信息。认知过程是对过去经验的回忆和对当前情境的评估。来自这三方面的信息经过大脑皮层的整合作用之后，才产生了某种情绪体验。沙赫特 – 辛格的情绪三因素学说认为认知评价在情绪产生中起着关键作用，故亦称为情绪认知学说。

八、情绪的产生机制

近年来，随着认知神经科学的快速发展，情绪的神经基础研究有了丰硕成果。情绪不同于其他心理过程，在情绪活动中会伴随一系列的生理变化，其中与脑有直接关联的产生机制是情绪研究关注的重点。下面介绍与情绪的产生有直接关系的脑组织。

1. 杏仁核 对识别和产生消极情绪有重要作用。杏仁核位于前颞叶背内侧部，海马体和侧脑室下角顶端稍前处。刺激清醒动物的杏仁核，动物出现"停顿反应"，显得"高度注意"，表现为迷惑、焦虑、恐惧、退缩反应或发怒、攻击反应。对正常人进行的实验也表明，在厌恶条件作用下早期阶段观察到杏仁核出现激活。在对消极图片的反应中，杏仁核也被激活。

2. 前额皮层　其各个部分与情绪有关。戴维森（Davidson）及同事（1990）报告，由情绪电影诱发的言语和恐惧能提高右侧前额叶和前部颞叶的激活，而诱发的积极情绪引起了左侧前额叶的激活。大量的研究也表明，左侧前额皮层和积极情感有关，右侧前额叶皮层和消极情感有关。

3. 海马　在情绪调节中具有重要作用。加拿大多伦多大学研究人员在美国学术刊物《当代生物学》上发表的报告说，海马体中名为 CA1 和 CA3 的两块区域也参与情绪调节。海马体受损的个体，其正常背景调节作用会受到损害，因而会在不当情境中出现异常情绪行为。

4. 网状结构　对维持大脑皮层兴奋水平有重要作用。网状结构的关键在于唤醒，它是情绪产生的关键。抑郁症患者网状结构失常的原因是悲伤的刺激不能引起他悲伤（不能产生主观体验），也没有悲伤的面部表情。

5. 大脑皮层功能的一侧化　大脑两半球对情绪的控制和调节存在一定差异。在积极情绪时，左边球出现较多的电位活动；而在消极情绪时，右半球出现较多的电位活动。

6. 下丘脑　随着心理压力的持续，下丘脑会释放促肾上腺皮质激素释放激素（CRH），进而刺激垂体释放促肾上腺皮质激素（ACTH）。因此，在个体经历强烈的情绪体验期间，下丘脑成为控制身体改变的关键结构。因为它指导自主神经系统"战或逃"反应和应激激素的释放。此外，下丘脑对于某些积极情绪也是重要的。如下丘脑在性欲上扮演重要角色，一方面通过控制与性唤起和性高潮相联系的自主神经系统激活，另一方面引导脑下垂体帮助释放性激素进入血液。

九、情绪的调节

在日常生活中，情绪无处不在，个体对情绪的调节也是随时发生的，如果一个人情绪调节不当或失败，就会出现各类情绪失常的状态。情绪调节是个体管理自己或者他人情绪的过程，这个过程可以通过一定的策略和机制实施，使得情绪在生理反应、主观体验和行为表现等方面发生一定的变化。关于情绪调节，有以下常见的三类策略。

1. 情境关注策略　用来控制情境，它通过选择情境或在某种程度上改变情境来发挥作用。例如因为工作开展不顺利导致心情不好时，可以转换下视角去想想生活中一些愉快的事件，通过暂时转换注意力来调节情绪。

2. 认知关注策略　是将注意指向情境中某些特定的方面或是改变看待情境的方式来促发某些情绪或消除某些情绪。例如同样是两个丢了手机的同学，一位同学哭丧着脸想："又要花掉生活费重新买一个新手机了。"另一位同学则可能暗自开心地想："又有一次给自己换手机的理由，旧的不去新的不来。"

3. 反应关注策略　是指面对情绪的产生主动采取策略去应对并改变情绪，主要包括表达情绪、书写经历、锻炼、放松、情绪表达抑制等策略。这可能包括：通过谈论这种情绪获得社会支持从而宣泄情绪；通过睡觉、冥想等的方式尝试暂时关闭情绪体验；或者尝试抑制情绪的表达，进行内部的自我调适等策略。

4. 其他情绪调节方法

（1）**表情调节**　有研究发现，愤怒和快乐的脸部肌肉使个体产生相应的体验，愤怒的表情可以带来愤怒的情绪体验。因此，当个体烦恼时，用微笑来调节自己的情绪可能是个不错的尝试。

（2）**人际调节**　人与动物的区别在于人的社会属性。当情绪不好时可以向周围的人求助，与朋友聊天、娱乐可以使人暂时忘记烦恼，而与曾经有过共同愉快经历的人相处则能引起当时愉快的感觉。

（3）**环境调节**　美丽的风景使人心情愉悦，而肮脏的环境会使人烦躁。当情绪不好时可以选择一个环境优美的地方，在美丽的大自然中，心情自然而然地会得到放松。还可以去那些曾经开心过的地方，回忆会带你回到当初美好愉快的心境下。

（4）**认知调节**　人之所以有情绪，是因为对应激事件做出了不同的解释和看法，不同的人对事件有不同的归因风格，则对应产生不同的情绪反应。因此，可以通过改变认知来改变情绪，这就是著名的 ABC 理论。例如，当个体在为了某件事烦躁时，不妨试试对事情进行重新评价，换一个角度看问题，改变之前刻板的认知方式，往往会体验到不一样的情绪。

总之，良好的情绪调节能提高身心健康。如果情绪失调，会影响身心健康、学习生活。例如长期的考试压力容易引起肠胃不适，长此以往会引起焦虑，不调适压力就会加速病情的恶化。因此，学习情绪调节也是大学生的必修课。

第四节　意　志

意志力是心理学中的一个概念，是指一个人自觉地确定目的，并根据目的来支配、调节自己的行动，克服各种困难，从而实现目的的品质。意志力通常是指人们全部的精神生活，而正是这种精神生活在引导着人们行为的方方面面。当人们善于运用意志力去掌控自己时，就会产生某种决心，而人有决心就说明意志力在起作用。人的心理功能或身体器官对决心的服从，正说明了意志力存在的巨大力量。用意志力能帮助个体提高学习效率和工作效率，帮助其养成自律的习惯。

一、意志的基本过程

人的意志是通过行为表现出来的，受意志支配的行为称为意志行动。意志行动的基本过程包括采取决定阶段和执行决定阶段。

1. 采取决定阶段　是意志行动的初始阶段，它包括确定行动的目标，选择行动的方法并做出行动的决定。

2. 执行决定阶段　是意志行动的完成阶段，一方面它要求个体坚持执行预定的目标和计划好的行为程序，另一方面是制止和修改那些不利于达到预定目标的行动。

只有通过这两个阶段，人的主观目的才能转化为客观结果，主观决定才能转化为实际行动，实现意志行动。

二、意志的基本特征

意志过程需要个体在意识层面有明确的行为觉知，并受到个体主观愿望的明确支配与控制。意志的基本特征表现出意志与其他随意活动的关键区别。

1. 明确的目的性　是意志的首要特征。意志需要个体明确的意识参与，以及具有动力特征的意识努力的参与，这是意志活动的前提，也是区别随意行为的重要前提。

2. 与克服困难相联系　意志需要个体付出意志力努力去完成，这是意志活动的核心。

3. 以随意活动为基础　人的活动可分随意活动和不随意活动两种。不随意活动是指不以人的意志为转移的、自发的、控制不了的运动，主要是指由自主神经支配的内脏运动。随意活动是指可以由人的主观意识控制的运动，主要是由支配躯体骨骼肌的自主神经控制的躯干四肢的运动。意志行动是有目的的行动，这就决定了意志行动受人的主观意识调节与控制。

三、意志的品质

意志的品质是指构成人的意志的某些比较稳定的心理特征。意志品质是人格的一个组成部分，它具有明显的个体差异。

1. 自觉性　是指能主动地支配自己的行动，使其能达到既定目标的心理过程。与自觉性相反的有意志的动摇性、受暗示性、盲从、随波逐流、刚愎自用和独断性等。

2. 果断性　是指人善于明辨是非，迅速而合理地采取决断，并实现目的的品质。与果断性对立的是优柔寡断、患得患失和草率从事。

3. 坚韧性　是指一个人能长期保持充沛的精力，战胜各种困难，不屈不挠地向既定的目的前进的品质。与坚韧性相悖的品质是做事虎头蛇尾、见异思迁、急躁、轻浮、疑虑和执拗等。

4. 自制性　是指一种能够自觉地、灵活地控制自己的情绪和动机，约束自己的行动和语言的品质。与自制性相对立的是任性和怯懦，易冲动、易激惹、感情用事则是自制性差的表现。

四、意志力的培养

意志力是决策心理活动过程中重要的心理因素，是人的意识能动性的集中表现，在人主动变革现实的行动中表现出来，对行为有发动、坚持和制止、改变等方面的控制调节作用。作为大学生，良好的意志力是学习生活的基础。以下介绍几种培养意志力的方法。

1. 从小事开始锻炼自己的意志　培养意志力应该从小事做起，恰恰是小事能反映一个人的意志。高尔基曾说过："哪怕是对自己的一点小小的克制，也会使人变得刚强有力！"大学生处于掌握专业知识的关键阶段，对于身边的小事，要善于用来培养自己的意志。如以寝室卫生为例，做好日常的整理整顿，从细节抓起，持之以恒，这样才能培养自己的意志品质。

2. 运用学习来提高意志力 努力学习，掌握知识和技能，是大学生的首要任务。学习需要意志力，而学习也是锻炼意志力的方式。给自己树立一个目标，坚持学习，持之以恒，使自己的意志力得到提高。

3. 完成具有一定难度但在自己能力范围以内的任务 任务过于简单、容易，激不起克服困难的力量，没有锻炼意志的价值；而过于困难，无论如何努力也无法成功，则打击了自己的自信心，同样锻炼不了意志。为了培养锻炼意志，应有意识地去完成一些力所能及而又有一定难度的目标任务。例如，英语较差的同学，应该将成绩目标定在70分以上；基础较好的，则应该向85分以上看齐。所以，确定恰当的目标，完成有一定难度的任务，就可以达到锻炼意志的目的。

4. 坚持参加体育锻炼 体育锻炼是锻炼意志品质的好方法，如长跑，如果没有一定的意志力是很难坚持跑下来的，爬山、游泳、足球、俯卧撑、跳绳、篮球、围棋等，都对培养人的意志力有良好的效果。

第五节　人格发展

现实生活中存在着性格迥异的不同人群。如有人泼辣开朗，有人性情温柔；有人公而忘私，有人自私自利；有人冲动鲁莽，有人畏惧退缩；有人思维灵活，有人固执己见……所有这些差异的本质，往往体现在人格的差异上。人格是一种心理特性，它会在每个人的心理活动过程中表现出各自的独特风格。

一、人格的概念

人格是日常生活中经常使用的词汇。如"他具有健全的人格""他有高尚的人格"……这些描述包含了多重含义。人格（personality）源于个体自身的稳定行为方式和内部过程。一个人的人格表现在知、情、意等心理活动的各个方面，包括个人认知能力的特征、行为动机的特征、情绪反应的特征、人际关系协调的程度、态度和信仰的体系、道德价值的特征等。人格正是在个体先天生物学差异的基础上，在社会文化环境的影响下，通过个体不断社会性内化过程而逐渐形成起来的。

二、人格的特征

人格是一个具有丰富内涵的概念，其中包含了人格的多种本质特征。

1. 独特性与共同性 人与人之间的差异，不仅在于外貌长相，更在于人格特质的不同。所谓"人心不同，各如其面"，这也体现了人格的独特性。一个人的人格是在遗传、环境、教育等因素的交互作用下形成的，因此也铸就了不同的人格面。但是人格的独特性并不意味着人与人之间的个性毫无相同之处。人格也存在着一定的共性，这种共性是在一定的群体环境、社会环境、自然环境中逐渐形成的、具有稳定性和一致性，它制约着个人的独特性特点。

人格作为一个人的整体特质，既包括每个人与其他人不同的心理特点，也包括人与人之间在心理、面貌上相同的方面，如每个民族、阶级和集团的人都有一定共同的心理特点。因此人格是共同性与差别性的统一。

2. 生物性与社会性　在人格形成与发展中，既有生物遗传因素，也有社会因素的影响作用。个体的性格、智力和兴趣与父母有某些相似之处，这就表明人格在一定程度上受到生物遗传因素的影响。每个个体都处在特定的社会文化环境中，社会文化塑造了社会成员的人格特征，使其成员的人格结构朝着相似的方向发展，这种相似性具有维系社会稳定的功能。

3. 稳定性与可塑性　由各种心理特征构成的人格结构是比较稳定的，是个体从出生到后天的生活成长经历、家庭社会教育等长期综合影响的结果，它对人的行为的影响也是长期的、一贯性的，因此人格具有较强的稳定性。同时，强调人格的稳定性并不意味着它在人的一生中是一成不变的，随着生理的成熟和环境的变化，人格也有可能产生或多或少的变化，只是这种变化会比较缓慢，这是人格可塑性的一面。正因为人格具有可塑性，人格才能得以培养和发展。因此，人格是稳定性与可塑性的统一。

4. 整体性与功能性　人格由许多心理特征所组成，这些心理特征相互影响、相互制约而组成个体复杂的人格结构体系，使人的内心世界、个体动机与外显行为之间保持和谐一致。人格具有内在统一的一致性，受自我意识的调控，当一个人的人格结构在各方面彼此和谐统一时，他的人格就处于稳定的健康状态；否则，个体可能会出现适应困难，甚至出现人格障碍。同时，当一个人面对挫折时，人格稳定者会选择以解决困难为导向的积极应对，而人格不稳定者则可能会陷入负面情绪中，难以用积极的行动去解决困难，这些都是人格功能性的体现。

三、人格的心理结构

人格的内涵十分丰富，是一个复杂的结构系统，简单来说人格的心理结构主要包括倾向性、心理特征和自我调节系统。

1. 人格倾向性　是决定个体对客观事物的态度和行为的基本动力。是人格心理结构中最活跃的因素，主要是在后天社会化过程中形成。人格倾向性主要包含需要、动机、兴趣、理想信念和世界观等成分，且各种成分之间相互影响和相互制约。

2. 人格心理特征　是指个体心理活动中所表现出的比较稳定的心理特点，集中反映了人们心理活动的独特性。人格心理特征主要包含一个人的能力、气质和性格特点，是人们日常生活中最熟悉也是谈论最多的内容。

3. 自我调节系统　是人格中的内控系统，其核心是自我意识。自我调节系统是指个体对自己作为客体存在的各方面的意识，并通过自我感知、自我评价和自我分析、自我控制等对人格的各种心理成分进行调节和控制，能保障人格整体结构的完整、稳定、统一与和谐。

四、人格理论

人格是体现个体心理差异的主要变量，有着异常复杂的心理结构。心理学家对此进行了探索与研究，以下介绍三个主要的人格理论，分别是卡特尔特质理论、艾森克人格理论和大五人格理论。

1. 卡特尔特质理论　美国心理学家雷蒙德·卡特尔（R. B. Cattell）受化学元素周期表的启发，用因素分析的方法对人格特质进行分析，进而提出了人格特质的结构网络模型。该模型将人格划分为表面特质和根源特质，体质特质和环境特质，共同特质和个别特质，动力特质、能力特质和气质特质。

（1）表面特质和根源特质　表面特质是指从外部行为能直接观察到的特质，根源特质是指那些相互联系且以相同原因为基础的行为特质。表面特质和根源特质既可能是个别的特质，也可能是共同的特质，它们是人格层次中最重要的一层。

（2）体质特质和环境特质　在根源特质中可以再分为体质特质和环境特质两类。体质特质是由先天的生物因素决定，而环境特质则由后天的环境影响所决定。

（3）共同特质和个别特质　共同特质是指在某一社会文化形态下，大多数人或一个群体所共有的、相同的特质。例如在研究人格的文化差异时，会发现不同文化中的一些共同特质。个别特质是一个人相对稳定的思想和情绪方式，是其内部和外部可测量的一类特质。

（4）动力特质、能力特质和气质特质　动力特质是指具有动力特征的特质，它使人趋向某一目标；能力特质表现在知觉和运动方面的差异特质，包括流体智力和晶体智力；气质特质是决定一个人情绪反应速度与强度的特质。

卡特尔对人格特质理论的主要贡献在于提出了根源特质。1949年，卡特尔用因素分析法提出了16种相互独立的根源特质，这16种人格特质分别是乐群性、聪慧性、情绪稳定性、恃强性、兴奋性、有恒性、敢为性、敏感性、怀疑性、幻想性、世故性、忧虑性、激进性、独立性、自律性、紧张性。卡特尔认为在每个人的身上都具备这16种特质，只是在不同人身上这16种特质的表现程度具有个体差异。

同时，卡特尔根据这16种人格特质进一步编制了《卡特尔16种人格因素测验》（16PF）。16PF是卡特尔经过几十年的系统观察和科学实验，以及用因素分析统计法慎重确定和编制而成的一种精确的人格测验。这一测验主要针对16岁以上，且具有初三以上文化程度的人群用以测量16种人格特质的分布。该测验在国际上颇具影响，具有较高的效度和信度，广泛应用于人格测评、人才选拔、心理咨询和职业咨询等领域。

2. 艾森克人格理论　英国心理学家艾森克（H. J. Eysenck）认为人格是由两个基本维度构成，它们分别是外向-内向维度和情绪稳定-不稳定维度。他从这两个基本维度划分出了构成人格的32种基本特质，并以此与胆汁质、多血质、黏液质和抑郁质四种气质类型相对应，从而构成了著名的艾森克人格二维模型。多年后艾森克还提出人格的第三个维度即精神质维度，形成了后来的三因素人格模型，包括外倾性、神经质、精神质。艾森克依据这一模型编制了艾森克人格问卷（简称EPQ，1986）。

3. 大五人格理论　20 世纪 90 年代，在卡特尔 16 人格特质理论的基础上，一些心理学家继续提出了人格五因素模式，被称为"大五人格（Big Five Personality）"，作为人格研究的通用构架，并且得到业界的广泛认同和接受。该理论中的大五人格包括外向性、随和性、尽责性、神经质和开放性 5 个部分。

（1）外向性（extraversion）　表示人际互动程度、对刺激的需要及愉悦的能力。这个维度主要反映了个体的人际卷入水平和活动水平。外向性明显的人，表现出活泼热情，喜欢与人互动，善于自我表达，时常能感受和传递出积极情绪等。

（2）随和性（agreeableness）　主要包括信任、利他、直率、谦虚、移情等品质。随和性考察个体对其他人所持的态度，这些态度一方面包括与人亲近、有同情心、能信任他人、宽容和心软等，另一方面也包括敌对、愤世嫉俗、复仇心重与无情等。

（3）尽责性（conscientious）　主要包括胜任、公正、条理、尽职、成就、自律、谨慎、克制等特点。尽责性指控制、管理和调节自身冲动的方式，评估个体在目标导向行为上的组织、坚持与动机。反映个体自我控制的程度及延迟需求满足的能力。

（4）神经质或情绪稳定性（neuroticism）　主要包括焦虑、敌对、压抑、自我意识、冲动、脆弱等特质。神经质反映个体情感调节过程、个体体验消极情绪的倾向和情绪不稳定性。高神经质性对应表现出情绪的稳定性较差。

（5）开放性（openness）　主要指具有想象、审美、情感丰富、求异、创造、智慧、直率、思路开阔等特征。主要反映个体对新事物的接纳程度、适应能力、主观情绪倾向等。

五、人格形成的影响因素

人格如此复杂，人格又是如何形成的呢？这是一个从古至今令心理学家们争论不休的话题。但概括说来，学者们普遍认为人格是在遗传与环境的交互作用下逐渐形成并发展的。其中，许多因素都在共同影响着人格的形成。

1. 遗传的影响　所谓遗传，是指上一代染色体中包含的遗传性状传给下一代的现象。遗传包括种系遗传和个体遗传两种。其中，个体遗传主要决定了一个人的身体素质。而身体素质主要从一个人的外表和身体的功能对人的个性产生影响。人的容貌、体形的好坏对人的个性会产生直接影响。身体外部条件比较好的人容易产生愉快、满足之感，这种自豪感容易使人形成积极正向的个性；反之，身体外部条件不好的人，则容易形成一种心理压力，产生一种自卑感，这种自卑感长久持续，容易使人形成消极的个性。

2. 教养环境的影响　教养环境主要是指个体从出生起就受到来自周围养育环境的影响，包括来自家庭、学校和社会的影响。家庭因素对人格的影响，是指家庭的经济与政治地位、父母的文化素养和言行、家庭成员之间的互动关系等，这些因素对一个人的人格形成和发展有重大影响，也主要构成了个体早期的童年经验。俗话说"父母是孩子的第一任老师""有其父必有其子"，形象地说明了家庭因素对人格的影响。

学校教育对人的人格形成，特别是人对社会、事业、人的看法和态度的形成，对人的世界观、人生观、道德理想、奋斗目标的确立，均具有重要意义。学校对人的影响不同于家庭和一般社会环境，不是偶然的、临时的，而是系统的、有目的、有计划地进行着。学校关于文化知识、思想品质、行为规范的教育对学生良好人格的培养都有至关重要的影响，这些影响主要来自课堂教学、课外活动、班集体的风貌、师生关系与同学关系等。

社会和社会实践对人格培养和发展的影响作用也不容忽视，甚至是一种不可抗力的影响。因为每个人总是成长在特定的社会时代背景下。一个人从家庭、学校到最终走上社会，为了适应日益扩大的生活领域和人际交往，在反复学习担当各种新角色、新工作时，会不由自主地形成和改变着某些个性特征。职业的种类、劳动报酬、荣誉、与领导和同事的关系等都会对个性的变化发挥重要作用。

3. 社会文化的影响　每个人都处在特定的社会文化环境中，文化对人格的影响极为重要。社会文化塑造了社会成员的人格特征，使其成员的人格结构朝着相似的方向发展，这种相似性具有维系社会稳定的功能，又使得每个人能稳固地"嵌入"整个文化形态里。因此社会文化对人格具有塑造功能，同时还表现在不同文化的民族有其固有的民族性格。例如中华民族是一个勤劳勇敢的民族，这里所谓"勤劳勇敢"的品质便是中华民族共有的人格特征。不同的国家和地区有具体的文化特征，如不同的语言、不同的道德理想、不同的价值观念、不同的生活方式。这些都会在个体的人格上打上不同的烙印。

4. 自然物理的影响　生态环境、气候条件、空间拥挤程度等物理因素也会影响到人格的形成与发展。例如，长期生活在大草原上的人和长期生活在江南水乡的人，其凸显的人格特征会出现明显的差异性。但学者们普遍认为自然环境对人格不起决定性的作用。在不同的物理环境中，人可以表现出不同的行为特点。

除上述这些因素外，年龄也会对人格产生影响。不同的年龄段，个性会有明显的区别，这与人的思想发展、认识面扩大、经验的积累等有关。总之，一个人的人格是在各种内外因素的综合影响下形成和发展的。

第六节　心理的生物与社会基础

随着人们对心理现象不断深入的研究，心理学家逐渐发现人的心理现象的发生有其特殊的生物遗传特征作为物质基础，也同时受到个体生长的社会环境所制约和影响。正是在生物基础和社会环境的协同作用下，人的心理现象逐渐出现了明显的个体差异。同时通过改变个体的机体状态和环境影响，可以有效地对其心理状态产生不同的干预作用。

一、心理的生物基础

由于人的心脏和人的生命的存亡有直接关系，人在高兴或悲伤时，心脏都有特殊的反应，因此有人认为，心脏是产生心理活动的器官。近 30 年以来，各种现代技术的突飞猛进，终于认识到心理是神经系统的功能，特别是脑的功能。这个来之不易的成果归功于神经科学、认知科学、电生理学和生物化学等的飞速发展，使人们对神经系统的结构和功能有了很多崭新的认识，这对现代心理学的发展产生了深刻的影响。

（一）神经元

神经元（nerve cell）即神经元细胞，是神经系统最基本的结构和功能单位。神经元分为细胞体和突起两部分（图6-27）。细胞体由细胞核、细胞膜、细胞质组成，具有联络和整合输入信息并传出信息的作用。突起有树突和轴突两种。树突短而分枝多，直接由细胞体扩张突出，形成树枝状，其作用是接受其他神经元轴突传来的冲动并传给细胞体。

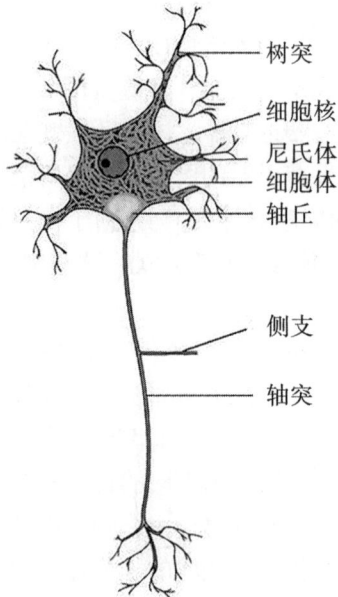

图6-27　神经元的结构

1. 神经胶质细胞　简称胶质细胞，是神经组织中除神经元以外的另一大类细胞，也有突起，但无树突和轴突之分，广泛分布于中枢和周围神经系统。在哺乳类动物中，神经胶质细胞与神经元的细胞数量比例约为10：1。在中枢神经系统（CNS）中的神经胶质细胞主要有星形胶质细胞、少突胶质细胞（与前者合称为大胶质细胞）和小胶质细胞等。传统认为胶质细胞属于结缔组织，其作用仅是连接和支持各种神经成分，其实神经胶质细胞还起着分配营养物质、参与修复和吞噬的作用，在形态、化学特征和胚胎起源上都不同于普通结缔组织。

2. 神经冲动（nerve impulse）　是指沿着神经纤维传导的兴奋或动作电位。神经纤维在静息状态时，膜外为正，膜内为负，膜内外电位差为 -70mV。当神经纤维某部分受刺激而兴奋时，膜外电位降低，膜内电位升高，膜内外电位差减少，称为去极化；去极化继续发展，膜内电位升至 +30mV，称为反极化；之后膜内电位迅速回降并逐渐恢复至静息水平，称为复极化。去极化和反极化发生的电位变化是动作电位的上升相，反极化至复极化过程是动作电位的下降相。

（二）神经系统

神经系统（nervous system）是由神经元构成的一个非常复杂的功能系统。由于结构和功能的不同，其分为外周神经系统（peripheral nervous system）和中枢神经系统（central nervous system）两个部分。

人脑是由 100 亿个以上的神经细胞和 1000 亿个以上的神经胶质细胞组成，每个神经细胞又可能与其他神经细胞存在 1 万亿以上的联系，形成了复杂的神经网络。据科学家推算，大约在 7 亿年前地球上出现了第一个脑细胞，在 3 亿 5 千万年前出现了第一个类人脑。神经系统和脑的进化，为心理现象的产生和发展奠定了物质基础。

从单细胞动物到多细胞动物，是动物进化史上的一个飞跃。从多细胞动物开始，动物身体的各部分为适应环境的变化而逐渐分化。低等多细胞动物为了某些特殊功能，逐渐集中分化成专门的感觉器官和运动器官，这样就借助于神经系统联合成为一个整体。大脑皮层是整个神经系统的最高部位，是动物全部心理活动的最重要的器官，是动物复杂行为的最高指挥中心。由于脑的不同部位功能的分化，特别是大脑皮层的结构和功能的复杂化、完善化，使哺乳动物的心理和行为发展到更高的水平。

心理发展的水平是由神经系统的发展水平所决定的。无机物和植物没有心理；无脊椎动物的心理现象非常简单，像环节动物只有一条简单的神经索，它们只具有感觉的心理现象，只能认识事物的个别属性；脊椎动物有了脊髓和大脑，它们有了知觉的心理现象，能够对事物外部的整体加以认识；灵长类动物，像猩猩、猴子，大脑有了相当高度的发展，它们能够认识事物的外部联系，有了思维的萌芽，但是还不能认识到事物的本质和事物之间的内部联系；到了人类，发展出高级的大脑，才认识了事物的内部联系和规律。

1. 外周神经系统 由脑神经、脊神经和自主神经等组成，其功能是将外周感受器和中枢神经系统连接起来。

（1）脊神经 共有 31 对，每对脊神经均由与脊髓相连的前根和后根在椎间孔汇合而成。前根主要是运动性纤维，由位于脊髓灰质前角细胞发出的运动纤维、侧角和内交感性内脏运动纤维组成。在第 2、3、4 骶神经前根内有来自脊髓灰质中间带细胞的副交感性内脏运动纤维。前角细胞的轴突分布到骨骼肌，侧角和骶部交感和副交感细胞的轴突分布到内脏、心肌、血管平滑肌和腺体。脊神经具有 4 种不同的功能成分，即一般躯体感觉纤维、一般内脏感觉纤维、一般躯体运动纤维、一般内脏运动纤维。

（2）脑神经 与脑相连，共 12 对，按出入颅腔的前后顺序，分别为嗅神经、视神经、动眼神经、滑车神经、三叉神经、外展神经、面神经、前庭蜗神经、舌咽神经、迷走神经、副神经和舌下神经各 1 对。除嗅神经连于大脑的嗅球、视神经连于间脑视交叉外，其余 10 对均与脑干相连。12 对脑神经中，嗅神经、视神经和前庭蜗神经是纯感觉成分，将嗅觉、视觉、听觉冲动传向中枢；动眼神经、滑车神经、外展神经、副神经、舌下神经是运动性成分，把中枢的信息传给感受器；三叉神经、面神经、舌咽神经、迷走神经则既有感觉成分，又有运动成分，是混合性神经，其中运动性神经支配眼肌、表情肌、舌肌、咀嚼肌，也有支配平滑肌、心肌和腺体的。同时，如果脑神经损害，会产生许多病症。

（3）自主神经　包括交感神经和副交感神经。

①交感神经：是自主神经系统的一部分。由脊髓胸1至腰2或腰3节段的灰质中间外侧柱发出节前神经元，经过脊髓神经前根，从相应节段的白交通支进入椎旁交感神经链，并在链内上行或下行，与链内或链外神经节内的节后神经元发生突触联系，节后神经元随相应的脊神经走行至末梢，支配心脏血管、腹腔内脏、平滑肌及腺体等，以调节这些组织器官的功能活动。刺激交感神经，可引起心肌收缩力加强、心跳加速、腹腔内脏及皮肤末梢血管收缩、新陈代谢亢进、瞳孔散大、疲乏的骨骼肌工作能力增加等。

②副交感神经：是自主神经系统的一部分。由脑干的某些核团及脊髓骶段的灰质中间外侧柱发出节前神经元，混合于脑神经（主要为面神经、舌咽神经及迷走神经）或脊神经中行走，到达器官内或器官旁，与副交感神经节中的节后神经元发生突触联系，随后节后神经元分布于内脏器官、平滑肌和腺体，并调节其功能活动。刺激副交感神经可引起心跳减慢、胃肠蠕动增强、括约肌松弛、瞳孔缩小、腺体分泌增加等。人体内大多数组织器官均受到副交感神经与交感神经的双重支配，在功能上起拮抗作用，但从整体上看，是在大脑皮层管理下使内脏活动相互协调和相互促进。

2. 中枢神经系统　包括脊髓和脑。脑在颅腔内，脊髓在脊柱中。两者通常以椎体交感交叉的最下端和第1颈神经的最上端为界。

（1）脊髓（spinal cord）　是中枢神经系统的低级部位，位于脊椎管内。脊髓有两个膨大：颈膨大位于脊髓上部，自颈髓第4节段至胸髓第1节段，由此发出的神经支配上肢；腰骶膨大位于脊髓下部，自腰髓第2节段至骶髓第3节段，由此发出的神经支配下肢。这两个膨大的形成，与四肢的出现有关，由于此处脊髓内部神经元的增多所致。

脊髓的主要作用：脊髓是脑和周围神经的桥梁。来自躯体和四肢的各种刺激，只有经过脊髓才能传到脑，输送到脑进行分析和综合；而脑发出的信号也须经过脊髓才能支配对应的器官。同时，脊髓能完成简单的反射活动，如膝跳反射、跟腱反射等，这些反射在正常情况下，不受脑的支配作用。

知识链接

测测膝跳反射

当叩击髌骨下方的股四头肌肌腱时，可使股四头肌发生一次快速的收缩，出现小腿伸直的现象，称为膝跳反射。请你的同桌坐在桌子上，双脚悬空，或者坐在椅子上跷二郎腿，使其悬空即可，然后用你的手掌横向敲击其膝盖髌骨下面的位置，可看到引起其小腿的伸直反应。

（2）脑干（brainstem）　位于大脑下方，脊髓和间脑之间，是中枢神经系统的较小部分，呈不规则的柱状形。脑干自下而上由延脑、脑桥、中脑3个部分组成。

①延脑（medulla）：是指脊髓上面延伸至脑的部分，里面的神经核可作为调节心跳速率、呼吸频率、血管收缩（控制血压）、吞咽、咳嗽、呕吐、打喷嚏和打嗝的反射中枢。人的生理功能中枢（包括心跳呼吸的生命中枢）正是位于延脑。

②脑桥（pons）：位于中脑与延脑之间。脑桥的白质神经纤维通到小脑皮质，可将神经冲动自小脑一半球传至另一半球，使之发挥协调身体两侧肌肉活动的功能。脑桥是中枢神经与周围神经之间传递信息的必经之地；同时，它对人的睡眠具有调节和控制的作用。

③中脑（midbrain）：位于脑桥之上，恰好是整个脑的中点。中脑是视觉与听觉的反射中枢，凡是瞳孔、眼球、肌肉等活动，均受中脑的控制。中脑具有对光反射功能，还具有调节肌紧张、调节随意运动及进行翻正反射活动的功能。

（3）间脑（diencephalon） 位于中脑之上，是两大脑半球之间的脑组织，界于端脑与中脑之间，左右各一。间脑一般被分成丘脑、丘脑上部、丘脑下部、丘脑底部和丘脑后部 5 个部分。

①丘脑（thalamus）：位于中脑和大脑半球之间，左右各一，位于第三脑室的两侧。除嗅觉以外，所有来自外界感官的输入信息，都通过丘脑传向大脑皮层。丘脑不仅是感觉的转换站，也是一个复杂的分析整合中枢，下丘脑是较高级的调节内脏及内分泌活动的中枢。丘脑对控制睡眠和觉醒有重要作用。

②下丘脑（hypothalamus）：是调节交感神经和副交感神经的主要皮下中枢，对维持体内平衡和控制内分泌腺的活动有重要意义。下丘脑内存在所谓的"防御反应区"，它主要位于下丘脑近中线两旁的腹内侧区。在动物麻醉的条件下，电刺激该区可获得骨骼肌的舒血管效应（通过交感胆碱能舒血管纤维），同时伴有血压上升、皮肤及小肠血管收缩、心率加速和其他交感神经性反应。在动物清醒的条件下，电刺激该区还可出现防御性行为。在人类，下丘脑的疾病也往往伴随着不正常的情绪反应。

（4）小脑 属于脑的一部分，位于大脑的后下方，颅后窝内，延髓和脑桥的背面。其可分为中间的蚓部和两侧膨大的小脑半球。小脑是运动的重要调节中枢，有大量的传入和传出联系。大脑皮质发向肌肉的运动信息和执行运动时来自肌肉和关节等的信息，都可传入小脑。小脑经常对这两种传来的神经冲动进行整合，并通过传出纤维调整和纠正各有关肌肉的运动，使随意运动保持协调。此外，小脑在维持身体平衡上也起着重要作用。它接受来自前庭器官的信息，通过传出联系，改变躯体不同部位肌肉的张力，使肌体在重力作用下作加速或旋转运动时保持姿势平衡。近年来的一些研究成果表明，小脑在某些高级认知功能中有重要作用，小脑功能缺陷还可能导致口吃、阅读困难等。

（5）边缘系统 在大脑内侧面最深处的边缘有一些结构，它们组成一个同样的功能系统，叫做边缘系统。这些结构主要包括海马结构、海马旁回及内嗅区、齿状回、扣带回、乳头体及杏仁核。边缘系统的作用是使中脑、间脑和新皮层结构之间发生信息交换。通过与下丘脑及自主神经系统的联系，边缘系统参与调解本能和情感行为，其主要的作用是维持自身生存和物种延续。此外，海马结构还对学习过程和记忆发挥着突出作用。因此，如果海马结构或与之功能联系的结构受损，则可能导致遗忘综合征。

（三）大脑

大脑主要包括左、右大脑半球，两半球通过胼胝体相连，是中枢神经系统的最高级部分。每侧大脑半球借中央沟、大脑外侧裂、顶枕裂，分为额叶、顶叶、颞叶、枕叶、岛叶及边缘叶，胼胝体周围为边缘叶。在中央沟的前方和后方分别有中央前回和中央后回。大脑半球深部是基底神经节，主要包括豆状核和尾状核，合称为纹状体。人的大脑由 140 亿个脑细胞组成，每个脑细胞可生长出 2 万个树枝状的树突。大脑是各种心理活动的主要中枢。

1. 大脑皮层的分区及功能　根据研究结果，可以把大脑皮层分为几个功能区域，分别是初级感觉区、初级运动区、联合区。

（1）*初级感觉区*　包括听觉区、视觉区和机体感觉区。它们分别接受来自耳朵的声音刺激、来自眼睛的光刺激及来自皮肤表层和内脏的各种刺激等。它们是接收和加工外界信息的区域。此区感觉有定位明确、分工精细的特点。

（2）*初级运动区*　即布鲁德曼第 4 区。其主要功能是发出动作指令，支配和调节身体在空间的位置，越能进行敏捷运动的部位则该区所占的范围越大。

（3）*联合区*　是具有整合或者联合功能的一些脑区。联合区不接受任何感觉系统的直接输入，从这个脑区发出的纤维也很少直接投射到脊髓支配身体各部分的活动。根据联合区在皮层上的分布与功能，可分为运动联合区、前额联合区和感觉联合区。

2. 大脑两半球的一侧优势　初看起来，脑的两半球非常相似。但实际上两半球在结构和功能上存在着显著的差异。例如右利手的人，言语功能主要定位在左半球，负责言语、阅读、书写、数学运算和逻辑推理等，而知觉物体的空间关系、情绪、欣赏音乐和艺术等则定位于右半球。这种差异称为大脑半球的一侧优势化。

从功能上说，在正常情况下，大脑两半球是协同活动的，进入大脑任何一侧的信息会迅速地经过胼胝体传达到另一侧，做出统一的反应。切断胼胝体是为了防止癫痫病的恶化，使病变不致由脑的一侧蔓延到另一侧。由于胼胝体被切断，两半球的功能也被人为地分开了。每个半球只对来自身体对侧的刺激做出反应，并调节对侧身体的运动。割裂脑研究说明，大脑两半球具有不同的功能。语言功能主要定位在左半球，与言语、推理、理智的和分析的思维相联系；而知觉物体的空间关系、直觉的思维、情绪、欣赏音乐等艺术定位在右半球。

知识链接

割裂脑研究案例

一名进行过割裂脑手术的男性被试坐在一种带有左右两个显像屏幕的测试装置的屏幕面前，屏幕挡住了被试的视线，使他看不见自己的手。他的视线注视着屏幕中央的一个点，然后在屏幕的左侧快速闪现一个单词"螺母"（nut）。这时词的视觉形象将投射在脑的右侧。结果发现，被试用左手很容易从看不见的物体中把螺母拿出来，但不能说出在屏幕上短暂呈现的单词是什么，原因是语言是由左半球控制的，而螺母的视觉形象

没有传送到左半球。当询问被试时，裂脑患者似乎没有觉察到他的左手在做什么。（实验来源：Gazzaning，1967）

值得注意的是，大脑两半球的一侧化功能并不是绝对的。近年来许多研究发现，右半球在语言理解中发挥同样的重要作用。在加工复杂的句子时，右半球的激活强度并非不激活，只是强度低于左半球。

（四）脑功能的各种学说

心理是脑的功能。脑是如何产生心理的？心理的功能又是怎样的？前人的研究形成了重要学说，分别是定位说、整体说、功能系统学说、模块说、神经网络学说。

1. 定位说 19 世纪初德国医生、神经解剖学家加尔（F. J. Gall）和他的学生施普尔茨海姆（J. C. Spurzheim）提出了颅相说（phrenological theory）。加尔认为颅骨突出表示下面的皮层发育完好，有很好的能力；而颅骨凹陷表示脑的皮层发育不足，能力较差。同时，他认为大脑皮层分成许多独立的功能区域，每个功能都有对应的颅骨特征和位置，各司其职。这种观点被称为颅相学。颅相学遭到学术界一些科学家的强烈反对，其中最著名的反对者是法国科学家弗卢朗（Marie-Jean Pierre Flourens，提出大脑皮层功能等势说）。弗卢朗认为加尔和施普尔茨海姆的研究在方法学上不严格，因而其学说没有可靠的事实根据。但不可否认的是，颅相学推动了脑功能定位的研究。

真正的定位说开始于对失语症患者的临床研究。1825 年波伊劳德（Jean Baptiste bouillaud，1791—1881）提出语言定位于大脑额叶。1861 年布洛卡（Paul Broca，1842—1880）接待了一位失语患者。这位患者右侧身体瘫痪，只能说 "tan"，而智力的其他方面正常。在患者去世后，尸检结果表明，患者的左侧额叶受到损伤。

20 世纪四五十年代，加拿大一名医生用电刺激法研究颞叶时发现，微弱的电刺激能使患者回忆起童年的某些事情。这说明记忆的功能定位可能在颞叶。另外，有研究发现，海马与记忆有关，杏仁核与情绪有关，下丘脑与进食和饮水有关，这些发现都符合脑功能的定位学说。

2. 整体说 在定位说盛行之际，另一些学者提出了整体说（wholistic theory）。19世纪中叶，法国生物学家弗罗伦斯（Pierre Flourens，1794—1867）采用局部毁损法，切损动物脑的一部分，然后观察动物的行为表现。结果发现，在切除小块皮层后，动物开始很少运动，但随着时间推移，动物能逐渐康复到正常水平。所以整体说认为不存在皮层功能的定位假说，功能的丧失与皮层切除的大小有关，而与特定的部位无关。

20 世纪中叶，整体说重新引起人们的注意。最著名的代表人物是美国生理心理学家拉什利（Karl Spencer Lashley，1890—1958）。20 世纪初，拉什利采取脑毁损技术对白鼠进行了一系列走迷宫的实验。结果发现，在大脑损伤之后，动物的习惯形成出现了很大障碍，这种障碍与脑损伤的部位无关，而与损伤面积的大小有密切关系（平均相关系数为 0.75）。由此，拉什利引申出了两条重要的原理。按照均势（equipotentiality）理论，大脑皮层的各个部位几乎以均等的程度对学习发生作用；按照总体（mass action）活动原理，大脑是以总体发生作用的，学习活动的效率与大脑受损伤的面积大小成反比，而与受损伤的部位无关。

3. 功能系统说　是由苏联心理学家鲁利亚提出的。由于此学说的提出正值第二次世界大战，鲁利亚团队对因战争而造成大脑损伤的患者进行了大量临床观察和功能恢复训练。根据对患者的训练，他提出将定位说与整体说整合起来，认为脑既分工又有一定的整体性，大脑皮层的定位是一种动态的和系统的功能定位。

鲁利亚把脑分成三个互相紧密联系的功能系统。①第一功能系统：是调节激活与维持觉醒状态的功能系统，也叫动力系统。由脑干网状结构和边缘系统等组成。其功能是维持大脑皮层的一般觉醒状态。②第二功能系统：是信息接受、加工和存储系统。定位在枕叶、颞叶、顶叶及相应的皮层下组织。其功能是接受机体来自内外的各种刺激，实现对信息的空间和时间的整合，并把它们保存起来。③第三功能系统：是编制行为程序、调节和控制行为的系统，也称为行为调节系统。包括额叶的广大脑区。其功能是产生活动意图，形成行为程序，实现对复杂行为形式的调节与控制。鲁利亚认为，人的各种行为和心理活动是三个功能系统相互作用、协同活动的结果，其中每个功能系统又起着各自不同的作用。

4. 模块说　认为人脑在结构和功能上是由高度专门化并相对独立的模块组成。这些不同的模块复杂而巧妙的结合，是实现复杂而精细的认知功能的重要基础。模块理论认为人脑所形成的功能模块是一种快速、特异的信息过程。脑是由在神经系统的各个水平上进行活动的子系统以模块形式组织在一起，复杂的心理能力是大脑中许多离散的特异区域功能的产物。认知神经科学的研究成果支持了模块学说。例如，猴子的视觉与 31 个脑区有关；颜色、运动和形状知觉是两个大的功能模块，它们都是视觉的神经基础；有些失语症患者不能对有生命的东西进行分类，特别是动物，而对非生命的东西或人造物的识别能力依然相对完好。

5. 神经网络学说　认为各种心理活动，特别是一些高级复杂的认知活动，是由不同脑区协同活动构成的神经网络来实现的，而这些脑区可以经由不同神经网络参与不同的认知活动，并在这些认知活动中发挥不同的作用。正是由这些脑区组成的动态神经网络，构成了各种复杂认知活动的神经基础。例如，我们在阅读单词时，这些词的视觉信息在视觉系统得到登记后，然后经过角回转化为听觉代码，再由威尔尼克区接收并理解这些信息，进而传到布洛卡区，再由布洛卡区控制运动皮层，从而念出来这个词。

同时，近年来随着神经成像分析技术的发展，研究者可以精确分析不同脑区的特定功能，并且能有效分析不同脑区的功能联结，从而揭示出不同神经网络在执行特定认知功能中的作用。

（五）内分泌系统

内分泌系统指全身内分泌腺而言，是神经系统以外的另一个重要的功能调节系统。内分泌系统可分为两大类：一是在形态结构上独立存在的肉眼可见的器官，即内分泌器官，如垂体、松果体、甲状腺、甲状旁腺、胸腺及肾上腺等；二是分散存在于其他器官组织中的内分泌细胞团，即内分泌组织，如胰腺内的胰岛、睾丸内的间质细胞、卵巢内的卵泡细胞及黄体细胞。内分泌系统作为一种整合性的调节机制，对人类活动有很大的影响，可以影响人体的发育、一般的新陈代谢、心理发展、第二性征的发展、情绪行为和有机体的化学合成。部分内分泌器官及组织参与人类性活动，对人类性活动影响较大，如性腺所分泌的性激素，是人类性活动的物质基础。

1. 甲状腺 能控制使用能量的速度、制造蛋白质、调节身体对其他荷尔蒙的敏感性。甲状腺分泌的甲状腺素能促进机体代谢功能，增进机体发育过程。甲状腺分泌旺盛，会使人食欲大增，情绪变得暴躁，过分紧张；相反，甲状腺分泌不足，则使人精神迟钝、记忆减退、容易感受到疲劳、令人消瘦。

2. 副甲状腺 是偶见于甲状腺左、右侧叶附近独立存在的甲状腺组织。副甲状腺分泌的激素对保持血液和细胞内钙的浓度有重要作用。副甲状腺分泌不足，会使人反应迟钝，肢体运动不协调。

3. 肾上腺 是人体相当重要的内分泌器官，位于两侧肾脏的上方，左右各一，共同为肾筋膜和脂肪组织所包裹。肾上腺分泌的肾上腺激素的主要作用是兴奋交感神经，促使血压升高、心率加快、胃肠肌肉松弛、瞳孔放大等，因此对有机体应对突发事件有重要作用。当一个人遭遇意外的应激状态，体内的肾上腺素会显著增高。

4. 脑垂体 位于丘脑下部的腹侧，为一卵圆形小体。脑垂体是身体内最复杂的内分泌腺，所产生的激素不但与身体骨骼和软组织的生长有关，且可影响内分泌腺的活动。垂体可分为前叶、中叶和后叶三部分。前叶分泌生长激素、促性腺激素、促甲状腺激素、促肾上腺素等；中叶分泌黑色素细胞扩散素，作用于皮肤的色素细胞；后叶分泌血管升压素、子宫收缩素、抗利尿素。因脑垂体分泌的激素较多，并能控制多种不同的内分泌腺，因此在内分泌中具有"主腺体"（起控制作用的主要腺体）的称呼。

5. 性腺 主要指男性的睾丸、女性的卵巢。睾丸可分泌男性激素睾酮，其主要功能是促进性腺及其附属结构的发育及副性征的出现，还有促进蛋白质合成的作用。卵巢可分泌雌性激素和孕激素（或称黄体酮）。雌性激素的主要作用是促进女性生殖器官的生长发育，促进女性第二性征的出现等；孕激素的主要作用是促进子宫内膜在雌性激素作用的基础上继续生长发育，为受精卵着床在子宫里做准备。

二、心理的社会基础

每个人都生活在社会中，我们生活的社会是一个怎样的社会，往往决定着我们的行为选择。社会文化环境对人的影响，是通过各种直接和间接的方式进行的。在心理学概念中，社会化（socialization）是人与社会交互作用的结果，是个体在特定的社会文化环境中，学习和掌握知识、技能、语言、规范、价值观等社会行为方式和人格特征，适应社会并积极作用于社会、创造新文化的过程。个体自身因素与社会环境因素的交互作用，不断地推动着个体的社会化，没有固定不变的模式，必须随着社会的发展而发展。因此，社会化是一个不间断的终生持续的过程，是需要人的一生来完成的任务。

（一）人类社会行为的基础

1. 遗传与环境的作用 在人类发展过程中，遗传与环境到底起什么作用？这是心理学家们孜孜不倦争论的话题。亚里士多德认为意识和自由意志是区别是人类和动物的关键，但是这个观点大大低估了遗传对于人类心理活动的重要性。与之持有相反观点的心理学家麦独孤强调基于遗传的本能因素对人类的心理活动和社会行为有重要作用。同时，弗洛伊德的本能理论认为人的一切动机和性本能冲动有关。随着心理学的进一步发展，人们逐渐认识到环境与遗传共同决定着人类的心理与行为。

2. 环境对人类社会行为的影响 从行为主义观点出现以来，环境对人类心理与行为的影响被众人所认可，人们逐渐从很多方面论证了后天环境对人类的心理与行为发展的影响机制。

（1）家庭环境 家庭是个体人格成长与社会发展的第一环境，也是个体主要受教育的场所。不同的家庭教养方式对个体的心理发展有着不可取代的基础性影响。

（2）文化环境 与生物进化一样，文化对个体的心理与行为发展具有进化作用。文化环境的影响是以文化与社会规范的形式表现出来。人的成长离不开社会与文化环境，文化不仅向个体的发展提供目标与内容，且社会化本身也是文化影响个体的过程。

3. 遗传与环境的相互作用 遗传与环境对人的影响作用是不可分割的。遗传提供生理上的基础，而环境提供发展上的空间，二者彼此协同，共同促进了人的发展，影响着人的发展。双生子研究和收养研究均是支持遗传与环境交互作用观点的代表。

（二）文化对人的塑造与影响

文化是人类所特有的一种社会文明，不同的时代产生出了不同的社会文化。人总是生活在某一特定时代背景下的文化氛围之中，并不可避免地受到不同文化的影响或塑造。因此，心理学家逐渐认识到文化对人的成长和发展具有潜移默化、难以抵挡的影响。

1. 文化的概念 文化（culture）的概念可分为狭义和广义两种。广义的文化是指人类所创造出来的一切物质产物和精神产物的总和；而狭义的文化仅指人类所创造出来的精神产物，包括语言、文学、艺术及意识形态等。文化心理学是研究心理与文化之间相互影响的关系的学科，它主要解释文化与心理之间的整合机制。

2. 人类文化与心理 人类创造了自己的文化，又把自己置身于某种特定的社会文化之中，它是人类心理和行为产生的决定性条件。人类文化关注的是社会文化的特征及其运作方式。人置身于某种社会文化之中，在思想、语言、意识等方面会受到无形的影响，也构成了人们的心理活动内容，并表现在个体的行为之中。因此，同一种文化下，一个群体具有某些趋同的心理和行为特征。

3. 民族文化与心理 民族文化（national culture）是一个民族在其历史发展过程中世代积累起来的文化，是本民族所创造的一切文明成果的总和。民族文化主要包括物质文化和精神文化两个层面，其中物质文化层面包括服装、居住、饮食、交通工具等方面，精神文化层面包括思想、哲学、文学、艺术、风俗习惯等方面。民族文化心理学以不同民族文化下人们的心理与行为方式的异同为研究对象，探讨这些异同的文化背景及心理含义。民族文化是一个民族赖以生存的精神家园。民族文化是民族心理形成的源泉。

（三）各学派的心理发展观

从 19 世纪末到 20 世纪 60 年代，心理学各个理论流派如雨后春笋般发展起来。其中最有代表性的流派是精神分析、行为主义和人本主义。

1. 精神分析学派的心理发展观　弗洛伊德作为精神分析学派创始人，强调人的生物性本能，尤其是性本性。他认为所有心理发展都是这种本能发生变化的结果，本能是人格的推动因素，是心理发展的动力。弗洛伊德从内在动力的思路对人类的人格与心理发展进行分析，但他过度强调本能论，忽视了外在的社会因素对人格发展的影响。后来，阿德勒用补偿作用、权利意志、生活风格和社会兴趣等外部社会因素解释人格的成长与发展。安娜·弗洛伊德强调自我发展对人的心理与行为发展的意义。

2. 行为主义者眼中的心理与社会　行为主义是最强调外部环境对人类行为影响的学派，正如行为主义代表华生所言："给我一打健康的婴儿，我能够把他们培养成为我任意选定的人——医生、律师、艺术家或者小偷。"华生宣称心理内容并不是心理学的必需成分，预测并控制行为才是心理学的真正目的。

3. 人本主义心理学的心理发展观　人本主义心理学由马斯洛创立，罗杰斯作为代表，在批评精神分析和行为主义的基础上，强调人的整体性，认为人的价值、尊严及自我实现才是人一生发展的根本动力。其中马斯洛需要层次理论和自我实现理论影响广泛。马斯洛把人的需要分为生理的需要、安全的需要、归属与爱的需要、尊重的需要和自我实现的需要，并用这个理论反映了他对完美人格的渴望。人本主义心理学更多地强调个体的成长与发展，以及个体内在因素的调动和潜能的激发。

第七节　生命周期与心理健康

一、人生全程心理发展

人的一生经历着无数的变化。从婴儿成长为儿童，又从儿童成长为青少年、成年和老年。人的发展过程包括生理发展、认知发展和社会性发展。中国古代著名的思想家、教育家，儒家学派创始人孔子将人生阶段分为十五岁"志于学"、三十"而立"、四十"不惑"、五十"知天命"、六十"耳顺"及七十"从心所欲，不逾矩"。孔子所说的人生发展，主要是指思想境界逐步提高的过程。从心理学的视角，如何来解释在人的一生中不同的人生阶段个体的身心发展变化？

（一）个体发展

1. 各年龄阶段的身心发展特点 在人的一生中，个体身心特征的发展是连续的一个过程，但又可以分为不同的阶段。个体发展到了一定的年龄阶段，表现出相应的特征。这些社会性的标准称为发展任务。根据个体的年龄和发展任务，分为产前期、婴幼儿期、儿童早期、儿童后期、青年期、成年期、中年期及老年期，每个阶段都有大致的年龄段及身心发展规律（表6-2）。

表 6-2 人生各时期的主要发展规律

各个时期	时间段	主要发展任务和发展特点
产前期	受精～出生	生理发展
婴幼儿期	出生～3岁	身体成长和动作发展； 社会性依附：亲子关系； 初步的认知能力、语言发展
儿童早期	3～6岁	力量增加、粗大和精细动作发展； 认知发展：创造力、想象力； 社会性发展：自我意识
儿童后期	6～12岁	力量和运动技能发展； 认知发展：有逻辑的具体思维、书面语言、记忆； 社会性发展：同伴关系、自我概念和自尊
青年期	12～20岁	生理发展：身体迅速改变、生殖成熟； 认知发展：抽象思维； 社会化发展：人格独立、两性关系建立
成年期	20～40岁	职业与家庭发展； 认知能力处于巅峰之后逐渐下降； 社会化发展：父母角色、社会职业角色
中年期	40～65岁	生理功能出现衰退、活力下降； 认知技能复杂化：解决问题能力提高，但学习能力下降； 社会化发展：家庭角色调适、职业角色转变
老年期	65岁以上	生理功能衰退； 智力与积极逐渐衰退，反应变慢； 寻求生命的意义、面对越来越近的死亡

2. 弗洛伊德的心理发展阶段说 弗洛伊德提出存在于潜意识中的性本能是人的心理的基本动力，是决定个人和社会发展的永恒动力。心理性欲发展阶段的理论是弗洛伊德关于心理发展的主要理论。这一理论也是20世纪最能引起争论而又极具影响的学说。

弗洛伊德把性欲发展分为五个阶段：口唇期（0～1岁）；肛门期（1～3岁）；前生殖器期（3～6岁）；潜伏期（6～11岁）；青春期（11或13岁开始）。

（1）口唇期（oral stage） 弗洛伊德认为力比多的发展是从嘴开始的。吮吸本身也能产生快感。他又将口唇期分为两期，分别是0～6个月和6～12个月。在第一时期，儿童的世界是"无对象的"，他们还没有现实存在的人和物的概念，仅仅是渴望得到快乐、舒适的感觉，而没有认识到其他人对他是分离而存在的。在第二时期，儿童开始发展关于他人的概念，特别是母亲作为一个分离而又必要的人，当母亲离开的时候，他就产生焦虑不安。

（2）肛门期（anal stage）　在1～3岁，儿童的性兴趣开始集中到肛门区域。例如，大便产生肛门区域黏膜上的愉快感觉，或以排泄为快乐，因摸粪便或玩弄粪便而感到满足。

（3）前生殖器期（phallic stage）　在3～6岁，儿童进入前生殖器期。这个阶段的儿童其性本能类同于成人，但又有所不同：因生殖器未成熟，以致没有稳固的组织性；倒错现象的存在；整个冲动较为薄弱。弗洛伊德所说的3岁后的所谓"性生活"主要是指出现男孩的恋母情结转换期，女孩也产生恋父情结。也就是说，到了这个阶段，儿童变得依恋于父母异性的一方。

（4）潜伏期（latent stage）　在7岁至青春期，随着建立起较强的抵御恋母情绪的情感，儿童进入潜伏期。在这个阶段的儿童性的发展呈现出停滞或退化的现象；可能完全缺乏，也可能不完全缺乏。因此这个阶段是一个相对平静的时期。在这个时期，口唇期和肛门期的感觉、前生殖器期的恋母情结等各种记忆都逐渐被遗忘。

（5）青春期（genital stage）　经过短暂的潜伏期，青春期的风暴就来到了。从年龄上讲，女生约从11岁、男孩约从13岁开始进入青春期。按照弗洛伊德及其女儿安娜·弗洛伊德的观点，首先，青春期的发展，个体最重要的任务是要从父母那里摆脱自己。同时，到了青春期，容易产生性的冲动，也容易产生同成人的抵触情绪和冲动。

（二）身体、动作与感知觉的发展

个体的生命始于母亲的受孕，当受精卵以细胞分裂的方式开始生长，标志着个体生命的开始。婴儿出生后，其生理发展在外主要表现在身高、体重、头围、胸脯、牙齿与骨骼发育等方面，在内主要表现为大脑的发育。婴幼儿认知发展的重要基础是动作发展，婴儿的动作发展有确定的内在规律。胎儿期的胎儿有了胎动与反射活动，出生以后，学会了转头、踢腿、动手臂，并能完成一系列反射行为。一般来讲，婴幼儿动作的发展顺序遵循如下原则：由上到下；由中心到四周；由简单和无意识的动作到复杂和有意识的动作。

婴幼儿的感知觉发展包括触觉、视觉和听觉。最早发展的触觉，是婴儿认识世界的主要手段，在婴儿的认知活动和依恋关系形成的过程中发挥重要作用。视觉最早发生在胎儿的中晚期，4～5个月的胎儿已经具有了视觉反应能力及相应的生理基础。婴儿的内耳和中耳在母体中已经接近成人的大小和形状，新生儿已经具有一定的视听能力。

（三）认知发展

认知发展指的是个体在知觉、记忆、想象、学习和思维等方面的能力。著名心理学家皮亚杰认为，儿童的认知发展过程可分为4个阶段，即感知运算阶段、前运算阶段、具体运算阶段和形式运算阶段。详见第五章第三节相关内容。

（四）社会性发展

个体的发展不仅表现为认知发展，也表现为社会行为的发展。人格和自我意识的建立和发展贯穿个体整个生命发展的始终。其中最著名的理论当属埃里克森的八阶段心理社会发展理论，他将人生分为 8 个阶段去阐述每个阶段的主要心理发展任务。

1. 婴儿期（0～1.5 岁）：获得基本信任对基本不信任 在婴儿刚出生的前几个月，婴儿的主要目标是建立起对周围世界的基本信任感。如果婴儿的需要被及时得到满足，将对周围世界产生信任感，否则将产生怀疑和不安。信任在人格中形成了"希望"这一品质，具有信任感的儿童敢于希望，富有理想，具有强烈的未来定向；反之则不敢希望，时时担忧自己的需要得不到满足。

2. 儿童早期（1.5～3 岁）：自主对羞怯与怀疑 儿童在这一阶段开始有了独立自主的想法，他们开始去探索周围的世界。这时，父母要允许儿童自由地探索，给予适当的关怀与保护，能够很好地培养他们的意志力，使他们获得一种自主感。相反，如果父母过分严厉和限制，稍有差错就粗暴地斥责，可能会使孩子产生对自己的羞怯与怀疑之感。

3. 学前期（3～6 岁）：主动感对内疚感 个体在这一阶段肌肉运动与言语能力发展很快，能参加跑、跳、骑小车等运动。除了模仿行为外，个体对周围环境充满了好奇心。本阶段的危机在于儿童既要保持对活动的热情，又要控制那些会造成危害或可能被禁止的活动。成年人应该是监督而不是干涉儿童的主动性和创造性活动。过多的干涉可能会造成儿童缺乏尝试和主动的性格。当儿童的主动感超过内疚感时，他们就有了"目的"的品质。

4. 学龄期（6～12 岁）：勤奋感对自卑感 儿童的成功经验增强了儿童的胜任感，其中的困难和挫折则导致了自卑感。这些成功的体验有助于儿童在以后的社会生活中建立勤奋的特质，表现为乐于工作和较好的适应性。成年人对于儿童在各种活动中所表现出来的勤奋给予及时鼓励是非常必要的。教师对学生行为的评价，对儿童的自我概念的形成具有重要影响。当儿童的勤奋感大于自卑感时，他们就有了"能力"的品质。

5. 青年期（12～19 岁）：角色同一对角色混乱 这一阶段的核心任务是自我意识的确定和自我角色的形成。个体此时开始体会到自我概念问题的困扰，即开始考虑"我是谁"这一问题，体验着角色同一与角色混乱的内心冲突。这里的角色同一性是有关自我形象的一种组织，包括有关自我的能力、信念、性格等一贯的经验和概念。如果个体能在这个时期把这些方面很好地整合起来，使他所想的和所做的能与他的角色相符合，个体便获得了较好的角色同一性，并随着自我同一性形成"忠诚"的品质。

6. 成年早期（19～25 岁）：获得亲密感而避免孤独感 这是建立家庭生活的阶段，也是获得亲密感，避免孤独感的阶段。只有具有牢固自我同一性的青年人，才愿意与他人建立亲密关系。因为与他人建立爱的关系，就是把自己的同一性与他人的同一性相融合，这里面会有自我损失或牺牲。于是个体在恋爱中能够建立亲密关系，否则将产生孤独感。这一时期能够形成"爱"的品质。

7. 成年期（25～65岁）：繁殖对停滞　这是获得创造力，避免停滞感的阶段。这一阶段有两种发展的可能性：一种可能性是向积极方面发展，个人除关怀家庭成员外，还会扩展到关心社会上其他人，关心下一代以至子孙后代的幸福。他们在工作上勇于创造，追求事业的成功，而不仅是满足个人需要；另一种可能性是向消极方面发展，即所谓停滞感，也就是只顾自己及自己家庭的幸福，而不顾他人的困难和痛苦，即使有创造，其目的也主要是为了自己的利益。

这里的繁殖不仅仅指生育方面，也表现在工作和人际关系中。在这一时期，人们不仅要生育孩子，同时要承担社会工作，这是一个人对下一代表现出关心和创造力最旺盛的时期，人们将获得关心和创造力的品质。

8. 成熟期（65岁以后）：自我整合对失望　这是个体获得完美感，避免失望感的阶段。如果前面7个阶段积极的成分多于消极的成分，个体就会在老年期汇集成完美感，回顾一生觉得这一辈子过得很有价值，生活得很有意义。相反，如果消极成分多于积极成分，个体就容易产生失望感，感到自己的一生失去了许多机会，走错了方向，想要重新开始又感到为时已晚，于是容易产生一种绝望感。

埃里克森认为，个体在每个人生阶段都有相应的发展任务。成功地解决这些任务从而获得相应的正向积极的心理品质，对于个体的人格健康大有益处。

（五）成年以后的发展

我们将个体处于20～40岁的年龄阶段定义为成年期，40～65岁的阶段定义为中年期。个体在成年后，身体、心理仍然处于持续变化中。在45岁的某一天，也许你会突然发现少了眼镜你看不清电视上的画面；你也会经常性的遗忘，打开冰箱却不知道自己要拿什么。女性到了中年最显著的变化是停经，在头两年，停经会给女性带来一些生理变化，这一时期称为"更年期"（climacteric）。男性更年期出现的时间稍微晚一些，大约比女性晚10年。

人到中年，感知觉方面开始有了明显的变化，如视力下降、听力逐渐降低、味觉的敏感性也开始衰退。尽管如此，中年人的思维活动却会有一定的上升，他们不再像年轻人一样思维局限，而是能够综合自己多年的人生经验，更全面深刻地看待周围世界。

度过中年以后，个体进入老年，身体功能开始进一步衰退。主要表现：视力有比较严重的衰退，甚至出现白内障；听觉开始丧失，对高频的声音不太敏感，比较难听清别人说话；同时，味觉和嗅觉也有显著的下降。身体功能方面，老年人对冷适应较慢，因此时常会觉得冷；他们的力气也大不如以前，耐力和负重能力急剧下降。总之，身体各项功能的衰老表现，会导致老人频繁地受到疾病的困扰。

二、心理健康的定义与内涵

健康问题被认为是21世纪人类所要面临的重大课题，尽管随着现代医学技术的革新，越来越多的疾病被人们所攻克，但同时生活方式的巨变也催生出了一些新的疾病，或催生了人类更多罹患疾病的可能性。另一方面，随着经济的高速发展，人类物质生活水平获得显著提高，关于健康的追求也逐渐由生理层面上升到精神层面，而精神层面的健康已越来越成为人们关于健康的"改善型"追求。

（一）健康的定义

关于健康的定义，世界卫生组织已经能够从整体观来定义：健康不仅指一个人身体有没有出现疾病或虚弱现象，而是指一个人生理上、心理上和社会上的完好状态。这是现代关于健康的较为完整的科学概念。世界卫生组织关于健康的这一定义是多元的、广泛的、综合的，是把人的健康从生物学意义扩展到了精神和社会关系层面，主要包括生理、心理和社会适应性三个方面；其中，心理和社会适应就集中决定了一个人的心理健康状况。

（二）心理健康的定义

心理健康是指个体心理的各个方面及活动过程处于一种良好或正常的状态。心理健康的理想状态是保持性格完好、智力正常、认知正确、情感适当、意志合理、态度积极、行为恰当、适应良好的状态。心理健康的人能够积极地、正常地、平衡地适应当前社会环境与社会发展。心理健康的人不仅有良好的自我意识，同时也能认识到自己的长处和不足，也能够较好地适应社会。

关于心理健康的标准有很多，从不同视角均有定义，在此用一个简洁的公式诠释心理健康：心理健康＝自我接纳＋社会适应

即个体的心理健康主要包含自我接纳和社会适应两个部分。

1. 自我接纳　是个体建立在对自己有一定积极全面认识的基础上，能同时看到自己的长处和短处，并能够在一定心理范围内包容和接纳自己一些不可改变的短处，更能够积极地发展和发挥自己的长处，使得自己能够较好地自洽和自处，而不全盘否定自己；也即能够积极审视和接纳自己，达到与自己和谐共处的境地。这是一个人可以心理健康的第一步，也是关键的一步。

自我接纳看起来容易，实则不易。生活中能够很好地自我接纳的人其实不多，大多数时候我们都容易与自己较劲，因为最了解自己，总是能够看到自己的阴暗面，因为总觉得自己还不够好，就总感到自己不被接纳、不被爱，这是构成现代人出现很多心理疾病的根源，也形成了我们今天常说的"精神内耗"。

2. 社会适应　一个人只有自我接纳，还不是心理健康的全部。一个成天宅在家不愿出门，不愿读书上班，甚至拒绝交友社交的人，尽管他可能觉得能够自我接纳，觉得这样是自己的"舒适圈"，但旁人很难认可他的心理健康，甚至会为之担忧。因此，社会适应是个体心理健康的第二步：在能够与自己和谐相处的基础上，还要能够与他人、与社会、与这个世界和谐相处。在现代社会有这样一群人，他们每天憋在屋子里不出去社会交往，沉迷于玩电脑游戏、网络聊天、泡论坛、看动漫、看电视连续剧，或下班后回家沉迷于某一件事物（哪怕和电脑网络无关），社会交往不多，这样的人通常被称为"宅男宅女"。这类人可能是不愿意去主动适应社会，抑或是其主观认为自己无法很好地

被社会所接纳，总之觉得身处社会之中"很不舒服"，可以说这类人社会适应出了问题。心理学认为，一个能够与自己和谐相处的人，往往也能够社会适应，因为外在世界是一个人对自己内心世界的主观投射。

（三）心理健康的内涵

关于心理健康还有很多内涵，虽然其有一定的界定标准，但和生理健康一样，没有一个绝对或完美的心理健康状态。因此，心理健康的标准更多只是一种完美状态的诠释，应避免从每个方面都去套用自己的状态，因而轻易得出似乎自己心理不健康的结论。希望大家在了解了心理健康的具体内涵后，不用对心理疾病"谈虎色变"，尤其是具有深厚医学专业背景的医学生，更需要能够全面辩证地理解和看待心理健康与心理疾病。

1. 心理健康是一段连续动态的曲线　心理健康不是非黑即白的问题，从心理健康到不健康是一段连续变化的动态曲线。没有人能一直保持心理健康的完美状态。比如个体在日常生活中难免会出现情绪低落或焦虑等，此时个体的心理健康水平处于波动状态。但心理健康的人具有动态调节自身心理状态的能力，能够较快地调整自己，使自己尽快恢复到基本平衡的心理状态，而不让自己的心理能量长期固着在某个情绪点上，也就是尽可能地保持自己心境的稳定性。

2. 人人都可能得心理疾病，只是出现的时间和程度不同　所谓心理问题，就好像"一场心灵的感冒"，每个人都可能会遇到，只是不同的人遇到的时间也许不同；或者每个人遇到同样的刺激事件后，可能出现的心理失衡的程度不同。"人生不如意，十之八九"，在这场人生的浩大旅途中，个体难免会遇到令自己十分难受甚至不可接受的刺激性事件。这个事件可能出现在个体的童年早期，产生"成长创伤"；也可能出现在个体的青少年期，出现"青春期叛逆"；抑或发生在个体的中年，出现"更年期"心理健康问题；最后也可能发生在个体的晚年，出现"老年危机"。因此，没有人可以保证自己永远不出心理问题，连心理医生自己也有专属的心理督导师帮助自己解决"心理危机"。

3. 如何看待暂时出现了"心理问题"的人　基于以上两点关于心理健康内涵的理解，我们知道人的心理状态是连续动态变化着的。因此，今天出现心理问题的人，不代表以后一直有心理问题；同样，今天没有心理问题的人，也无法保证以后一定不出现心理问题。另一方面，今天患心理疾病的人，排除遗传因素作用，大多数是因为遭遇了极端消极的刺激性事件，可能导致他们患上了抑郁症或焦虑症，但请注意，如果换成另一个人也去经历了同样的刺激性事件，也许这个人适应得更糟糕，甚至可能产生更严重的心理问题。

因此，对于存在"心理问题"的人群，应从更科学、更包容的视角，甚至用一颗平常心去接纳他们。同时，也要能够接纳自己可能出现的心理失衡，不用产生过度的"病耻感"，而是要积极面对，主动寻求专业帮助，才是强者的行为表现。

（四）心理健康的影响因素

人的心理健康是一个极为复杂的动态过程。影响心理健康的因素是多样的，既有个体内在的心理素质的影响，也有外界环境事件的影响。具体说来，个体天生的禀赋与气质类型、个人成长史和早年养育环境、后天经历的重大事件、教育经历、人际环境、婚姻状况、个人成就、身体状况及所处的时代背景等，均会对个体的心理健康产生多重影响。学习心理健康及自我调适的积极策略，将有助于个体提高自身心理健康水平，减少心理问题的发生率。

三、心理障碍的识别与防治

心理障碍（mental disorder）也称心理异常，是指个体因心理与行为长期异于常人导致生活适应困难并感到精神痛苦的现象，是一个人由于生理、心理或社会原因而导致的各种异常心理过程、异常人格特征和异常行为方式等。心理障碍是相较于心理健康所提出的，了解临床上常见的心理障碍，有助于更好地认知心理健康的内涵，也有助于在日常医疗活动中及时识别心理异常人群，并做出恰当的干预处理。

（一）心理障碍的分类

中国精神障碍诊断分类与诊断（Chinese Classification and Diagnostic Criteria of Mental Disorders，简称CCMD）将精神疾病分为10个类型，包括：器质性精神障碍；精神活性物质与非成瘾物质所致精神障碍；精神分裂症和其他精神病性障碍；心境障碍；癔症、应激相关障碍、神经症；心理因素相关的生理障碍；人格障碍、习惯和冲动控制障碍、性心理障碍；精神发育迟滞、童年和少年期心理发育障碍；童年和少年期的多动障碍、品行障碍、情绪障碍；其他精神障碍和心理卫生情况。心理障碍的界定主要出于4个方面的考量，即个体的异常行为偏离统计常模、偏离社会标准、行为适应不良和个体的主观痛苦感。

（二）常见心理障碍

1. 焦虑障碍　焦虑是人类在与环境作斗争及生存适应的过程中发展起来的基本人类情绪。焦虑并不总是带来坏的结果，在个体的应激状态下，适度的焦虑显然具有积极意义，它可以促使个体充分调动身体各脏器的功能，适度提高大脑的反应速度和警觉性，从而起到趋利避害的自我保护作用。只有具备某些病理性特征，同时对个体的正常社会功能造成影响时，才成为病理性焦虑，并可能演变为焦虑障碍。

焦虑障碍通常指持续的、无具体原因地感到紧张不安，或无现实依据的预感到灾难、威胁或大祸临头感，并伴有明显的自主神经功能紊乱及运动性不安，常常伴随主观痛苦感或社会功能受损。这类心理障碍的发生多与生活事件或心理应激、特定的人格倾向和社会支持等因素相关，患者多有焦虑烦恼、恐惧不安、躯体不适等症状，并造成不同程度的精神痛苦和社会功能损害。一般没有精神病性症状，自知力尚存。常见的焦虑障碍有广泛性焦虑障碍、惊恐障碍、强迫症、疑病症、恐惧症、自主神经功能紊乱等。

2. 心境障碍 又称情感障碍，是以明显而持久的心境或情感高涨或低落为主的一组精神障碍，并伴有相应的思维和行为的改变。情绪高涨时往往表现为兴奋话多、精力充沛、行为忙乱、睡眠需要减少等；情绪低落时表现为消沉悲观、言语减少、行为减少、失眠疲乏，甚至消极厌世、自杀等，病情重者可出现精神病性症状。这类精神障碍首次发病年龄多集中在 16～30 岁，有容易反复发作的特点。常见的类型有抑郁症、破坏性心境失调障碍、心境恶劣、双相心境障碍等。

3. 心理生理功能障碍 是指一组与心理社会因素密切相关的以进食、睡眠及性功能异常为主要临床症状的生理功能障碍。这类生理功能障碍属非器质性病变，主要是由心理因素的影响导致了相关生理功能的异常。包括进食障碍（神经性厌食、神经性贪食、神经性呕吐）、睡眠障碍（失眠症、嗜睡症和发作性睡眠障碍）、性功能障碍（性欲减退、阳痿、早泄、性高潮缺乏、阴道痉挛、性交疼痛）等。

4. 人格障碍 既往又称病态人格，是指个体的行为方式持久、显著地偏离正常人群，对环境适应不良。人格障碍通常起病于成年之前，发展缓慢，并一直持续到成年乃至终生，部分患者在成年后有所缓和。其病因至今未明，一般认为与遗传因素、大脑损伤及早期教养、生活环境等因素有关。常见的类型有偏执型人格障碍、反社会型人格障碍、冲动性人格障碍、强迫性人格障碍、焦虑性人格障碍、分裂样人格障碍、边缘性人格障碍等。

5. 精神病性障碍 是一组具有感知、思维、情感和行为等多方面功能失调的严重心理障碍。患者通常具有幻觉、妄想及行为障碍等精神病性症状，多起病于青壮年，常缓慢发病，自然病程多迁延，呈反复加重或恶化趋势，部分患者可保持痊愈状态。常见的精神病性障碍有精神分裂症、偏执性精神病、急性短暂精神病性障碍等。

（三）心理障碍的预防

随着人类文明进程的加速发展，公众开始更加关注心理健康。但当前公众对心理卫生问题仍然缺乏充分的认识与接纳，对心理疾病的正面了解知之甚少，从而阻碍了对心理障碍的及时防治。同时，对心理障碍类疾病普遍存在污名化的认知，认为这类疾病是不可治愈的，甚至与思想道德相联系，使得患病者或其家属普遍存在较明显的病耻感。这种误解和偏见直接导致病情的延迟治疗，容易加重患者的病情或延缓病程。应正视心理障碍类疾病，消除对心理障碍的过分恐惧和偏见，同时给予心理障碍患者更多的帮助与接纳，提供支持与理解，营造宽松、宽容的社会环境。

作为医学生更应多了解有关心理障碍的知识，以便对自己和周围人的心理异常有正确的预防和识别。在出现心理异常时，主动求医或寻求专业帮助，并自觉运用一些正确方法进行心理调适与保健。

本章临床应用

记忆真的可靠？一位青春期女孩与父母关系一直比较融洽。有一天，父母正式跟她沟通家里即将到来一位新成员，女孩听到这个消息便沉默了。弟弟出生后，女孩经常向父母抱怨自己被弟弟干扰，姐弟俩矛盾不断。后来，女孩多次说自己的学习资料被弟弟偷藏、破坏，并详细描述了弟弟的行为，父母为此多次严肃批评教育了弟弟，而弟弟却坚决不承认。无奈之下，父母通过家里的监控证实，女孩所言并非属实。

这就是典型的记忆扭曲现象，是个体在某种强烈主观态度或意愿的引导下，在潜意识层面修改了记忆细节与内容的心理过程。该女孩在得知即将有一位弟弟时，大脑就随着情绪、价值冲突而对记忆进行了无意识的加工和修改，这时她接受外在的刺激和讯息处理的方式是选择性的。日常生活中想要避免类似的记忆扭曲现象，需要尽量避开来自本能直觉的判断，追求理性分析，重视证据的采集和判断，可以借助科学技术（例如笔记、照片、录像等）保存记忆内容。

【复习思考题】

1. 如何理解人格对个人发展的影响？

2. 试述脑功能的发展学说有哪些内容。

3. 个体在每个人生发展阶段的身心发展特点及任务有哪些？弗洛伊德、皮亚杰、埃里克森等是如何划分个体发展阶段的，有何区别？

【参考文献】

1. 冯缙. 心理障碍与心理健康［J］. 保健医学研究与实践，2009，6（3）：83-85.

2. 彭聃龄. 普通心理学［M］. 北京：北京师范大学出版社，2012.

3. 菲利普·津巴多. 心理学与生活［M］. 北京：人民邮电出版社，2003.

4. 埃里克·希雷. 心理学史［M］. 北京：机械工业出版社，2018.

5. 霍华德·S. 弗里德曼. 人格心理学［M］北京：机械工业出版社，2021.

6. 钱铭怡. 变态心理学［M］. 北京：北京大学出版社，2006.

7. 沈伊默. 大学生心理健康教育［M］. 重庆：重庆大学出版社，2018.

8. 林崇德. 发展心理学［M］. 北京：人民教育出版社，2009.

9. 侯玉波. 社会心理学［M］. 北京：北京大学出版社，2013.

第七章　心理咨询 ▷▷▷▷

　　一般的心理咨询过程可简单分为倾听与疏导，而有效的沟通贯穿始终，能够帮助咨访双方建立良好关系，并进行良好沟通。本章的内容主要是介绍最基本的心理咨询知识和技能，意在希望医学生将其运用在临床诊疗中，提升对患者心理状态的识别与处理能力，更有效地做好医患沟通，提高整体诊疗实效。

第一节　心理咨询与心理治疗

　　在实际生活中，我们常常听说某人心情不好甚至焦虑或抑郁了，去做了心理咨询或者心理治疗，这两者看上去很相似，其区别在哪里？通过本节内容的学习，我们一起走进心理服务行业，看看两者的联系和区别。

一、临床心理学的诞生

　　19 世纪末，奥地利神经科医生、心理学家西格蒙德·弗洛伊德和他的同事约瑟夫·布洛伊尔（Josef Breuer，1842—1952）发表了一系列著作，如《癔症研究》（1895）、《释梦》（1900）、《日常生活的心理病理学》（1901），这标志着精神分析理论的初步形成。1896 年美国心理学家韦特默（Wtimer）创办了《临床心理学》杂志，提出了"临床心理学"概念，此时心理学家们还只是作为科学家和教育者，并不从事临床工作。同年，韦特默以临床心理学家的身份，在美国宾夕法尼亚大学开办了第一个矫正儿童行为的"心理诊所"，并运用心理学理论在解决儿童行为问题方面做了大量工作。这成为临床心理学诞生的标志，心理工作者也正式开始服务于大众。

　　可以看出，从"临床心理学"诞生之初，就注定了它将拥有双重理论基础——医学和心理学。因此，当前从事临床心理工作的人员一般都具有精神医学或心理学专业背景。在我国，心理咨询和心理治疗行业获得民众广泛关注是起于 2008 年的"5·12 汶川地震"，在这样的大灾大难面前，除了前线军队救援人员、医护人员的救援，大量的心理工作者相继奔赴灾区，为受灾民众带去了一份人文关怀和一份心理支持。这一年，心理咨询师、心理治疗师开始大量出现在公众视野中。2013 年 5 月 1 日起施行的《中华人民共和国精神卫生法》中，第一次从法律的角度明确了心理咨询师和心理治疗师的职业命名和执业区分，使得这两个职业在我国成为有法律依托的两种职业类别。

二、心理咨询与心理治疗的联系和区别

（一）心理咨询的概念

心理咨询是一种"职业活动"，指具备心理学理论指导和技术应用的临床干预措施。从事心理咨询工作的人，称为心理咨询师。

2001年8月，经国家劳动和社会保障部批准，我国开启心理咨询师的职业化道路，并颁布了《心理咨询师国家职业标准》（试用版）。在该标准中，对心理咨询师这一职业给出了明确定义："心理咨询师是运用心理学及相关知识，遵循心理学原则，通过心理咨询的技术与方法，帮助求助者解除心理问题的专业人员。"

（二）心理治疗的概念

心理治疗又称精神治疗，是以一定的理论体系为指导，以良好的医患关系为桥梁，应用心理学方法与技术，影响和改变患者的感受、认识、情绪及行为，调整个体与环境之间的平衡，从而达到治疗目的。从事心理治疗工作的人，称为心理治疗师。

（三）心理咨询与心理治疗的联系

心理咨询和心理治疗因为均是服务于人的心理活动与内容，两者存在着较多的相似性与关联性。二者的联系主要包括以下4点：①均需要运用相同的心理学理论和咨询技术；②均需要针对求助者与心理相关的问题给予帮助；③均需要助人者协助求助者进行自我发现、自我探索、自我成长；④均需要强调稳固协调的咨访关系，强调工作联盟的重要性。

（四）心理咨询与心理治疗的区别

尽管心理咨询与心理治疗之间存在着诸多联系，但在实际执业中仍然存在一些本质的区别。简单理解可以认为心理咨询属于非医学或非医疗领域，而心理治疗更多地属于医学和医疗领域，同时也包含心理咨询的服务范围。心理治疗从业人员除了需要具备心理学知识和技术以外，还需要同时具备精神医学知识和技术背景。心理咨询与心理治疗的具体区别见表7-1。

表7-1 心理咨询与心理治疗的区别

	心理咨询	心理治疗
服务对象	心理正常人群	获精神病学诊断的患者群体
助人者与求助者的关系	咨询师与来访者	精神科医师与患者
服务适用范围	人从出生到死亡过程中的发展性问题，如失学、失业、人际关系、婚姻等问题	属精神病学范围内的身心疾病。如心境障碍、焦虑障碍、心理生理障碍等
服务时长	用时相对较短（通常几次、几个月至几年）	用时相对较长（通常几个月、几年至数年）

续表

	心理咨询	心理治疗
从业者所属管辖部门	从业者属人力资源和社会保障部认证管辖	从业者属国家卫生健康委认证管辖
从业地域	未有特殊规定	在医疗机构内开展

综上，心理咨询和心理治疗之间既有联系又有区别，但均是服务于人的心理健康。

第二节　心理评估及在咨询中的应用

心理评估被广泛应用于心理咨询和心理治疗中，用于助人者依托心理测量工具，结合心理统计学方法，对求助者的心理状态进行定量测定，以辅助助人者更精准地掌握求助者的心理状态。本节简要介绍心理评估的概念、方法及一般操作。

一、心理评估的概念

心理评估（psychological assessment）是指在生物－心理－社会医学模式的指导下，综合运用谈话、观察、测验的方法，对个体或团体的心理现象进行全面、系统及深入分析的总称。

心理评估有广义和狭义之分。广义的心理评估是指对各种心理和行为问题的评估，主要用来评估个体的行为、认知能力、人格特质或团体的心理特性，帮助做出对受评估者指向心理活动方面的判断、预测和决策。

狭义的心理评估也叫临床评估，是指在临床心理与治疗领域，运用专业的心理学方法和技术对来访者的心理状况、人格特征和心理健康水平做出相应的判断，必要时做出正确的说明，在此基础上对求助者的心理状况进行全面的分析或鉴定，为心理咨询与治疗提供必要的依据与指导。

二、心理评估的方法

心理评估常用的方法技术较多，主要包括自我报告法、观察法、会谈法、调查法、生物医学检查法、心理测验法等。

1. 自我报告法　是指心理工作者从求助者本人报告的基本社会资料、情绪状态、行为等内容出发，对求助者的心理状态做出一定的评估。

2. 观察法　是指心理工作者通过对求助者的意识思维、情绪状态、行为特点等方面进行综合观察，对求助者的心理状态做出一定的评估。

3. 会谈法　是指心理工作者通过与求助者进行交谈，综合分析受助者的言语表达、姿态神情、情绪状态等信息，对求助者的心理状态做出一定的评估。

4. 调查法　是指心理工作者对求助者没有表达完整或无法表达的某些问题，有针对性地从求助者或他人处获取相关资料，对求助者的心理状态做出一定的评估。

5. 生物医学检查法　是指心理工作者通过现代医疗仪器对求助者相关内脏器官的

生理功能进行检测，根据其肌电、脑电、皮电等数据，对求助者的心理状态做出一定的评估。

6. 心理测验法　是指心理工作者以心理学理论为指导，基于数理统计学方法，通过一定的操作程序对求助者的代表行为进行观察并量化，从而推论出求助者的一贯性行为和心理状态来进行评估。心理测验法是心理评估最常用的方法，因其具有一定的标准化和量化的评估指标，并具有操作相对简单、灵活等优势；同时，其测验结果有常模数据进行对比参照，避免了前述几种方法有可能带来的主观因素影响。

三、心理评估及临床应用

（一）心理评估中的"三原则"

心理评估有 3 个基本的普适性原则，可作为评估其心理正常或心理异常的"三原则"。

1. 评估求助者的主客观世界是否统一　当求助者报告他主观感觉到了客观世界中并不存在、引起他相应感觉的刺激物时，心理工作者可以怀疑其精神活动出现异常。例如，当求助者报告其听见了所处客观环境不存在的声音、看见了所处客观环境不存在的画面、闻见了所处客观环境不存在的味道等，心理工作者可以怀疑求助者可能产生了幻觉，需转介其至精神专科机构进行进一步鉴别诊断。

2. 评估求助者的内在心理活动是否协调一致　一般情况下，人们在遇到一件令人开心的事情时内心体验是愉悦的，而身处在悲伤事件中时内心体验是痛苦的。但若求助者在讲述悲伤事件时却表现出愉悦的表情和行为，在讲述开心事件时却表现出痛苦的表情和行为时，心理工作者可以怀疑其心理活动与客观事件出现不一致的情况，这时需转介其至精神专科机构进行进一步的鉴别诊断。

3. 评估求助者是否具有人格稳定性　一个人的人格是成长过程中形成的相对稳定的气质和性格。成年以后，人格就会趋于稳定，只有遇到了重大外界刺激，才可能发生一定的改变。当心理工作者运用评估方法，发现在没有诱因的情况下求助者的人格稳定性出现了失常，如一个性格一直外向的人突然变得封闭冷漠，一个性格内向的人突然变得行为激越，这时心理工作者可以怀疑其心理活动出现异常，需转介至精神专科机构进行进一步的鉴别诊断。需要说明的是，如果求助者确是因为遇到重大刺激性事件后出现人格的转变或解离时，也需要对其进行专业心理干预与治疗。

（二）常用心理测验

尽管心理评估有多种方法，但心理测验法以其间接性、相对性和客观性的优势特点，被更为广泛地运用在医疗、心理、职业分类等各领域中。以下简要介绍几种临床运用较多的心理测验。

1. 常用智力测验　目前世界上运用最广泛的智力测验主要为韦氏成人智力测验（WAIS-RC），不少研究结果均支持韦氏全面智商之概念，量表的个别分部测验亦可测试某些独特能力。韦氏成人智力测验是由美国医学心理学家大卫·韦克斯勒（David Wechsler）于 1949 年主持编制的系列智力测验量表，后于 1981 年由湖南医科大学龚耀先教授等主持修订。该量表适用于 16 岁以上受测者，主要测试个体在知识、领悟、算术、相似性、数字广度、词汇、数字符号、图画填充、木块图、图片排列、图形拼凑共计 11 个方面的智力水平；并对测验结果的分数进行智力水平的若干分级，主要包括智力缺陷（IQ ≤ 69）、边界（IQ 70 ～ 79）、低于平常（IQ 80 ～ 89）、平常（IQ 90 ～ 109）、高于平常（IQ 110 ～ 119）、超常（IQ 120 ～ 129）、极超常（IQ ≥ 130）。

2. 常用人格测验

（1）明尼苏达多相人格测验（MMPI）　该测验是由美国明尼苏达大学教授哈瑟韦（S. R. Hathaway）和麦金力（J. C. Mckinley）于 20 世纪 40 年代制定，是迄今应用最广泛、权威性最高的一种纸 – 笔式人格测验。该问卷的制定方法是分别对正常人和精神病患者进行分类预测，以确定在哪些条目上存在显著不同的反应模式，因此该测验最常用于鉴别精神疾病。测验适用于 16 岁以上、具有小学毕业以上的文化水平，不影响测验的生理缺陷受测者。

测验包含 14 个量表：Hs 疑病量表、D 抑郁量表、Hy 癔症量表、Pd 社会病态量表、Mf 男子气 – 女子气量表、Pa 偏执狂量表、Pt 精神减弱量表、Sc 精神分裂症量表、Ma 轻躁狂量表、Si 社会内向量表、Q 不能回答的问题、L 说谎分数、F 诈病量表、K 校正分量表。MMPI 测验的优势在于其测量标尺的多元化和全面性，被广泛应用于临床诊断和标准化心理测验。

（2）艾森克人格问卷（EPQ）　该问卷是由英国心理学家 H. J. 艾森克编制的一种自陈量表，于 20 世纪 40 年代末开始制订，于 1952 年首次发表，1975 年正式命名，有成人问卷和儿童问卷两种版本。包括四个分量表，即内外倾向量表（E）、情绪性量表（N）、心理变态量表（P，又称精神质）和效度量表（L）。该量表适用于 16 岁以上的成人，根据受测者获得的分数所在的象限来解释其相应的气质特点。中国的修订本仍分为儿童和成人两版。因量表的题目较少，使用方便，被广泛运用。

3. 常用心理与行为问题评估

（1）90 项症状清单（SCL-90）　又名症状自评量表（Self-reporting Inventory），有时也称为 Hopkin's 症状清单，是德若伽提斯（L. R. Derogatis）于 1975 年编制的。该量表共有 90 个项目，包含 10 个症状因子，分别反映了个体在躯体化、强迫症状、人际关系敏感、抑郁、焦虑、敌对、恐怖、偏执、精神病性及其他共 10 个方面的心理症状情况。适用于排查成年人神经症、适应障碍及其他轻性精神障碍。SCL-90 测验分数的解释：总分越高，病情越严重。根据我国全国常模标准，总分超 160 分，或阳性项目（单项分 ≥ 2）数超过 43 项，或任一因子分超过 2 分的样本，即可作为筛查对象对其开展进一步评估。

（2）抑郁自评量表（SDS）　SDS 被广泛应用于门诊患者的粗筛、情绪状态评定及调查、科研等。其不适用于抑郁症的临床诊断，适用于排查具有抑郁症状的成年人，包含 20 个反映抑郁主观感受的项目内容。SDS 测验分数的解释：将 20 个项目的得分加总，再乘以 1.25 后取乘积的整数部分作为标准分。我国全国常模的标准分为 53 分，53～62 分为轻度抑郁，63～72 分为中度抑郁，＞72 分为重度抑郁。

（3）焦虑自评量表（SAS）　用于测量受试者焦虑状态的轻重程度，不适用于焦虑障碍的临床诊断，主要适用于排查具有焦虑症状的成年人。该量表包含 20 个反映焦虑主观感受的项目内容。SAS 测验分数的解释：将 20 个项目中的分数加总，再乘以 1.25 后取乘积的整数部分作为标准分。我国全国常模的标准分为 50 分，50～59 分为轻度焦虑，60～69 分为中度焦虑，＞69 分为重度焦虑。

以上的心理测评方法在临床心理工作中具有非常重要的意义，同时可作为临床医生及时掌握患者心理状态的技术方法。需要注意的是，心理评估仅能反映求助者当下的身心状态，具有一定的时效性。同时，量表的分数也仅作为评估求助者心理状态的参考指标而并非绝对准确，心理工作者和临床医生均应结合临床观察到的患者症状加以综合甄别。

第三节　心理咨询的基本原则

心理咨询工作作为一种特殊的助人行为和职业，因其工作性质和工作机制的特殊要求，对助人者和求助者双方都约定了一定的工作原则，以最大限度地保障咨询工作的安全性和有效性。在心理咨询中，一般习惯称助人者为咨询师，称求助者为来访者。

1. 保密与保密例外原则

（1）保密原则　是指咨询师对来访者在心理咨询中所陈述的任何内容进行保密，不将上述内容透露给无关人员。

（2）保密例外原则　对保密原则的正确理解还体现在保密例外原则上。一般来讲，以下几种情况属于保密例外：①咨询师在取得来访者书面同意的情况下将咨询内容披露给他人；②国家司法机关要求获取的信息；③咨询师和来访者之间存在法律诉讼关系时；④法律规定的保密问题限制，如性侵、虐待老人、儿童工等；⑤来访者有即刻危及自身或他人生命安全的行为，如自伤、自杀、谋杀等；⑥来访者有违反传染病法规定的行为。当遇到以上这些保密例外的情况时，咨询师需要按泄密程度最小范围原则进行披露。

2. 价值中立原则　指咨询师保持价值中立，接纳来访者，不把自己的价值观强加给来访者。同时，价值中立原则不是绝对的，在重大原则问题上，如涉及触犯国家相关法律问题，咨询师不能机械地执行价值中立原则，而应给予正确引导，引导其采用积极、合理、有效的行为方式去解决问题。

3. 助人自助原则　咨询师对于来访者来讲，不是居高临下的审判者，也不是上帝式的决定者，而是通过与来访者建立信任、接纳的高质量咨访关系，帮助来访者产生自我改变的内在动力，尽可能调动来访者的自身潜力，帮助来访者找到利用自身资源解决问题的有效路径与方法，而不是替代来访者解决生活中的实际困难。在此过程中，咨询师需要帮助来访者更好地自我接纳，激发其自我动力与潜能，指导来访者运用有效策略去解决问题。因此说咨询师是要做"授人以渔"的工作,帮助来访者有效实现自我帮助。

4. 避免双重关系原则 是指咨询师和来访者之间不能存在除咨访关系以外的其他关系,如不能是朋友、亲戚、亲人、师生等,否则会影响到咨访关系的建立、来访者的防御水平及咨询师的客观判断与处理。这一原则与医生在面对自己的至亲时容易失去客观冷静的诊疗判断相类似。

5. 自我保护原则 咨询师应学会和遵循自我保护原则。例如咨询室的门可以关闭但不应被插死或锁死,不在咨询室内摆放坚硬摆设;咨询师对自己的家庭住址或联系方式等进行保密,以避免受到不必要的打扰;面对精神科患者时,女性咨询师应尽量遵循将头发束好,不佩戴丝巾、围巾、领带或坚硬饰品的原则,以及不将后背留给患者等自我保护原则。

从以上心理咨询工作的诸项原则可以看出,心理咨询和临床诊疗所建立的医患关系有所不同。心理咨询是基于双方良好关系的建立来达到积极影响来访者的治疗目的,从这一点而言,作为临床医务工作者,可借鉴这一思路,重视良好医患关系的建立,以促进医患沟通取得实效。

第四节　心理咨询基本技术与临床应用

心理咨询中的沟通技术,不仅能有效提升咨访沟通的效能,同时也能很好地促进日常的人际沟通。本节内容主要是介绍心理咨询的一般技术,同时结合临床诊疗过程,示范如何恰当地将这些技术运用于临床问诊和医患沟通中。其中,重点介绍心理咨询的三大基础技术,即建立关系技术、参与技术和影响技术。建立关系技术是建立稳固咨询联盟的敲门砖,参与技术是深入咨询内容的钥匙,影响技术是来访者成长改变的外动力,三者在心理咨询工作中相辅相成,缺一不可。作为临床工作者,也可借鉴其中一些相应的技术来促进医患沟通,构建良好医患关系。

一、建立关系技术

心理咨询的有效性是建立在咨询师与来访者的良好咨访关系上,一名优秀的心理工作者往往具备与他人建立密切联系和保持良好人际关系的能力。这个能力与心理工作者与生俱来的气质、后天人格的养成和不断精进的心理咨询技术息息相关。具有这种能力的人,不仅在心理咨询工作中具有胜任力,在日常的人际关系中也受欢迎。因此,建立良好的咨访关系是心理咨询工作开展的前提和达到理想咨询效果的先决条件。其中常用的4个关键技术分别是尊重、热情、共情、积极关注(图7-1)。其中,尊重和热情是关系建立的基础,共情是通往良好关系的桥梁,积极关注是让求助者获得改变的动力。

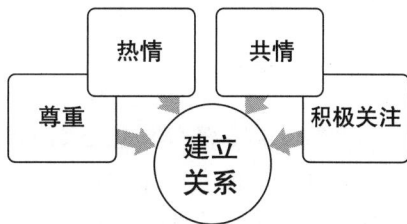

图 7-1　建立关系的四大技术

（一）尊重

尊重是指无论求助者出身贫穷或富贵、相貌美丑、文化水平高低等，助人者都能一视同仁，无差别地、平等地尊重和接纳求助者。

1. 咨询师需对来访者进行无差别接纳　在心理咨询中，要求咨询师对来访者要无差别接纳，甚至需要无条件接纳。具体来讲，既接纳来访者积极、阳光、正确的一面，也接纳其消极、灰暗、错误的一面；既接纳受助者和咨询师相同的一面，也接纳其和自己完全不同的一面；既接纳符合咨询师价值观的一面，也接纳与自己价值观不同的一面。并对来访者的个人特质，如相貌、经济地位、学历、地域、职业、性格等，给予充分的尊重。同时，面对来访者一些明显有违公共道德、社会秩序规范的行为，应在充分尊重和接纳的基础上，对来访者进行恰当的正面引导。

2. 咨询师需平等对待来访者　咨询师和来访者在人格和尊严上是平等的，咨询师应避免高高在上的权威姿态，避免以绝对指导者的身份对来访者进行妄加评论或批评，更应避免差异化对待不同背景的来访者。也就是说，咨询师需要一视同仁地对待来访者，让来访者充分感受到被尊重和接纳。

3. 咨询师需持有礼貌的沟通态度　咨询师在工作中需保持礼貌用语，如"你好""谢谢"等，还需保持礼貌的非语言姿态，比如身体放松的行走站立姿势、面部微笑表情的保持等。无论面对怎样的来访者，哪怕是无礼的、抱怨的来访者，咨询师都需要在保护自身安全和自尊的前提下，尽量做到不粗暴贬低，不冷漠无情。

4. 咨询师需对来访者持信任态度　咨询师需对来访者充分地信任，相信来访者是在实际生活中遇到了自己无法克服或解决的困难而非无理取闹、制造矛盾。要在与来访者的人际互动中，表现出对来访者所思、所想、所感的充分信任与接纳，帮助来访者建立内心安全感。只有做到不带个人主观臆断地耐心倾听来访者的观点和感受，促进双方良好咨访关系的形成，才能与来访者更好地工作，共同寻求问题解决策略。

5. 咨询师需保护来访者的隐私　助人者需对求助者在访谈中披露的内容和信息予以保密，除保密例外（详见"心理咨询的基本原则"一节相关内容），助人者不得向他人随意谈论求助者的个人情况。

6. 咨询师需表现真诚的态度　真诚是助人行为中的重要态度，但真诚不等于实话实说，真诚也不能脱离事实。咨询师不能简单地有感而发，要结合客观事实考虑对方的感受。同时表达真诚需要适度，过度的真诚反而适得其反，尽可能用非语言如身体姿态、目光、声音、语调等表达真诚。

（二）共情

共情，需要咨询师走入来访者的内心，去体验和理解来访者的内在情绪和情感，类似的解释有"神入""同理心""设身处地""穿着别人的鞋子走路"等。共情在心理咨询技术中是非常关键的技术。一位共情能力强的助人者，在助人的道路上有如神助，能够更快更好地获得来访者的信任。

1. 咨询师要换位思考来访者的问题　咨询师和来访者是完全不同的两个人，有着各自的角色和背景。如果咨询师只从自己的视角和经验看待来访者，有时很难理解来访者，也容易造成矛盾冲突。因此咨询师需要多从换位的视角来审视来访者及来访者所陈述的问题，增进对来访者的理解和积极情感。

2. 表达共情可恰当使用躯体语言　咨询师可根据来访者的性别、年龄、受教育程度及文化特征，恰当使用非语言的躯体语言表达共情。比如在中国特有的传统文化下，面对一位处在悲痛情绪中的女性来访者，女性咨询师可轻拍其背部或握握她的手，以表达关切与理解。但这样的行为如发生在异性间，尤其对年轻异性而言，往往是不合时宜的。这种情况下，来自咨询师关注的目光、前倾的身体姿势、理解时点头的动作等，也可以表达对来访者的共情。

3. 咨询师共情不能失去助人者角色　为建立良好的工作关系，咨询师需要设身处地地体会来访者的情绪、情感，但并不意味着要变成来访者本人，太深地"神入"求助者角色会给助人者的工作带来阻碍。因此，咨询师需要随时保持对自身的觉察，关注自己的状态，善于在助人者和求助者的视野中进行及时的转换。

[临床运用] 一位 ICU 患者的家属前来向医生询问患者情况，由于担心害怕而悲伤万分。这时如果医生因为感受到了家属的悲伤或唤起自己的相关体验后，也开始变得情绪低落和流泪，不仅不能支持到家属，反而可能会让家属失去治疗的信心。

4. 咨询师的共情不是盲目认同　咨询师要充分与来访者共情，但不意味着盲目对来访者的价值观念或行为做法表示赞同与支持。咨询师对来访者的共情，还是应保持一定的道德底线和是非判断标准，能够清晰判断其行为的对错，同时也能理解行为背后的原因。因此，共情主要针对来访者的情绪感受，而非主客观行为。

[临床运用] 医生在急诊接待刚刚打架伤人的患者。患者一边被医生处理伤口，一边诉说他打伤的人是多么可恶。这时，如果医生盲目地与患者共情，可能会讲："那人的确很可恶！"但这样讲可能会助长伤人者的行为。因此可以这样讲："我看见你真的很愤怒，同时，我并不觉得你打架伤人是明智之举。"这句话里运用"同时"而不是"但是"非常重要，"同时"表明了"我"能理解"你"的愤怒，也没有觉得"你"的情绪有错，与此同时"我"也并不赞同"你"的行为。如果运用"但是"，就给人以转折的感受，仿佛之前的愤怒一起被"转折"掉了，会让患者产生被否定的情绪体验。

（三）积极关注

积极关注是咨询师对来访者言语和行为中积极、光明、正性的方面予以关注，从而使求助者拥有正向的自我认知和价值观，并拥有自我改变的内在动力。

1. 积极关注是咨询师协助来访者寻找自身的积极资源　心理学认为，每个人就是解决自己问题的最大资源，心理咨询或治疗的目的就是帮助来访者最大限度地挖掘到自身的积极资源，帮助自己走出困境。

[临床运用] 例如一位抑郁症患者在医生面前讲述自己在生活中是多么的没有用，什么都做不了，婚姻是多么的失败，工作是多么的糟糕。医生知道患者因为自身的病

痛，往往激发了太多的负性情绪，产生了扭曲认知。这时，如果医生运用积极关注的技术，可以说："你认为自己一无是处，那让我们一起来看看你真的什么都做不了了吗？今早你是自己起的床吗？自己穿的衣服吗？自己刷牙吗？自己做的早餐吗？自己到的医院吗？"（在实际操作中，问题是一个一个问的，需要给求助者留出思考和回答的时间）这些问题，旨在启发求助者从不同的角度看待"自己一无是处"这一评价，降低求助者对自己的认知偏差，修正对自己的不合理认知。

当然，助人者也需要认真观察，发现求助者身边的积极资源，比如有没有人照顾他？有没有人打电话问候他？有没有人前来探望他？他有没有特别的兴趣爱好？等等，在适当的时间，将所发现的积极资源告诉患者，以帮助患者挖掘自己内在和外在的优势资源。

2. 积极关注需要实事求是，不能主观臆造　咨询师需仔细观察求助者生活中客观存在的积极资源，不能无中生有或夸大其词，否则来访者会觉得咨询师所讲所言是虚假的。不以事实为基础的"积极关注"将破坏工作联盟，还可能使咨访关系断裂。因此，能够及时发现来访者身上的优势资源，也成为体现咨询师水平的重要能力。

二、参与技术

在建立良好关系的基础上，咨询师还需要进一步运用心理学理论和方法，启发来访者更多地自我探索，以更好地协助来访者理清问题，这其中需要运用到非常重要的"参与技术"。

参与技术主要包括倾听、开放式提问、封闭式提问、鼓励、重复、内容反应、情感反应、具体化，参与性概述（图7-2）。九大技术的灵活应用，有利于助人者更好地深入探讨求助者的问题。下面介绍这九大技术的主要应用方法。

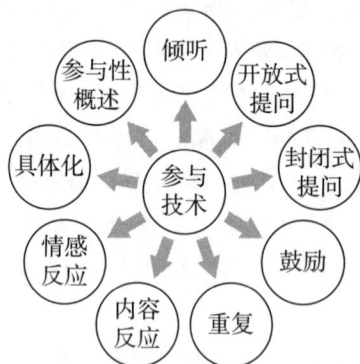

图7-2　参与技术结构图

（一）倾听技术

倾听是咨询师在接纳和尊重来访者的基础上，积极地、认真地、关注地听，并适度回应来访者。

1. 倾听的方法　关于倾听的方法，说起来好似很平常，但真正做到有效倾听，仍然需要一些关键技术来呈现，需要积极地听、认真地听、关注地听、适度参与地听（表7-2）。

表 7-2　倾听方法

具体技术	技术内容
积极地听	运用积极关注的方法（参见积极关注技术），听到求助者积极、正性的一面
认真地听	听问题的前因后果、逻辑关系等，听到任何内容，都需保持专注和镇定
关注地听	不仅要听内容，还要听来访者的情感，包括表情、姿态等非语言信息
适度参与地听	可运用非语言信息，如点头、身体前倾、鼓励的眼神等，同时运用"噢""嗯""是的""然后呢""继续""说下去""我明白了"等语气词，表达对来访者的关注和理解

2. 倾听容易出现的错误　咨询中的倾听行为需要更加注重细节，主要包括听和适当反馈两个环节。但咨询师往往容易在反馈的环节破坏对话关系或打断了对话进程。

（1）咨询师急于对来访者做出价值观评价　咨询师要做到对来访者的积极接纳，因此在倾听过程中要避免急于就听到的内容对来访者进行价值评价，损害咨访关系。如一位因妻子出轨而抑郁的患者，咨询师说："你太懦弱了，不应该为这事生病。"这就是主观而带评价性的言语。正确的说法可以是："喔，你觉得生病是因为你妻子有了婚外情，你感到很难受，请继续讲下去。"这样讲，既不带任何价值观的评价，又表达了助人者在认真倾听，也理解到了来访者的情绪感受，同时也鼓励了求助者继续往下讲。

这里的不评价不是指绝不做评价，而是指不轻易做评价。对来访者进行评价，应遵循"是否有利于治疗"的原则。比如，医生听见一位肺病患者谈论自己仍然在吸烟，作为医生当然要告诉他这样做是错误的，只是表达方式需要考虑来访者的接受程度。

（2）不急于下结论或给出指导意见　咨询师在倾听中需要表现出足够的耐心，适时等待来访者讲述中出现的沉默和思考，不要急于截话或下结论，也要避免急于给出自己的解决办法或指导意见。良好的倾听应该是建立在鼓励来访者全面地讲述自己的想法后，通过提问的技术，与来访者一同探寻问题的根源和解决之道，并尽量指引来访者自己去发现自身问题和解决办法，而不是替代性思考并直接给出问题的答案，这也符合咨询中助人自助的原则。

（二）提问技术

心理咨询中的提问技术，是引导来访者进行反思式思考的重要技巧，主要包括开放式提问和封闭式提问。

1. 开放式提问　是咨询师因需要收集来访者的信息而采用的不设问题答案的提问技术。多以"愿不愿""能不能"开始询问，后跟"为什么""怎样的""什么""如何""因何"等询问用词。如咨询师与来访者初次会谈时提问："能不能告诉我你是因为什么失眠呢？""你能不能回忆一下你是从什么时候开始睡不着觉的呢？"或是"你在怎样的环境中更难入睡呢？""你说你在家睡不着但在公司就可以睡着，你想想这两个地方有什么样的区别吗？"等等。

2. 封闭式提问　是咨询师为澄清来访者所讲的模糊信息中的关键点，而提出带有特定答案的提问技术。一般在问句里加入"对不对""有没有""有多少""是不是""要不要"等词，而来访者也只需回答"是"或"不是"，或类似于简单数字的答案。如询问来访者病史时可以问："你是不是在吸烟？""你吸烟多少年了？"

需要注意的是，无论是开放式提问还是封闭式提问，都需要注意语气、语调和语速，不能咄咄逼人或带有指责性。也避免在提问时同时提出多个问题，让求助者不知道该先回答哪一个。

（三）鼓励技术和重复技术

鼓励技术是咨询师为收集更多信息而鼓励来访者继续讲下去的语言技术。常使用的表达有"嗯""继续讲""说下去""还有吗？""这里可以多讲一些"等等。

重复技术是咨询师直接重复来访者刚刚所陈述的某句话，以引起来访者对自己某句话的重视或注意。咨询师最好能使用来访者的"原话""原词"，会更容易引起访者共鸣，也会给来访者被关注、被尊重的感觉。

［临床运用］ 咨询师说："愿不愿和我讨论一下你计划怎样戒烟呢？"来访者回答："我想从今天开始戒烟。"咨询师继续讲："嗯，你计划从今天开始戒烟。"（这是重复来访者的话。）咨询师接着讲："这是非常好的想法，请继续讲一讲你的具体实施方案和步骤是什么呢？"（这是肯定和鼓励来访者的想法，并引导他进一步思考。）

（四）内容反应技术

内容反应技术是指咨询师把求助者陈述的主要内容经过概括、综合与整理，用自己的话反馈给求助者，以达到加强理解、促进沟通的目的。内容反应技术可结合重复技术，多使用来访者的原话原词。

［临床运用］ 咨询师对来访者说："你可以讲一讲你的吸烟史。"来访者说："我从15岁开始吸烟，开始时一天吸几根。16岁时被父母发现了，挨了几顿打，就不敢吸了。后来18岁上了大学，又开始吸，一周两三包。22岁上班以后，收入增加，吸烟量也增加了，从一天一包增加到了一天两包。30岁准备要小孩时，戒烟了半年。有了小孩后，实在忍不住，又开始吸烟，直到现在45岁了，感觉一天两包都不太够一样。"这时咨询师运用内容反应技术可以说："嗯，你的烟龄已接近30年，中途因为父母反对和生小孩的原因也有两次短暂的戒烟经历，但最终还是开始复吸，而且吸烟量越来越大，是这样的吗？"内容反应技术能够让来访者感到被咨询师充分理解。

（五）情感反应技术

情感反应技术是指咨询师将来访者所讲述内容中表达的情绪、情感，经自己整理、命名后陈述给来访者，以达到协助来访者澄清模糊的情绪、情感信息，促进沟通的目的。

［临床运用］ 来访者说："是的，我平时压力非常大，吸烟是我唯一的爱好，但也因为吸烟过多，我和家人的矛盾越来越大，身体健康也出现了问题，都不知道怎么办才

好。"这时咨询师运用情感反应技术可以说:"吸烟引起家庭矛盾上升和经济压力增加,这让你非常烦恼、痛苦。同时你的身体健康也出了问题,你也感到非常害怕和茫然,是这样的吗?"

情感反应最大的作用是捕捉求助者此时此刻的感受(上例中,咨询师捕捉到的患者情绪有烦恼、痛苦、害怕、茫然,并实时反馈给了患者),这需要咨询师平时多练习对情绪、感受的命名能力。

(六)具体化技术

具体化技术是指当来访者的表达比较概括、模糊甚至混乱时,咨询师协助来访者进行更充分、更全面的问题陈述的技术。常用的表达有"你能具体讲一讲""这是什么意思""这意味着什么"等。如来访者说:"我的情绪很不好,我很不开心!"这时咨询师需要运用具体化技术追问:"你说你情绪很不好,是一直很不好吗?还是遇到什么事情的时候才不好呢?""具体是因为什么事情不开心呢?"来访者自我报告的内容时常会比较模糊笼统,具体化技术的运用也是帮助来访者逐步理清问题,找到问题症结的重要方法。

(七)参与性概述

参与性概述是指咨询师把来访者所讲述的内容和情感信息做简要的总结性回顾,并反馈给来访者的技术,以期达到帮助来访者更清晰地认认识到自己问题的重点的目的。

总之,参与技术旨在为来访者提供一个安全表达的环境,促进来访者先"讲出来",再进行"整理",最后"总结"问题,从而使双方在陈述内容上取得理解一致性的目的。

三、影响技术

影响技术是心理咨询中咨询师协助来访者自我发现、自我探索、自我成长,解决问题和实现咨询目标的重要手段。其主要包括面质、解释、指导、情感表达、内容表达、自我开放六大技术(图7-3)。下面介绍这六大技术的主要应用方法。

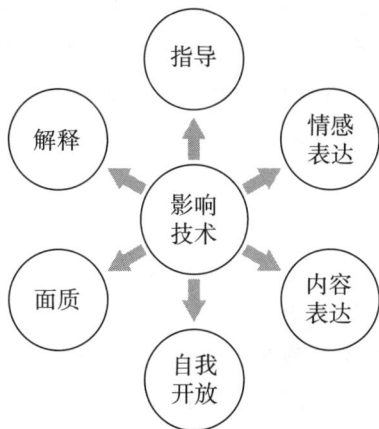

图7-3 影响技术结构图

（一）面质技术

面质技术是指当咨询师发现来访者语言与非语言行为不一致、逃避面对自己的感觉与想法、语言行为前后矛盾时，咨询师提出来访者矛盾、不一致的地方，协助来访者对问题有进一步的了解的技术。目的是帮助来访者觉察到自己的意识和潜意识层面的冲突或不一致。常用"我不知道我是否误会了你的意思""你似乎说到"来作为句式开头。

1. 来访者的言行不一致　咨询中，时常会发现来访者用言语陈述的想法与其实际的行为内容不一致，这时需要咨询师指导来访者反思和澄清。如来访者说："我很爱我的女儿。"但在来访者的其他描述中，讲述了很多与关心自己女儿无关的行为，此时咨询师可以询问："你说你很爱自己的女儿，但从刚才你描述的自己生活日常里，好像很少有与女儿的互动，这是为什么呢？"

2. 来访者的情绪体验和表述内容明显不一致　来访者言语表达的内容与其实际的情绪、情感表现不一致时，咨询师需要用到面质技术，帮助来访者理清真正的问题所在。如来访者说："我并不喜欢与人交往。"但当来访者讲到自己曾经与好友一起旅游时流露出了快乐与满足的情绪时，咨询师可以继续询问："你说你不喜欢与人交往，但刚刚我从你说到与朋友一起游玩时的表情中看到了开心与向往之情，你确实是真的不喜欢与人交往吗？还是有什么事情发生？"

需要注意的是，面质技术要避免人身攻击，要如实陈述内容及现象，要语气缓和，留有余地。

（二）解释技术

解释技术是咨询师运用理论知识向来访者反馈其陈述的问题，以及对问题进行分析的技术。

［临床运用］患者说："我很想戒烟，可是抽了几十年了，不抽烟时就浑身不自在，坐立不安，想发脾气，一抽上就好了。现在身体已经出现问题，明知道影响身体健康，想戒烟又怎么也戒不了，我实在太没有毅力了。"咨询师可以运用解释技术说："从你的吸烟史看，吸烟已经是成瘾行为了。'成瘾'是一种慢性复杂性的脑部疾病，它背后是一整套复杂的运行机制，不能简单批评你没有毅力，要成功戒断，需要配合医疗、心理、家庭、社会等因素共同介入，戒断的成功率才会增加。"

（三）指导技术

指导技术是指咨询师直接指导来访者的行为，给出明确的解决思路或办法等。指导技术对来访者有着非常明显的影响力。

［临床运用］患者说："我现在肺部已经出现了病变，必须要戒烟了，但这烟瘾我实在难以克服，该怎么办呢？"咨询师运用指导技术可以说："嗯，目前这种情况，除了心理咨询以外，你下一步可以申请到我院精神科和心身科会诊，经过评估与诊断后，再制定下一步治疗方案。"

（四）情感表达技术

情感表达是指咨询师将自身的情绪、情感或从来访者所述内容中体验到的情绪、情感陈述给来访者。情感表达技术常常会把被来访者忽略掉的情绪、情感呈现出来，供来访者自我发现。

[临床运用] 来访者开心地说："这段时间我开始不吸烟也能安静下来了，咳嗽也比以前改善很多了，感谢你，医生。"咨询师运用情感表达技术可以说："我能感觉到你有了这样的改善内心非常开心，我也非常高兴，加油！"

情感表达技术一般只对求助者做正性情感表达。咨询师可通过积极正向的情感表达对来访者进行鼓励。

（五）内容表达技术

内容表达技术是指咨询师围绕来访者的问题将自己的观点、建议等陈述给来访者，以促进来访者达成咨询目标的技术。

[临床运用] 咨询师对上例来访者说："我希望你对你的肺部感染引起足够的重视，好好配合医生的治疗，积极戒断你的烟瘾。"

需要注意的是，运用内容表达时应注意避免使用命令式、强迫的语气，如"你必须""你一定要"等，可使用"我希望""我期待""你可以"等较为缓和的语气。

（六）自我开放技术

自我开放技术是指咨询师围绕来访者的问题，开放式地表达咨询师自己的情绪、行为、经历等，以期同来访者形成一种情感共鸣。同时，咨询师的自我开放态度对来访者也有一定程度的示范作用。

[临床运用] 一位患者家属因着急患者病情而情绪激动。咨询师运用自我开放技术可以说："您现在情绪看起来非常激动，但我完全能够理解您，以前我的家人生病时，我也像您一样着急。但着急解决不了问题，您先平复一下情绪，我们再来商量具体的解决办法。"

以上是关于心理咨询的一些基本技术，关于其他技术的内容，有兴趣的读者可以参阅心理治疗书籍。以上技术的介绍是为帮助医学生有选择性地运用在今后的临床工作中，促进医患沟通与诊疗。

本章临床应用

在当代的生物－心理－社会医学模式背景下，心理学知识和技术越来越运用到预防和治疗躯体疾病，促进人类健康之中。问诊是中医临床诊察疾病的重要方法之一，是医生与患者主动交流互动的重要环节，体现了现代生物－心理－社会医学模式的内在要求，对当前医学模式的转变和医患关系的改善有重要参考意义。

我国学者黄朝宗在关于"中医创新性问诊方法与医患沟通对提高患者满意度的作用

与影响"的临床研究中，将运用传统中医问诊方法的被试组作为对照组，将结合哲学思维、积极心理学等多学科融合的创新性问诊方法运用于被试的实验组作为临床观察组。研究结果显示，观察组患者满意度为98%，对照组满意度为75%，两组实验数据具有统计学显著差异。说明运用心理学知识的问诊方法，加强了医患间的沟通交流效率，能够明显提高患者满意度。

【复习思考题】

1. 心理咨询和心理治疗的联系与区别是什么？
2. 试述心理咨询的基本原则。
3. 建立关系技术有哪些？

【参考文献】

1. 胡佩诚. 心理治疗［M］.2 版 . 北京：人民卫生出版社，2013：1+21.

2. 郭念锋. 国家职业资格培训教程心理咨询师基础知识［M］. 北京：民族出版社，2012：415-418.

3. 中华人民共和国精神卫生法 . 北京：中国法制出版社，2018：18.

4. 郭念锋. 国家职业资格培训教程：心理咨询师（三级）［M］. 北京：民族出版社，2012：65.

5. 刘国萍，王忆勤. 中医问诊研究与临床应用［M］. 上海：上海科学技术出版社，2021：11-12.

第八章　医患关系与沟通 ▷▷▷▷

医生的诊疗活动是在医生与病患良性互动的基础上实现的。近年来随着现代生物－心理－社会医学模式的转变，医患关系的建立与沟通问题越来越受到社会广泛的关注与重视。实践证明，医生作为医疗活动的实践者，掌握足够的医患沟通技能并应用于临床实践，对于整体提高医疗服务质量与水平有着至关重要的作用。本章重点介绍医患关系与沟通的理论知识及相关实操技术。

第一节　正确认识医患关系与医患沟通

医患关系是指在医生与患者之间，就健康与疾病问题建立起来的具有真诚、信任、彼此尊重特点的人际关系，也是一种非常特殊的人际互动关系，并直接影响着整个医疗活动的方向与质量，影响疾病的诊断、治疗及预后的医疗服务全过程。实践证明，良好的医患关系对于提高医生的诊疗实效具有重要影响和积极作用。

一、医患关系与沟通的重要性

在临床实践中，良好医患关系的建立是进一步促进医患良性、有效沟通的重要基础，也是进一步促进有序、有效的结构化临床诊疗活动的重要基础。良好的医患关系与沟通能够促使医生与患者之间建立起彼此的信任与尊重，帮助医生更切实掌握患者的个人特征和疾病的发生发展过程，提高疾病诊断的准确性及制定合理的治疗方案；同时能够有效提高患者的治疗依从性，促进和保障诊疗过程有效完成，从整体上提升医疗服务质量与水平。

（一）医患沟通现状

2013年国家卫生计生委统计显示，全国医疗卫生机构总诊疗人次达73.1亿人次，其中发生各类医患纠纷事件超过7万件，2014年达11.5万件。同时，相关调查研究显示，超过80%的医务人员认为目前我国医患关系亟须得到改善，而89.2%的医务人员表示"医患沟通不畅"是造成医患关系紧张的最主要原因。近几年国家陆续出台相关政策大力整改，高度重视各医疗单位的医患沟通治理与改善，截至2020年医患纠纷下降至18670人次，表明医患矛盾是可以通过有效手段去化解和避免的。

下面通过两则案例呈现医生对医患关系的影响作用。

案例1："因'不看患者'被误解的医生"　曾有一例医患矛盾案例报道，一位患者在就医后将某知名医院投诉于媒体，患者投诉该医院的医生对患者不负责且十分冷漠。院方在认真处理此问题的过程中发现，患者在投诉中反复强调："在整个接诊的过程中，医生都没有抬头看过我一眼，居然就把处方开出来了。"院方仔细查看病历，发现医生确实记录了患者的主诉要点，且用药也非常对症，从病情诊断到处方治疗都没问题，可为什么患者要投诉这位医生呢？原因是患者觉得自己主观上感到医生不认真负责，因为他认为医生连"看都不看我一眼"，怎么能够正确诊断和处方。难道"看一看"对患者而言就这么重要吗？

"看一看"确实很重要，它是一位医生在诊疗疾病过程中的第一步，即"望闻问切"中的望诊，"视触叩听"中的视诊。它首先传达的是医生对患者的尊重、关心和倾听，其次才是医生对患者进行四诊合参的诊疗过程。这位医生也感到很委屈，他解释说：自己肯定是"看了患者"的，只是可能因为患者很多，同时自己也熟悉疾病诊断，因此快速地完成了四诊合参的诊断过程，没想到却让患者误以为自己未认真诊断。

案例2："不会说话的医生" 一名医生正在与一位癌症患者沟通其病情，本想安慰鼓励患者，向患者传递一些希望，但说出的话却是"像你这种情况，死亡的概率为80%"。这以"死亡"作为主语的一句话，不但让患者觉得医生冷漠无情，更传递了一种消极信号，甚至有一种死亡宣判的感觉，引起了患者及家属的强烈不满。在上面的例子中，医生如果能掌握一些沟通技巧，可以选择用更积极的表述与患者沟通，如可以换成说："你的情况比较严重，但目前这类疾病的生存率有20%，希望你积极治疗，不要放弃。"在临床医患沟通中，还有不少因为"不会说话"或"说话不好听"而导致医患矛盾的案例，医务工作者在与患者沟通病情时需要提高语言的艺术性。当然，也有一些患者说话"不好听"，导致医患矛盾升级的情况。如面对医生反复问诊，患者不耐烦地直接问一句："你到底行不行？！"一句话让医生很难堪，有被质疑的感觉，也容易引起进一步的医患冲突。如何面对患者的这些质疑，也是医务工作者需要注意的，在诊疗过程中，医生占据主导位置，不能因为被无辜受到质疑就消极对待患者，可以向患者解释："这个问题很重要，我需要详细记录，这对您的病情恢复也有帮助。"

医患关系的发生发展是基于"医"和"患"双方互动产生的，但医生的角色往往占有主导影响，因此医务人员需要主动提高对医患关系的重视，主动学习医患沟通技巧。

（二）医患关系与沟通的重要性

医生与患者的关系犹如一对亲密的合作伙伴，他们的共同目标是战胜"疾病"，获得"健康"。古往今来，常见的医患关系模式大致分为三类：主动－被动型模式、指导－合作型模式、共同参与型模式。这三类医患关系模式分别对应不同类型的疾病患者及沟通情景，构成了整个医疗互动过程的重要关系基础。

1. 良好的医患沟通是保证医疗的前提 近年来医患冲突事件频发，医患关系问题再次成为公众热议话题。早在2008年，中国医师协会就曾发布相关数据称：90%的医患纠纷都与沟通不当有关。医患沟通不良容易使患者对医生不信任，甚至导致医患双方产生对立情绪。据有关记者在医院采访时发现，让患者愤怒，甚至有暴力冲动的首要原因，是觉得医务人员缺乏对自己作为患者身份的尊重态度。如医务人员在窗口工作态度冷淡、医院标识不清导致患者需要跑来跑去、门诊和治疗中不断出现的加塞行为等。而因为医疗差错和医疗事故导致的患者不满，反而排在医患冲突原因的后面。由此可见，良好的医患沟通是保证医疗服务顺利开展的重要前提，缺乏这个前提，真正的治疗很难开始，也影响治疗的成效。

2. 医疗工作者有必要掌握医患沟通能力　希波克拉底曾说过："医生有两样东西能治病，一种是药物，一种是语言。"这句话将医生用语言参与治疗作为了医生必须掌握的一项必备技能。美国关于加强医学生人文素养的培养起步较早。早在 1999 年，美国住院医师教育评鉴委员会（Accreditation Council for Graduate Medical Education，ACGME）将医患沟通能力列为医师人员需要掌握的核心能力之一。英国医学教育也十分重视人文素质教育，英国医学总会在"明日的医生"报告中强调医学毕业生必须具有与患者、患者家属、卫生社会保障领域相关人员进行有效沟通的能力，并将沟通技能列为医生需要掌握的重要技能之一。

可见，医患沟通能力的培养是现代医学模式对临床医学教学的新的必然要求，也是当前高等医学教育改革的重点内容。医学生需要充分认识到医患沟通技能的重要性，主动学习相关知识和技能，在临床实践中不断提高自己的医患沟通水平与实效。

二、医患关系与沟通的影响因素

医患关系的发展与医患之间的互动沟通是一个复杂的过程，其中主要受到来自医生和患者双方面的影响，还受到来自周围中介因素的影响。因此，需要更全面地看待医患沟通，尽量创设能够促使医患之间达成和谐互动、实现诊疗目标的沟通氛围。

（一）来自医生的影响

医患沟通虽然是双向互动过程，但医生时常成为医患关系中的主导因素，是重要的引导性角色。

1. 医生的个人特质对医患互动的影响　大多数时候，在患者推门而入，走进诊室的那一刻，来自医生个人的人格特质、职业素养、接诊态度和问诊方式，在第一时间影响了医患关系的建立。如果医生展现出对患者的尊重与热诚，积极倾听与接纳，与患者共情式交流，同时展现出自己熟练的专业知识与技术，就容易让患者瞬间缓解就诊的焦虑和恐惧心理，并赢得患者的信任和信服。

2. 医生的个人状态对医患互动的影响　医患互动的过程是以医生为主导，为患者提供医疗服务的过程。在此过程中，医生现场的个人状态会直接影响这段关系的发展。如当日医生自己遇到应激性事件处于情绪不稳定状态，或者对来访患者产生"反移情"时，会影响医生对患者做出客观正确的诊疗判断。这时需要医生对自身状态的改变有敏锐的自我觉察，并能及时自我调整。

3. 医生关于沟通技巧的掌握对医患互动的影响　医生是否掌握了足够熟练的沟通技巧，关系着医患互动的成效。如果医生掌握了患者的一般心理特征和心理需求，并恰当地运用沟通技术，能在很大程度上引导良性医患互动的发生，有利于诊疗的顺利完成。

（二）来自患者的影响

虽然医患关系在一定程度上受到医生的主导因素影响，但互动是双方的过程，来自患者的个人特质和互动反馈也同样影响着医患关系的发展。

1. 不同疾病患者对医患互动的影响 身患不同疾病类型的患者会在就诊过程中表现出不同的行为特点。如脑梗、癌症等重症患者表现更消极，同时也容易将治疗效果不理想所产生的愤怒或悲伤投射给医务人员，造成紧张的医患沟通局面。而一般短程患病者或普通疾病患者则相对更容易沟通，能够积极配合治疗，促使医患互动更顺畅。作为医生，需要掌握不同疾病患者的一般心理特征，多一分理解，多运用一些沟通技巧，以避免矛盾的发生。

2. 患者对医生的移情反应影响医患互动 患者对医生的"移情"反应和医生对患者的"反移情"反应，是临床治疗互动中常见的心理现象。移情是指人作为主观化个体，在与他人互动中无意识的将个人情绪、情感投注于对方的心理过程。患者容易将由疾病导致的消极情绪投射给医生，也同样容易将积极情绪甚至亲密关系投射给医生，从而影响自己的就医行为。作为医生需要能够敏锐地识别患者对自己"移情"的发生。

3. 患者的人格特质和文化背景对医患互动的影响 在实际临床诊疗中，医生会遇到明显具有个人特质的不同患者，包括不同的人格特质和文化背景，均会在一定程度上影响医患互动过程。例如具有偏执人格特征的患者相较而言更难以沟通，他们往往坚持自己对疾病的认识或主观看法，拒绝采纳医生的指导和建议。而有些患者的依从性较高，对医生容易信任，也愿意进行充分的沟通，使得医患关系更稳固，医患沟通更顺畅。同时，患者的文化水平也会影响医患沟通的顺利进行，需要医生给与患者一定的尊重和理解，加强充分的沟通，使患者能够正确理解诊疗过程，避免医患沟通的矛盾冲突。

（三）来自就医过程的影响

医患互动贯穿着整个就医过程，因此就医过程中的重要因素也会影响医患互动的结果。例如患者走进医院、走进诊室的全过程是否让患者感受到便捷，是否感受到来自医院和医生的人文关怀，是否感受到医生的专业性等，均会在一定程度上影响患者的主观就医体验，这种主观感受会直接表现在与医生的互动中，影响医患关系的发展。如果患者需要长时间等待就医，或就医流程过于反复折腾，会容易让患者产生烦躁和无序的消极体验，此时患者容易将消极情绪转投给医生，造成医患冲突。

（四）来自社会舆论的影响

社会传媒的宣传报道具有影响覆盖面广、信息传播迅速快的特点，并对公众的态度、情感和行为具有较强的引导和冲击影响作用。公众看到什么，就容易相信什么，这是群体普遍存在的从众心理效应。因此，如果舆论对个别医患矛盾事件进行刻意渲染和负面报道，无疑会增加医患双方的对立情绪和沟通距离。作为具有社会责任感的媒体应促进公众对健康和医疗的积极认识，促进医患双方的相互理解与合作，从更高的视野和格局促进大众对医疗卫生服务的正向认知和积极情感。

第二节　医生角色与患者心理

一段良好医患关系的形成是多种因素综合促进的结果，涉及医患关系的本质，是医患关系中双方角色特征和责权义务的展现。本节内容主要是围绕医生角色与行为、患者心理等几个方面来阐述医患关系建立的基础。

一、医生角色与行为

在医患关系中，与患者角色相对应的是医生角色（role of medical practitioner），医生角色属于社会角色的一种，同时具有其自身的特点和角色行为规范。

（一）医生角色

医生角色一般内在包含了医生的角色形象、角色行为、角色言语、角色态度与价值观、角色认知特征、角色情感、角色胜任力等相关因素。主要规范了医生是疾病治疗和促进公众健康的社会角色，要求医生的言语和行为要符合医生职业规范，要求医生具有充分的医疗知识与技术，要求医生能够充分展现救死扶伤的职业精神形象、职业态度与价值观等，并要求医生具有良好的职业胜任力。

（二）医生行为

在医生行为规范中，除了要求医生需要开展具体的治疗活动，还规范了医生的责任、权利与义务等内容。其中，医生需要尽到相应的职业责任，包括对个体健康负责、对群体健康负责。同时医生具有相应的行为权利，包括诊断权利，对患者进行各种检查、医学治疗及死亡判定的权利，参与医学司法活动的权利，从事医学研究和学术交流的权利，以及获得劳动报酬的权利等。最后，医生还有相应的义务行为，包括人道主义的义务、告知义务、为患者保密的义务、健康教育的义务、为患者提供其他医学资源的义务等。以上内容共同构成了医生的职业行为。

二、患者心理

尽管现代社会医学技术已日趋智能，在生物医学技术上能为患者提供更好的治疗与照顾，但患者依旧对医务工作者有强烈的依赖心理。患者作为患病的主体，其在生理功能、心理特征及行为特征上均会发生相应变化。疾病影响心理状态，心理状态也会反过来作用于疾病发展。已有研究表明，患者的心理状态能够明显影响其疾病的发生发展，因此，患者的心理状态在整个医疗活动中的作用不可小觑。依赖医学技术的医疗服务已不能满足医学的发展和患者的需求。新的医学模式和"以患者为中心"的医疗服务，需要医务工作者熟悉患者的各种心理特征，并采取相应的措施对患者进行有效的干预指导。取得患者的信任，建立良好的医患关系，使患者更主动地配合治疗，是取得诊疗实效的重要环节。

（一）患者角色

1. 患者的概念　患者（patient）是指患有疾病或处在医疗中的人，这是狭义的概念。广义的患者则是指有求医需求，或在生理、心理及社会功能上失调的人群，既包括通过医疗检查和医生诊断后确诊的人群，也包含没有找到明确疾病却认为自己处于疾病与异常状态的人群。

2. 患者角色及特点　患者角色（patient role）是个体在社会角色中承担的一种特殊角色，个体处于患病状态、有求医要求，或被医生和社会确认为患病的社会角色，也被称为患者身份。当个体处于患者角色后，其心理活动或行为模式会发生相应的变化，也会受到社会的不同对待。美国社会学家帕尔森（Parsons T）最早提出患者角色的概念，他基于当时的传统生物医学模式，认为患者角色主要有以下 4 个特点。

（1）暂时减免正常的社会责任　患者可以从原有社会角色中暂时解脱出来，在履行某项社会责任或义务时具有减轻或豁免权。比如，医生会说："你生病了，今天就在家好好休息，不用去学校了。"学校也会依据病情适当减免患者作为学生角色的相应义务。

（2）需要接受帮助　患者因为病情往往会丧失一部分或者全部的自理能力或社会功能，在一定程度上需要依赖他人帮助，需要亲人和医疗医护人员的帮助。

（3）对尽快恢复健康具有责任　没有人愿意生病，患者生病往往是迫不得已，患病会影响患者的社会活动或社会功能。此时，患者需要对自己的病情负责，主动去寻求让自己能够尽快治愈的帮助。

（4）需要主动寻求帮助尤其是医疗帮助　患者应承认自己生病的事实，努力寻求他人帮助，在接受治疗中应积极与医生进行合作互动，这是确保疾病痊愈的必要条件。

3. 患者角色的权利与义务　患者角色享有特有的权利，同时也应承担相应的义务。在医疗过程中，不能把患者角色的权利与义务分割开，否则将会影响医患之间的合作与协调，不利于患者的康复和医疗机构的正常工作。

（1）患者角色的权利　患者作为一种特殊的社会角色，在患病期间享有一定的角色权利，以帮助自己抵御疾病，尽快恢复健康。患者享有的具体权利包括：①享有普遍医疗服务的权利；②享有被尊重、被了解的权利；③享有对疾病诊治知情同意的权利；④享有保守个人秘密的权利；⑤享有监督自己医疗权利实现的权利；⑥享有一定程度上免除相应病前社会责任的权利。

（2）患者角色的义务　对于一定的社会角色来说，权利与义务总是相伴而行的。作为患者，需要尽到相应的义务，包括：①应向医务工作者真实地报告与疾病相关的信息；②及时寻求专业医疗帮助，争取尽早康复；③遵守医嘱，配合医务工作者完成各项治疗任务；④遵守医疗机构的各项规章制度，支付医药费用；⑤根据病情与治疗的需要，改变不利于疾病康复的生活方式。

4. 患者角色变化　患者因为遭受疾病容易产生相应的一些角色变化，主要包括角色转变和角色适应不良。

（1）角色转变（role transition）　是指个体由原有社会角色转换或发展为一个新角色的过程。由于处于患病状态，受到病痛的折磨，个体需要从原有的社会角色转换到患者角色，原有的心理活动和行为模式会发生一些相应的变化。甚至有些病情严重的患者还会出现一定的退行变化，比如成年人患者突然变成小孩子的心理状态，需要人时刻陪伴，生活不能自理等。

（2）角色适应不良（role maladjustment）　是指患者不能顺利从原有正常社会角色转化为患者角色的情况。常见的角色适应不良有以下几种情况：

①角色缺如（role scarcity）：是指患者拒绝进入患者角色，不承认自己是患者或否认病情的严重性，没有配合治疗促使健康恢复的想法。导致患者角色缺如的原因包括：患者缺乏医学常识，不接受意见也不相信医生做出的诊断与治疗建议；由于患病会损害到患者个人利益（如求学、婚姻、事业等），导致患者不愿意接受患者角色；社会对某些疾病的"污名化"使患者产生病耻感，因而拒绝患者角色；或者患者使用"否认"的心理防御机制，试图减轻自己的焦虑情绪等。

②角色冲突（role conflict）：是指个体在社会上要承担多种社会角色，在向患者角色转化过程中，与原有社会角色产生冲突。患者在转化过程中不愿意放弃原有角色的行为，或是原有某种角色的重要性和紧迫性凸显时，患者拒绝转化为患者角色，但因其行为不符合社会期待，此时就容易出现角色冲突，常表现为焦虑不安、烦恼、愤怒，甚至痛苦。出现角色冲突的患者多为承担社会或家庭责任比较多的人，常常表现为因为工作、学习或家庭事务等而没有办法坚持完成相关治疗。

③角色强化（role intensification）：是指患者进入患者角色接受治疗后，随着病情的康复好转不愿意转化为正常社会角色，其行为与疾病症状程度不吻合，过分强化自己的患者角色，或安于患者角色的情况。一般情况下，角色强化的原因包括：患者角色可以为患者带来继发性获益，如可以减免社会责任、得到情感关怀等；某些患者对于康复后返回正常社会角色具有恐惧心理，便使用退化心理机制来应对环境，不愿意正面面对未来。

④角色减退（role reduction）：是指患者进入患者角色后，又因为某种原因主动地放弃患者角色，重新承担原有的正常社会角色的责任。导致角色减退通常是由于患者承担正常社会角色责任的紧迫性、局限性或达成某种动机的强烈性所引起的。例如，一位生病住院的单亲母亲会因为担心孩子没人照顾而提前出院，想要回家照顾孩子，结果因延误治疗使病情加重。

⑤角色异常（role disorder）：是指患者在患者角色适应中的一种异常类型。患者无法承受病痛或无法接受因病情所带来的挫折和压力感，对患者角色感到悲观、厌倦、绝望，从而变现出冷漠、绝望、拒绝配合治疗的情况。这种情绪对患者的治疗和康复十分不利，有时还会出现恶性意外事件，需要医生和家属提高警惕，对患者进行及时纠正与干预。

了解患者角色转化和角色适应问题，有利于帮助医务人员更好地理解和把握患者心理状态。同时帮助患者尽快从心理活动和行为模式上适应患者角色，使其在治疗过程中能更好地配合医务工作者。病情康复后指导患者尽快地摆脱患者角色，鼓励其重新回归到原来正常的社会角色和社会生活中。最后，医务工作者还要避免因为不当言行造成对患者角色转变与适应的负面影响。

（二）患者行为

患者作为患者角色，在治疗过程中需要采取相应的患者行为来完成治疗过程。在实际的医疗实践中，患者的行为主要分为求医行为和遵医行为。

1. 求医行为 是指当个体感到病痛或不适时寻求医疗帮助的行为。求医行为是人们治疗疾病、维系健康的一种重要行为。

（1）求医行为的动机 个体感知自己患病后是否产生求医行为，主要与个体的生理、心理和社会影响等因素相关。

①生理动机：个体由于身体器官损伤、疼痛或自我感觉不适而影响正常生活，且无法解除痛苦时就会产生求医行为。临床观察发现，影响患者求医行为的关键因素，并不是疾病的性质或严重程度，而是患者对疾病的主观感受。只有当个体主观感受到病痛达到一定程度时才会促成求医行为，而每个人对于自己疾病的感知阈限是不同的。如有的人不能忍受一定的生理异常或一疼痛就会第一时间就医；而有的人感觉阈限很高，能够忍受超过常人能忍受的疼痛感，容易造成延迟的就医行为。

②心理动机：当个体面对自己身体的不适时，个体对自己身体的心理评估，或对于就医效果的心理评估，会在一定程度上决定他的就医行为。另一方面，如果患者对自己所患病存在明显的病耻感，则会阻碍其就医行为的发生。因此，个体在心理层面对疾病的认识及对自我的认识和评估，会显著影响其求医行为。

③社会动机：有时候个体的就医行为是出于对由社会因素产生的现实威胁或潜在威胁的担心。如环境污染、传染性疾病、不良工作环境等会对人们产生健康威胁，使人们更加注意预防与保健，一旦发现疾病苗头就很容易促成就医行为。

（2）求医行为的类型 由于不同患者面对疾病的认知与态度不同，导致其做出的具体求医行为不同，具体可分为以下3种类型。

①主动求医行为：指个体感觉不适或出于保健预防目的，在自我意识支配下主动产生的求医行为。在社会生活中大多数人会采取主动求医行为。

②被动求医行为：指患者不能做出求医决定或实施求医行为，由他人代为做出求医决定而产生的求医行为。产生被动求医行为的患者多为缺乏自主能力或丧失决定能力的患者，如处于昏迷、危重状态的患者，精神病患者及婴幼儿等。也有因对疾病的严重程度认识不足，或因社会和经济原因没有产生求医行为，而由他人帮助代为求医，如偏远山区经济困难又罹患重病的人群。

③强制求医行为：指本人没有求医意愿，但因其对社会生活、公共安全或公众健康存在严重危害，由公共卫生机构或患者监护人给予其强制治疗。强制求医行为主要针对如艾滋病、精神疾病、严重传染病等会对自身、公众、社会安全构成严重危害的特殊

患者。

（3）影响求医行为的因素 不同的人其求医行为类型不同，主要取决于个体对疾病与健康的认知，个体不同的人格特质与应对方式，也取决于个体的年龄和疾病状态等，并受社会医疗环境的影响。

①个体对疾病的认识程度：个体对疾病的主观认知是决定其求医行为的重要因素。通常情况下，患者认为自己病情严重，会对自己的生活产生较大影响，或后果不确定、面临严重威胁时，就会积极求医治疗；而认为病情较轻，影响较小，或后果尚未确定时，就容易产生消极的就医行为。

②个体人格特征：个体求医行为与个性特征、疾病体验及个人动机等密切相关。如性格内向谨慎、敏感多疑、依赖性强的患者大多比较敏感，很关注自己的机体感受，也容易夸大身体与情绪感受而产生焦虑情绪，从而促进其积极的求医行为；相反，乐观开放、独立性较强的患者则容易忽视机体感受，或对自己身体过于乐观而未引起重视，就会减少求医行为。

③个体的年龄、性别：一般来讲，婴幼儿和儿童处于抵抗力较弱的时期，老年人处于身体功能下降时期，均会出现较多的求医行为。青壮年身体抵抗力相对最强、患病率较低，求医行为则相对较少。性别原因也会影响求医行为，根据统计数据显示，女性会出现比男性更多的求医行为。产生性别差异的原因，可能是因为女性更关注自己的身体状况，更容易表现脆弱并愿意接受帮助，也更愿意配合医生治疗。

④社会环境因素：社会环境因素也是影响求医行为很重要的因素。如医疗保健设施的完善情况，医疗保健制度越完善患者越愿意就医，体现在医疗费用的支付方式上，如公费治疗、医疗保险治疗的占比越大，患者产生的求医行为就越多，反之则越少。同时，社会经济发展的状况不同也会直接影响大众的求医行为，如患者的经济收入、受教育程度、社会地位等均会直接影响患者的求医行为。

2. 遵医行为 是指患者遵守和顺从医务人员的医嘱进行检查、治疗和预防疾病的行为。医疗需要患者与医务人员的紧密配合，患者需要严格遵守医嘱，配合医生共同努力才能使身体尽早恢复健康，因为患者良好的遵医行为将直接影响疾病的治疗效果。

具体来讲，影响患者遵医行为的主要因素有以下几个方面：

（1）医患关系 良好的医患关系会明显提高患者的遵医行为，提高患者对医生专业水平的主观认可度，提高对医院服务质量的满意度。因此，良好医患关系的构建能够进一步促进医患沟通的顺畅，提高患者的治疗依从性，增进其遵医行为。

（2）患者的认知能力 由于大多数患者缺乏相关医学知识背景，对一些医学术语不能理解或错误理解，均可能造成不遵从或误从医嘱。因此医生在与患者进行治疗沟通时，应尽量做到通俗、简明、清晰及可具操作性。

（3）疾病性质与治疗方案 一般情况下病情较轻或慢性病患者的遵医行为会相对较差，因为病情不太紧急，容易让患者不够重视医嘱。同时治疗方案相对复杂、对患者限制较多或治疗效果暂时不明显时，患者的依从性也会变差，表现出较差的遵医行为。

（三）患者的需求

需求（need）是指个体由于某种缺乏而力求获得满足的心理倾向，是个体行为的重要动机。当患者从一般社会角色转变为特殊患者角色时，也会产生不同于健康状态下的新需求。当个体的需求被忽视、被误解时，就容易引起心理冲突。医护人员除了满足患者的外在需要，还应了解、熟悉患者的内在心理需要。结合马斯洛需要层次理论，患者的心理需求主要包括以下几方面：

1. 生理、生存的需求　健康人很容易获得呼吸、进食、睡眠、排泄、运动等基本生理、生存需要的满足，而患者由于患病可能连基本的生理、生存需要都会受到阻碍。因此，摆脱病痛、恢复健康是患者最重要的生理、生存需要。

2. 安全感的需求　疾病会对个体的人身安全构成威胁，因此患者会产生较强的安全感需要。疾病会给患者带来伤害和失去，疾病的严重程度会影响患者对安全感需求的强烈程度。一般情况下，病情越严重，患者就会变得越敏感、恐惧，对安全感的需求就越强烈。医护人员和患者家属要理解患者对安全感的需求，及时给予相应的医学常识宣教与心理安抚，为患者提供专业诊疗及细心呵护。

3. 社会交往的需求　人是社会性动物，必须生活在一定的人际关系和社会环境中。但生病会使患者的社会交往受到限制或发生变化，因为生病住院会让患者暂时离开工作岗位、亲友分别、减少社会交往等；同时进入陌生的医院环境，原来生活的改变、社交的改变都可能给患者带来不适应或负面情绪，患者为了尽快做出新的适应，就会产生社会交往和情感沟通的心理需求。医护人员和患者家属应对患者的社交需要予以理解和支持，给予患者更多的关怀与沟通，并鼓励患者在通过原有交际环境获得支持的同时，也积极建立新环境中的人际互动，以增强自己的社会支持。

4. 尊重的需求　患者患病期间容易自我评价变低、自信心下降，甚至会变得非常敏感脆弱，很在意别人对自己的看法与评价，害怕成为他人的负担或麻烦，因此对尊重的需求反而会增强。这需要家属与医护人员给予患者更多的理解和尊重，主动关心患者，积极回应患者的合理需求，时常鼓励患者做出有助于疾病康复的积极行为，增加患者战胜疾病、恢复健康的信心。

5. 自我实现的需求　患者患病期间不仅不能像健康时一样进行学习、工作和社会交往，还需要他人照顾，容易导致其产生较强的失落感和挫败感，这种负面感受会进一步阻碍患者想要自我实现的心理需要。此时需要家属和医护人员帮助患者建立信心，鼓励与陪伴患者克服困难、认真遵从医嘱，帮助患者改变一些不良的生活习惯等，通过促进患者做一些力所能及的正向事件，及时给与患者肯定与表扬，让患者在战胜病痛的过程中获得成就感，以间接地满足自我实现的需要。

患者的心理需求存在普遍性，医护人员应熟悉和掌握患者心理需求的变化，针对患者具体的身心特点，尽量满足患者的合理化需求，促进患者尽快恢复健康，回归正常社会生活。

（四）患者的一般心理特征

现代生物－心理－社会医学模式认为，人的心理与生理功能相互影响、相互联系，心理问题会引起躯体症状从而影响个体身体健康，躯体疾病反过来也会促发心理失调和心理障碍的产生。因此，在患者患病治疗过程中，医务人员更应注重其心理状态的变化，把握患者的一般心理特征，有助于更好地促进患者的康复。患者的一般心理特征是指患者进入患病状态后产生出与健康状态下不同的心理特征，主要表现在认知活动、情绪、意志行为和人格特征几个方面的改变。

1. 患者认知活动的改变

（1）感知觉变化　患者由于受到疾病的影响，可能会在感知方面出现变化。患者注意力会从外部环境转向自身的感受和体验，对自身细微变化的感受性增加，或放大自身感受，甚至出现感觉过敏的现象。例如，有阳光就觉得很刺眼、对输液的疼痛不能忍受、对噪声感到紧张不安，甚至产生原本健康的器官也有问题的错觉。一些患者还会因为疾病而出现感觉迟钝的现象。例如，吃什么都觉得没味道、四肢麻木没有感觉，甚至感觉不到疼痛。患者在患病期间还会由于痛苦和对时间产生错误的感知，总觉得生病的时间过得很慢，感觉度日如年。甚至有些疾病本身也会让患者产生空间知觉障碍，会出现感觉地面不平、房间晃动等错觉。

（2）记忆和思维变化　患者处于疾病状态时，记忆力可能会出现衰退的变化，主要表现为注意力不集中、记忆力下降，对以前发生的事、自己说过的话、自己的病史等回忆不起来。患者的思维也可能会产生变化，主要表现为逻辑思考能力下降、思维迟缓、判断力减弱、优柔寡断、对事情难以抉择等情况。

2. 患者情绪特征改变　患者普遍存在情绪不稳定和心境不佳的情绪特征，容易产生情绪波动、情感脆弱，进一步引发患者的负性情绪特征，如焦虑、抑郁、恐惧、愤怒、多疑等情绪。

（1）焦虑　是个体感受到威胁或担心不好的事情将要发生所产生的一种不安情绪，它没有具体原因或明确指向，是在面对潜在威胁时感到无能为力的心理状态。个体焦虑时常会引起躯体反应，如头晕、胸闷、心悸、呼吸困难等。医护人员应重视患者出现的焦虑情绪，主动细致地与患者沟通，引导患者说出担心和害怕的心理内容，并给予适当的心理疏导。

（2）抑郁　是个体表现出对外部世界失去兴趣、情绪低落、意志减退、悲观厌世的一种消极心境。患病作为一个消极负性事件，很容易激发患者的抑郁情绪。抑郁常伴随失眠、厌食、全身无力等躯体症状。病程较长、治疗效果不理想、缺乏社会支持等因素均会影响或加重患者的抑郁情绪。医护人员与家属应给予患者更多的理解与关心，引导患者理性地认识和对待疾病，消除对疾病极端化灾难性认知，并鼓励患者保持一定的社会交往，如与病友交流、参加医院活动、了解时事热点新闻等，让患者多接受正面积极的信息，树立战胜病魔、早日恢复健康的信心。

（3）恐惧　恐惧是个体感受到置身于危险或受到威胁而引发紧张不安的负性情绪。

恐惧通常伴有脸红、出汗、气促、心悸、甚至晕厥等躯体症状。由疾病带来的痛苦和失去，通常是引发患者恐惧心理的主要原因，如害怕因为生病失去生命，害怕生病带来巨大的痛苦，害怕家人朋友抛弃自己，害怕失去工作……病情越严重，越容易引起患者的恐惧。这时医护人员过硬的专业素养是帮助患者减缓恐惧的重要因素。医护人员还可以帮助患者分析引起患者恐惧的原因，根据具体原因给予恰当的解释、安慰，减轻或消除患者的恐惧心理。

（4）愤怒　愤怒指个体不能达到目标、实现愿望或行为受挫时产生的一种强烈不满和怨恨的情绪。患病作为一种突发的负性事件，会让患者感到难以接受，觉得命运不公让自己患病。因而当患者感到疾病带来的痛苦和麻烦，哪怕只是一些微不足道的小事，也容易引发愤怒情绪。愤怒通常还会伴有攻击行为，对外可表现为对亲友、医护人员、病友等发泄自己愤怒不满的情绪；对内可表现为对自己予以惩罚，不配合治疗甚至拒绝治疗等。医护人员需认识到患者的愤怒情绪往往不是针对自己，尽可能地理解和体谅患者，引导患者用良好积极的情绪状态促进自己的疾病康复，为患者营造充满包容的人文医疗环境。

（5）多疑　多疑是指个体对环境或他人的反应过度敏感，并倾向于外界对自己产生了一些负面言辞或者行为的心理过程。患者患病后对周围环境缺乏安全感，通过想象把生活中无关的事件联系在一起，或是无中生有地制造一些事件来印证自己的怀疑。例如，本来是小病，却觉得自己得了绝症，大家都在隐瞒自己；或是怀疑家属觉得自己是累赘或拖累等。患者在猜疑后容易对周围人失去信任，往往会拒绝与他人沟通、拒绝配合治疗等。医务人员和家属应积极主动地与患者进行坦诚沟通，鼓励患者说出自己猜疑的问题，对患者进行耐心解释，用事实解开患者的疑惑，打消其顾虑。

3. 患者意志行为及人格特征的改变　患者治疗疾病的过程是一个意志活动的过程。患病会为患者造成损失、带来痛苦，治疗疾病的过程中患者还会遇到治疗引起的不适及生活上的麻烦等，这些都会使患者的意志行为发生一定的变化。而意志与人格特征紧密相连，患者人格在通常情况下具有稳定性的特点，不会随着时间和环境的变化而变化，但有的个体在患病的特殊情况下，可能会出现人格的变化。

（1）依赖性增加　有的患者会表现为意志力减退，依赖性增加。这类患者常常出现行为能力的下降，连力所能及的日常事务都不愿意去做，放大疾病反应和痛苦体验，希望引起别人的关注，得到关怀与照顾。

（2）习惯性行为的坚持或改变　依从性较高的患者，往往愿意为了疾病的康复而主动改变一些不健康的行为习惯；相反，有的患者则表现为独断独行、盲目乐观，这类患者常常从主观角度出发忽视疾病的严重性，不愿意听从医嘱，依然坚持从前不健康的生活习惯，如继续抽烟、喝酒、熬夜，影响病情的康复。

（3）人格特征更加突出　个体患病后，由于其意志力的改变，可导致其以前的人格特征变得更加突出，比如从前的自信转变为浮夸，从前的内向变为自卑或沉默寡言，从前的急躁变为暴躁甚至打架斗殴等。

（4）人格特征反转　罹患重大疾病的患者往往容易出现人格特征的反转，表现出与原来性格截然相反的一面，如从前的孤僻转变为外向话多，从前的勇敢转变为懦弱与胆怯，从前的积极乐观转变为悲观与敏感等。

第三节　医患关系的建立及技巧

了解了医生与患者各自的角色特征，有助于理解医患双方在互动沟通模式下的不同立场与需求，为进一步建立良好医患关系奠定基础。同时，还需要结合前述心理咨询中的相关技术，重点掌握建立良好医患关系的方法，帮助医学生从实操层面掌握建立良好医患关系的具体技术，常用的 4 个关键技术分别是尊重、真诚、共情与积极关注。

一、建立良好医患关系的基本原则

良好医患关系的建立在医疗行为中至关重要，但医患关系属于一种特殊的人际关系，应遵循以下相应的基本原则：

1. 医患关系应建立在医疗卫生法律法规的基础上，避免因为"讨好患者"做出不符合医生执业的行为。

2. 医患关系应保持职业关系，避免发展出如牌友、合作伙伴、恋人夫妻等非职业关系。

3. 医患关系中医生需要及时处理好与患者之前因为医疗互动出现的情绪、情感问题，避免主观陷入某种正向或负向情感中，影响客观的医疗行为，即需要处理好"移情"和"反移情"的问题。

二、建立良好医患关系的技巧

（一）表达尊重

人际互动中，尊重是必不可少的基本态度和基础技术。沟通双方可通过语言、语音及语调、表情与神态、肢体动作等来传递尊重的沟通态度，为进一步促进沟通建立基础。运用尊重技术，医生可以从以下 4 个方面入手：

1. 医生对患者无差别地接待与接纳，无关患者的出身、相貌、社会地位、价值观等，均秉持大医精诚的职业精神，怀着悬壶济世的仁慈之心，对病患一视同仁地实施关怀与帮助，同时也尊重患者与自己差异化的一面，也接受患者脆弱、灰暗的一面。

2. 避免高高在上的医者姿态，尽量显示平易近人、亲和友善的接诊态度。

3. 运用"你好""不客气"等礼貌用语，同时保持礼貌的非语言姿态，比如身体放松的行走或站立姿势，面部保持一定的微笑表情等。即使面对无礼的、抱怨的患者，医生可以在保护自身安全和自尊的前提下，做到不粗暴贬低、不恶言相向、不冷漠无情。

4. 对患者说明的信息保持基本的信任，并保护其隐私不随意向他人透露。

医生通过以上几点表现出对患者的尊重，是建立良好医患关系的基础。当然，医生能够真正从内心表达出尊重，是医生个人修养水平的重要体现。

（二）表达真诚

患者走进医院后需要以真诚的态度寻求医生的帮助与治疗，同时医生也需要在与患者互动中表达出真诚的态度，这样才能够很好地促进医患彼此间的信任与合作。但需要注意的是，真诚不等于实话实说，真诚也不能脱离事实。医生在表达意见时不能简单地有感而发，还需要结合客观事实考虑患者的接受度，尤其是面对小儿和老年患者时，要注意言辞的恰当，必要时与其家属进一步沟通。此外，表达真诚需要适度，过度的真诚反而适得其反，医生可以用非语言如身体姿态、目光、声音、语调等来表达自己的真诚。

（三）恰当运用共情

共情，是指医生能够设身处地地感受患者的感受和意图，并用恰当的语言表达出对患者的理解、同情与关切，以达到让患者感受到来自医生的理解或支持的目的。这个技术需要分为两个步骤：一是医生通过换位思考和感同身受，去理解到患者的心情或意图；二是医生通过言语和非言语行为向患者表达自己对患者的理解与关心，从而促进彼此关系的建立。

[临床运用]

例1：一位患者前来述说自己多年失眠的问题，一坐下来就语无伦次地表达自己的经历。这时医生可以先通过目光注视、点头示意以表达自己的关注和倾听，再用言语表达："你这么多年都没睡好，一定非常痛苦，别着急，你慢慢说，好好地回想一下失眠过程……失眠不仅影响休息，还会影响白天的工作生活，确实恼火……"通过这样的表达，可以安抚患者焦虑的心情，也让患者感到医生说到了自己的痛点，并理解自己的病情和心情。

例2：凌晨4点，家长带某患儿来到急诊室。护士将住院医生从住院部休息室请到急诊室，医生进门后坐下来第一句话说："儿科就我一名住院医生，你们不能等天亮了再来吗？"患儿家长当场发飙："孩子那么难受，如果能等到天亮的话我干嘛半夜跑来？"这样不可避免地会发生矛盾，结果医生又要做事还要受气，而家长本来就急，还会怒火冲天。在这种情况下，医生可以用一点共情技术。如医生进入急诊室后可以说："这个时间到医院来，孩子一定很不舒服，你们肯定急坏了，快讲讲孩子的情况。"如果医生能设身处地地站在患儿父母的角度思考，只需要一句共情的话语，不但不会激发医患矛盾，反而会让焦急的父母倍感温暖与感激。

（四）表达积极关注

运用积极关注技术是指医生对患者表达认真倾听、真切关注的态度与行为，同时医生可以对患者言语和行为中的积极、光明、正性方面予以关注，并让患者对自己保有正向的自我认知和价值肯定，从而获得面对疾病的信心和方法。同时，运用积极关注技术，避免让患者觉得被随意诊治或产生医生漠不关心的感受。

[临床运用]

例1：患者来到诊室述说自己的病情。这时医生需要通过目光接触、眼神和点头等表达对患者的认真倾听，并适时详细询问患者的既往病史和当前症状等来表达认真的关注与诊断等。

例2：一名刚做完手术不能自理的患者，他的确目前什么也做不了，而医生如果安慰患者说明天就能"快步如飞"，这显然是不现实的，因为身体的康复是需要时间的，应避免盲目乐观。医生应立足于事实，从患者自身出发，可以说："在这次手术中，你的生命力非常顽强，你很勇敢，即使手术中经历了两次抢救你还是挺过来了。你的家人一直在手术室外守候着你，要有信心和耐心，会慢慢康复的。"这样讲，既赞扬了患者面对病魔的顽强毅力，也向患者揭示了他周围的积极资源，有利于患者保持良好积极的心态，尽快康复。

第四节　医患沟通及技巧

医患沟通是整个医疗过程中的一个重要环节，也是医生需要掌握的重要职业技能。"全球医学教育最基本要求（GMER）"中将医患沟通列为全世界医生必须具备的基本技能之一。本节内容主要是介绍如何将心理咨询中的基础技术迁移运用到医患互动沟通中，以增强医患沟通的实操性和有效性。

一、医患沟通的内涵

沟通（communication）是指个体与个体之间在信息、情感、需要、态度、思想等方面的信息传递与交流的过程。医患沟通是指医生在解决患者的疾病与健康问题时，与患者之间专业性的信息交流方式。医患沟通主要通过言语、非言语及书面形式进行，主要包括医生与患者之间在与疾病和健康相关的知识层面、情感层面及文化层面进行互动交流。

医患沟通作为医疗行为中的重要环节，对于促进高质量的医疗服务具有重要意义，其功能主要体现在以下9个方面：①建立良好的医患关系；②提高患者的治疗依从性；③获得患者完整准确的病史资料；④制定正确的治疗方案；⑤告知患者预后情况；⑥促进诊疗费用的合理支付；⑦化解医疗纠纷；⑧提供对患者人道主义的关怀；⑨对患者进行健康指导。

二、医患沟通技巧

良好沟通需要建立在良好关系的基础上，同时良好的医患沟通又能进一步促进医患关系的发展。医患关系与医患沟通是相互促进、彼此依赖的两个方面，需要辩证统一地看待。以下重点介绍医患沟通的技巧，这些技巧在某种程度上也可以作为建立良好医患关系的技巧，可结合起来灵活运用。结合心理咨询的沟通技巧，这里重点介绍关于倾听、开放式提问、封闭式提问、鼓励、具体化、解释、指导等技术在临床医患沟通中的运用。

（一）倾听技术

沟通的第一步是表达与倾听。在医患沟通中，医生需要运用积极关注和接纳的态度去认真听患者述说。如果遇到自我表达较好的患者，医生需要在描述的细节里准确找到诊断信息，既听到患者的生理症状，也要听到患者的思想情感、生活与经历等，从而全面地看到可能的致病病因，进而形成对患者疾病的整体认知；在此过程中，需要医生适当运用应答的言语和非言语信息进行参与性的倾听，如点头、身体前倾、鼓励的眼神等，同时运用"噢""嗯""是的""然后呢""继续""说下去""我明白了"等语气词，表达对患者的理解和接纳。最后，在运用倾听技巧时，要注意捕捉患者的情绪变化，并给出适当回应，以帮助患者减缓疾病或由痛苦的躯体症状带来的焦虑情绪心理。

[临床运用] 如果患者说："我每晚12点时就开始头痛，要看抖音才能缓解一些。"医生可以反馈说："你晚上都睡得比较晚吗？大约几点上床睡觉呢？"从而了解到患者可能有晚睡并看手机的不良睡眠习惯。当患者说道："我的湿疹反复发作3个月了，心情很焦虑和烦躁，而越烦躁就越痒，太痛苦了！"此时医生可以同时听到患者症状的持续时间和他的情绪心理状态，甚至可以进一步分析该患者的湿疹与其情绪变化的影响关系。还可以顺带告诉患者，保持好心情有助于防止湿疹复发等。

医生在问诊中，如果倾听技术运用得当，还同时能够增进医患关系，使得彼此相互信任，提高患者的依从性。

（二）开放式提问技巧

医生的提问技术在问诊和医患沟通时尤为重要。医生需要结合患者的自述来精准提问一些与病情诊断相关的问题，尤其是在遇到语言较少的患者时，需要医生追寻着症状线索不断提问，以不断收集诊断信息，确立诊断和治疗思路。同时，为了避免医生的提问先天带有指向性或暗示性，在问话之初应该多一些不设问题答案的开放式提问，以获得尽量客观和丰富的信息。如用"怎样的""什么时候""如何"等询问词。

[临床运用] 如患者问："医生，我的湿疹反复发作，究竟是怎么回事啊？"此时医生可以进一步提问："具体是从什么时候开始长湿疹的呢？""在此之前你都做过哪些检查和治疗呢？""你对哪些东西过敏呢？"等，以收集患者更全面的病情信息。

开放式提问技巧通常是医患之间互动的开始，在前面的积极倾听后，医生往往需要提问患者一些与病情相关的问题，以获取更丰富而全面的信息。

（三）封闭式提问技巧

封闭式提问是指医生针对患者所讲的模糊信息，为缩小信息范围而提出带有特定答案的问题。一般运用在问诊或医患沟通的中间环节。可在问句里加入"有没有""有多少""是不是""要不要"等词，而患者也只需回答"是""不是"，或类似于简单数字的答案。封闭式提问的过程就是不断锁定信息，聚焦问题关键点的过程。

　　[临床运用] 如患者说："医生，我睡觉很困难，每晚都要翻来覆去很久才能睡着！"此时医生可以先开放式提问："你每晚睡觉前一般都做些什么呢？"患者回答："我好像也没做什么啊，就是看下手机之类的。"这时医生可进一步封闭式提问："是不是喜欢看看抖音再睡觉呢？"（此时患者可能笑了，自己可能会有点不好意思，意识到这样做不好），如此医生可以继续询问一些患者的睡前习惯，如"是不是白天爱喝浓茶或者咖啡？""是不是白天午睡很久？"等问题，以不断掌握患者的睡眠信息。

　　在一般的问诊互动中，医生还可以根据需要随时切换封闭式提问和开放式提问两种提问模式，以不断收集和整理患者呈现的病症信息。但在整个提问过程中，医生要注意避免用生硬或指责的口吻提问，也注意不要同时提出好几个问题，让患者思路混乱。

（四）具体化技术

　　具体化技术是指当患者的表达比较概括、模糊甚至概念混乱时，医生通过追问，聚焦更细节的信息，以更充分和精准地掌握患者病情信息的问话过程。具体化提问技术和开放式提问技术的不同点在于，具体化提问需要获得更细节的信息、更确定的答案，不断缩小患者回答内容的范围；或者当患者表述不清时，医生可以通过具体化技术，帮助患者从模糊的主观感受转向更理性的思考和回答，以更精确了解患者的病情信息。

　　[临床运用]

　　例1：如患者说："医生，我肚子痛！太难受了！"这时医生需要进一步提问："具体是肚子的哪里痛？上下左右的哪个地方？还是中间？""什么时间开始痛的呢？一直痛吗？还是断断续续痛呢？按压疼痛部位有没有更痛呢？"在面对疼痛患者时，医生不能要求患者准确描述疼痛的性质和感受，需要医生进行触诊进一步了解病情，同时避免使用患者无法理解的专业医学术语，造成患者因听不懂而无法准确地陈述病情，以及问诊时避免主观臆断，套问患者，使收集的资料片面或失真。

　　例2：如患者说："医生，我长期失眠，太痛苦了！"这时医生需要具体化提问："具体是从多久开始失眠的？""你说的失眠，具体是指入睡困难？还是容易早醒？还是睡觉多梦易惊醒呢，还是整夜睡不着呢？"此时如患者接着回答："容易早醒！"医生则需要进一步提问："大约几点醒呢？""醒后还能睡着吗？""睡觉时多梦吗？"等。通过患者的回答，再围绕失眠继续询问一些伴随症状，如"睡觉时出汗吗？""有没有心里不畅快的现象呢？"等等，以便医生收集患者更细节的睡眠情况。在询问患者时，要引导患者对主要症状进行描述，确定主次，从而使诊疗活动更具有准确性。

　　具体化技术，是医患问诊和沟通互动中非常关键的技术，能够让医生更准确地掌握患者病情，帮助医生做出更正确的临床诊断。

（五）解释技术

　　解释技术是指医生可以运用医学理论知识向患者反馈其所患疾病的病因、发生发展原理等，帮助患者更好地理解自身疾病的相关信息，让患者做到对治疗心中有数。尤其是面对具有较好文化知识水平的患者，他们习惯于去弄明白事情的原委和其中的道理，这时医生就可以运用解释技术，向患者简要说明其疾病的性质、病因、发生发展、预后转归等信息，解答患者心中疑惑，帮助其正确认识自身疾病，并能够使患者对医生的诊断和治疗方案更信服，提高患者的积极配合度。需要注意的是，一般的患者缺乏医学专业知识背景，医生在向患者解释其病情时，需要尽量避免使用专业术语，尤其是对那些受教育程度较低的患者，尽量采用通俗易懂或打比喻的方式，以促进更好的医患沟通。例如，此类患者可能不理解用百分比来表示的治疗风险。

[临床运用] 面对一位反复脸上长痘的女性患者，医生通过四诊合参判断其体质明显偏阳性，同时了解到其爱吃四川的羊肉火锅。当患者十分痛苦地向医生询问自己发病的原因时，医生可以向患者解释道："人体的阴阳是需要平衡的。你体内的阳气本来就很旺，如果再大量吃入火锅和羊肉这类属阳的实物，就是给身体火上浇油。打个比方，你脸上的痘痘如同一锅沸腾的水，你吃的火锅羊肉就如同锅下的柴火，你虽然通过往锅里倒凉水去浇灭沸水，让锅里暂时消停了，但当又给锅下面输送柴火时，因为你身体本有热，很快锅里又会沸腾起来。所以，要想彻底治愈脸上的痘痘，就需要釜底抽薪，戒掉这类助阳的食物。羊肉还是发物，对于爱长痘体质的人来说确实不太友好，不长痘的时候吃几片羊肉痘痘就容易复发，所以现在开始把羊肉戒掉最好。"通过这样打比方的解释，相信患者更容易接受改变饮食习惯的建议，比简单粗暴命令其不吃辛辣食物更能让患者信服。

需要注意的是，解释技术的运用通常更考验医生的医学知识功底，既需要医生深刻认知疾病的病因病机，还需要医生能够转换出恰当的生活比喻，让患者既能听明白，又能深刻体会到其中的道理，还能让患者对医生产生更多佩服和认可。

（六）指导技术

指导技术的运用，是指医生明确向患者提出针对其病情治疗和康复的行动意见和建议，明确清晰地告知患者需要做什么，应该如何做及何时做。指导技术的运用，一般处于问诊或医患沟通的后半段，在经过前面提问技术、解释技术后，进一步指导患者做出有利于病情康复的行为，这对患者有非常明显的指导力。

[临床运用] 面对上例爱吃火锅且脸上反复长痘的女性患者，医生通过解释技术让其深刻明白了自己发病的道理后，可以立即跟上指导技术，明确告知其不能再吃羊肉火锅等辛辣食物，同时可以适当吃一些滋阴和清热的凉润食物，如百合、银耳、薏苡仁、梨等，还要告知患者注意面部清洁，以避免感染。

三、医患沟通的注意事项

医患沟通充满复杂性和未知性，通过运用一些沟通技巧，可以有效地帮助医生在临床实践中掌握医患关系的主动权，与患者建立良好医患关系并进行有效沟通。同时，还有以下一些注意事项需要医务人员熟知。

1. 医患关系与医患沟通是双向促进的依存关系　运用一些有效的沟通策略能够促进医患沟通，同时促进良好医患关系的建立；良好的医患关系又能进一步发展和巩固医患关系，使得医患关系更和谐、更稳固。因此不能割裂地看待医患关系与医患沟通两个概念，需要医务工作者将前面所介绍的沟通技巧融会贯通地运用。

2. 使用明确正向的表达技巧　在整个医患沟通过程中，要注意礼貌用语，且吐词清晰，讲到关键信息时适当放慢语速，对病情的阐述做到实事求是而又留有余地。注意提前告知患者诊疗相关事宜，如治疗方法和治疗费用等。关于治疗方案，需要事无巨细地向患者讲明治疗的可靠性与必要性，同时说明治疗的风险与可能的后果，让患者充分了解治疗的整体方案，最后以书面形式征得患者的同意。

3. 避免负性的表达方式　医患沟通时，医生切忌使用指责（如"怎么病得这么厉害才来看病"）、压制（如"你有意见就出院"）、威胁（如"如果不愿做这项检查，后果自负"）、挖苦（如"你再多喝一点酒，肝脏就会没毛病"）、讽刺（如"跟你说了你也不懂"）等语言。尽量使用微笑与亲和的语言态度，并适当给予患者一些宽慰和鼓励，让患者在了解自己病情的同时，对疾病的治疗增加一些信心和希望，疏解患者由于疾病带来的焦虑、恐惧等负面情绪。

4. 重视医患关系及沟通在临床诊疗中的积极作用　要充分认识到"健康"的新定义，充分理解当前基于人文关怀的新医学模式的转变，避免只重视患者的病情，而忽视患者的心理和情感需求。根据大量的临床观察发现，良好的医患互动不仅能促进诊疗效果，还能极大地促进患者对医生的信任与依从性。无论医生的治疗水平高低与否，如果医生能够有效促进医患关系的建立与沟通，均能够帮助医生在执业过程中有效提高患者的就诊率和复诊率，尤其适用于青年医生执业初期的快速和持续成长。医患沟通是一门艺术，是医生品德、修养、学识、技术、能力、经验等的高度展示。

本章临床应用

案例 1：一名患者病情已好转，由于家离医院很近，所以希望晚上能回家，但这样对病情的观察不利，管床护士因为想阻止患者离院与患者发生了冲突。这时作为管床医生，应该如何化解矛盾，促进医患的积极沟通呢？

如患者说："医生，你来得正好！我就想问你，你们医院是把我们当犯人关守吗？这个护士一直说什么规定什么制度，难道就不考虑患者的实际情况和需求吗？我现在需要回家看孩子，况且我已经服过药了，现在感觉很好，我想回家行吗？"（医生保持认真倾听和理解。）

此时医生可以说（面带微笑）："我理解你想家了，想孩子（共情）。如果你的病情康复可以出院，那我们都皆大欢喜（表达良好祝愿）。但如果你现在离开医院不利于我们随时检测你的身体情况，况且以你现在的身体条件也不适合来回折腾，我担心你会吃不消，还是在医院好好待着调养好，这样才能尽快康复。我相信您的孩子也希望看到您尽快好起来，健健康康地回家，不希望你拖着生病的身体来回折腾，您觉得呢？"（表现出真诚，从患者康复的利益角度考虑和表达，并给予积极希望。）

此案例中医务人员沟通时以患者为中心，首先站在患者的立场去理解和共情到患者想家的心理情绪，避免了一来就批评指责患者，为接下来的沟通奠定了良好基础。接着再站在患者病情康复的角度，引导患者做出留院观察的决定。避免了生硬地拿出医院规章制度来压制患者，引起患者的对立情绪。

案例2（来自一位医护人员的自述案例）：那天中午，住院部就我一人值班，忙得不可开交。这时12床的患者不停地按铃找我换液，我尽快地处理完手上的事情，飞快地走进病室，却遭到患者迎面一通埋怨："按了这么久的铃都不来，你看都已经出血了，待会儿进了空气怎么办？你负得起这个责任吗？"素闻12床老人"挑剔"，我按耐住了自己的委屈和疲累，微笑着走到床前，真诚而幽默地对患者说："李大爷（语气缓和），我都想长双翅膀一下子就飞到您老人家面前，幻想自己会分身术就好了！"（运用幽默技术缓解矛盾）老人听了我的话，扑哧一笑。于是我赶紧一边给老人换液一边向他解释："这种密闭式输液装置是不会进空气的，液体输完后有点回血并无大碍，您别紧张啊。（科学解释，安抚焦虑情绪）我马上帮您处理。"我一边换液并帮老人披好被子，一边用手肘抹抹额头的汗水，脸上还是挂着微笑，认真地说："今天我一个人值班，是有点搞不赢。"这时老人沉默了一分钟，情绪也逐渐缓和下来了，刚才脸上的不悦早已烟消云散。他突然很关心地问我："丫头啊，累不累呀？"我的心里突然咯噔一下，觉得暖融融的，明显感受到了老大爷对我的关心和心疼。于是我真诚地说："累是累点儿，只要您高兴，早日康复就好啦！"听完我这句话，这位"挑剔老人"说道："下次换液我提前叫你。"我爽朗地回答说："好嘞，有什么需要您及时叫我哦！"说完就转身走出了病房。我知道这场医患危机已经化解。这时的我，觉得五味杂陈，刚才的委屈和生气情绪也烟消云散了，还有一些感慨：其实与患者打交道也没那么困难。

对于患者的挑剔，医务人员以幽默的语言表达一下子缓解了紧张气氛，也表达了自己想要尽快满足患者需求的真诚，让患者感到被尊重和重视。接着再诚恳地说出没能第一时间赶来病房的原因，获得患者的理解。时常我们生气，只是觉得对方欠我们一个合理的解释，有了理解，自然就可以化解掉情绪，因此对患者必要的解释非常重要，这是沟通的重要内容。最后及时抓住患者的情绪缓和状态，再次表达对患者的真诚关心和积极祝愿，反而获得了患者的积极共情和谅解。通过患者主动说下次换液提前通知的内容就可以看出，良好关系的建立能够促使患者主动地进行自我反省，找到避免下一次冲突的解决方法。这一案例显示出了医务人员很好的职业素养、人文关怀，尤其是沟通能力，值得医学生认真学习体会。

【复习思考题】

1. 医患沟通的本质是什么？
2. 医患沟通的核心是什么？具体有哪些技术？
3. 医务人员应该如何掌握医患沟通的主动权？

【参考文献】

1. 中国医师协会.中国医师职业状况白皮书［R］.北京：中国医师协会，2017.
2. 宿建辉，朱俊康.浅谈医疗纠纷的成因责任分析［J］.法制博览，35（28）：

130-131.

3. 欧阳文君，秦子涵，黄礼科，等. 我国医患关系问题及对策探讨［J］. 农村经济与科技，2017，28（10）：239-241.

4. 王国豫. 共享、共责与共治——精准医学伦理的新挑战与应对［J］. 科学通报，2023，68（13）：1600-1603.

5. 姚树桥. 杨彦春. 医学心理学［M］. 北京：人民卫生出版社，2013.

6. 杜文东. 医学心理与精神卫生［M］. 北京：中国中医药出版社，2013.

第九章　心身医学 ▷▷▷▷

　　现代西方医学已经充分意识到来自自然、社会、心理和生理等多方面均可能成为人类致病因素，不同因素对人体健康的影响和作用机制也有所不同；同时还认识到心理功能和生理功能相互影响、相互制约，共同构成了人体完整的生命活动。于是分化出一门专门研究与躯体疾病相关的心理问题的医学分支学科，称为心身医学。

　　心身医学是医学、精神病学和心理学的交叉学科，是当前生物－心理－社会医学模式下新兴的临床医学前沿学科，其研究的主要问题是心身障碍和心身疾病的发病机制、诊断、治疗和预防，以及生理、心理和社会因素相互作用及其对人类健康和疾病产生的影响。广义地讲，心身医学是一种从心身整合角度研究人类健康与疾病的认识方法论。狭义地讲，心身医学是研究主要或完全由心理、社会因素，或因个体的人格特质和不良习惯，引发机体生理功能持续紊乱、躯体器官病变和功能障碍的学科。

　　心身医学科学体系 20 世纪 30 年代确立于美国。但早在 2000 多年前，我国古代医学典籍《黄帝内经》（简称《内经》）中已有记载："悲哀忧愁则心动，心动则五脏六腑皆摇"；"喜伤心""怒伤肝""思伤脾""忧伤肺""恐伤肾"。说明中医学很早就认识到心理因素是致病的重要因素，并将人体发病分为"外感六淫（风、寒、暑、湿、燥、火）"和"内伤七情（喜、怒、忧、思、悲、恐、惊）"。同时，《内经》中的《素问·上古天真论》记载："法于阴阳，和于术数，食饮有节，起居有常，不妄作劳，故能形与神俱，而尽终其天年，度百岁乃去。"阐明了不良情绪因素和不健康的行为作息不仅是致病因素，也是影响疾病后续发展的关键因素，尤其提到人体需要达到"形与神俱"，方能保持身心相和，延年益寿。由此看来，中医学早已形成了完整的心身统合观。本章主要从中医学理论体系的视角探讨心身疾病的认知与诊疗思路。

第一节　应激与情志致病

一、应激概述

　　国内外大量研究表明，强烈而持久的心理应激及不恰当的应对方式，会给个体带来身心一体的重要影响，包括引起消极情绪体验和心理失调、躯体不适感及组织功能障碍等，造成个体亚健康状态。当前，关于应激与人体健康的密切联系已越来越多地受到医学界的关注和研究。

　　1. 应激　一般的应激理论认为，应激（stress）是指个体面临或觉察到周围环境变化对机体产生威胁或挑战时所做出的适应性和应对性的反应过程。关于应激的丰富内涵，诸多学者做了不同的讨论，但总体上认为：①应激需要一种非预料性的刺激物（生物的、心理的、社会的、文化的）作为应激的刺激因素，称作应激源（stressor）；②应激是一种身心反应过程（引起机体身心处于一种紧张备战状态）；③从应激源到应激反应之间存在着多种中介变量（认知评价、应对方式、社会支持、个人特质等作为中介变量），由这些中介变量决定了应激反应的程度和性质。

常见的应激源有 3 类：①环境应激源（自然环境应激源和社会文化性应激源）；②职业应激源（来自工作方面的内在不利刺激、职业相关政策与执行中的不合理变动、工作冲突、人际冲突等）；③心理应激源（非预测性的刺激事件、突遭变故或灾害等）。

2. 心理应激 应激反应通常会对个体的身心两方面同时产生影响，其中主要指向心理方面的应激过程称为心理应激，具体是指个体在面临和觉察到环境改变可能会对自己产生威胁或挑战时，最终以心理、生理反应表现出来的作用"过程"，并以认知评价、应对方式、社会支持和个性特征作为中介变量，决定了心理应激反应的水平和性质。

二、应激的机制

（一）应激的作用机制

一般认为，应激的结果分为适应和不适应，应激源可以是生物的、心理的、社会的、文化的因素，应激反应可以分为生理、心理及行为 3 个层面，应激的中介变量包括内部资源（如认知评价、应对方式、人格特质等）和外部资源（如社会支持），应激过程的作用机制如图 9-1。

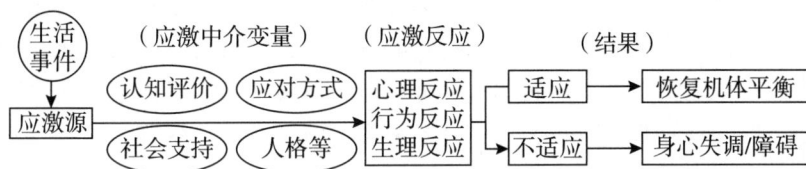

图 9-1 应激过程的作用机制

当前大量研究显示，认知评价因素在应激过程中起到关键的决定性作用。这提示了对应激反应的干预可以从调整个体的认知评价系统着手，以提高个体的应激适应性，缓解不适的生理和心理反应。具体的认知干预作用机制如图 9-2。

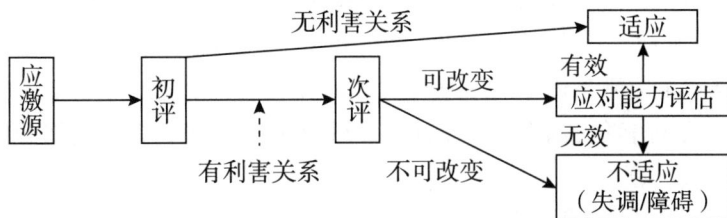

图 9-2 认知评价在应激反应中的中介作用机制

（二）应激过程

一般的应激反应会经历 3 个发展阶段，加拿大生理学家 Hans Selye 作为应激学说的奠基人，将应激反应概括为"一般适应综合征"（General Adaptation Syndrome，GAS），认为应激是机体内稳态受到威胁、扰乱后出现的一系列生理和行为的适应性反应，并将应激过程划分为警觉期、抵抗期和衰竭期三个阶段（表 9-1）。

表 9-1　应激反应三阶段过程

反应阶段	反应机制
警觉期	处于一个短暂的生理唤醒期。表现为体重减轻、肾上腺皮质增大。伴有血压升高、呼吸和脉搏加快、血糖升高等外周反应，唤起机体的防御能力，使机体处于最好的"战斗或逃跑"状态下。如果机体持续地处于刺激下，并能度过这一阶段，就进入下一阶段抵抗期
抵抗期 / 耐受期	表现为体重恢复正常，肾上腺皮质变小，激素水平稳定。这时机体对应激源表现出一定的适应，防御能力增强。但如果机体持续处于抵抗期，体内大量能量被消耗，或出现了新的应激源，机体会进一步调动全身资源应对，此时机体处于易感状态，是心身疾病发病的临界点
衰竭期	表现为肾上腺增大，最终耗竭。持续作用的应激源推动机体进一步将机体的各种资源消耗殆尽，导致严重的功能障碍、心身疾病或彻底崩溃

现有研究表明，应激对个体疾病的发生发展具有明显的影响作用。过量的、持续性的外界刺激均可通过导致机体内稳态的失衡与紊乱，持续破坏体内免疫系统，进一步促使疾病的发生，影响个体心身健康。

三、应激反应与健康

个体身处复杂的环境系统，当受到应激源刺激时，无论这个刺激源是正向的还是负向，均会使有机体在不同程度上产生生物、心理、社会、行为方面的变化，我们称为应激的心身反应。一般情况下，短暂的、小量的应激反应不会对机体造成明显影响；但如果刺激性强、时间持续长，或短暂性的强烈刺激，或持续性的弱刺激，均容易激发个体产生生理上和心理上的一系列反应。

（一）应激的生理反应

应激的生理反应是指应激条件下机体表现出的生理变化，主要表现为交感神经兴奋、垂体和肾上腺皮质激素分泌增多、血糖升高、血压上升、心率加快和呼吸加速等。1929 年 Cannon 在《疼痛、饥饿、恐怖、暴怒时的身体变化》一书中描述了机体的"应急"或"战斗或逃跑"反应，以及 20 世纪 30 年代 Hans Selye 提出的"一般适应综合征"，都主要描述了应激条件下的一系列生理反应。这些生理反应主要集中在人体的神经系统、内分泌系统和免疫系统，一同作为应激的中介途径，其中具体的作用机制还处于深度研究阶段。

一般认为，应激反应的广度和强度主要受主体对应激源的主观感受强度和延续时间的影响。如果主观感受强烈或持续时间很长，可引起机体的组织、系统及功能器官的系列反应，尤其是引起神经系统、内分泌系统和免疫系统的功能紊乱或失调。

（二）应激的心理反应

当个体处于应激状态时，会产生一系列心身反应，其中包括各种心理反应和情绪体验。概括起来，应激的心理反应主要分为积极和消极两个方面。

面对应激，积极的心理反应主要表现为：①能够唤起个体的积极情绪，让个体产生内心的愉悦感或成就感，并促发正向的积极行为等；②能够唤起个体的有意注意，使个体能够注意力集中地面对当前任务，有助于任务的达成；③适当的应激刺激可以促发个体在面对突发状况时及时调整动机内容和水平，急中生智，解决好困难与麻烦。这些积极的心理应激反应有助于个体在应激源刺激下保持较好的心理平衡，维持基本的情绪稳定，从而做出积极和客观的认知评价，进行合理判断与决策，帮助个体顺利应对当下的应激事件。

面对应激，消极的心理反应主要表现为：①情绪过度唤起，甚至处于心理失衡的状态，导致行为刻板、异常或失控；②面对负性刺激性事件，个体产生心理紧张、焦虑、恐惧、愤怒或抑郁的情绪状态，并引起一系列生理反应或躯体功能失调等。以下重点介绍由应激产生的几类典型的不良情绪反应。

1. 焦虑 是应激反应中最常见的情绪反应，是指当个体预感到危机来临或预期到不良后果，或面对未知不确定性结果时所促发的紧张不安、焦躁、担忧，甚至恐慌的心理状态。这种状态称为状态焦虑（state anxiety），是由当前客观存在的应激事件引发的。需要与另一种焦虑状态——特质焦虑（trait anxiety）予以区分，后者是无明确原因和明显刺激，由个体自身的焦虑人格特质所决定的。生物心理学研究发现，适度的焦虑水平对于个体唤起注意力，提高个体的警觉水平，伴随交感神经的激活，增强个体的行为动机以更好地完成目标任务具有积极推动作用，同时可以增强机体更好地适应环境变化的能力。因此，适度的焦虑水平状态被认为是一种保护性反应，对人类生存和发展具有重要意义；而过度和慢性持久的焦虑状态则会降低个体的应对能力，引起自主神经功能紊乱，对个体产生消极影响。

2. 恐惧 如果应激源刺激对个体的主观感受强烈，就会促发个体由焦虑进一步上升为恐惧的情绪状态。恐惧是指个体有目标地想要摆脱有特定危险、会带来重大伤害甚至威胁生命安全的情景的情绪状态。恐惧属于人类的原始情绪，常具有较高的心理紧张性并伴随较强烈的生理唤起状态，如交感神经兴奋、呼吸加快加深、心跳加快、血压上升、肌肉供血量增大、出汗等。这时个体往往缺乏信心去应对上述危险情景，表现出逃跑或回避的心理和行为，严重时会出现一系列行为障碍和社会功能丧失。

3. 愤怒 是与挫折和威胁相关的情绪状态，是个体目标达成受到阻碍、行为受到限制时，或感到自尊心受到打击时所产生的一种紧张而不愉快的情绪体验。愤怒时机体的交感神经兴奋、肾上腺分泌增加，可出现心率增加、血压升高、心输出量增加并涌向头部和四肢、呼吸急促、鼻翼张开、瞳孔缩小等反应。当前研究发现，受压抑的愤怒可能与高血压疾病紧密相关，成为影响个体身心健康的常见负性情绪。

4. 抑郁　是指向一组以持续心境低落为主的复合情绪状态。主要表现为消极悲观、兴趣活动减退、言语活动减少、无助与无望感强烈，以及负性自我评价，严重者出现自罪自责，伴随自伤和自杀行为；生理上表现为失眠、无力、心悸、食欲减退、性欲降低等。抑郁常由重大丧亲事件、失恋、离异、遭受重大挫折或长期经受慢性躯体疾病而引发，也可由愤怒情绪表达失败后，久之转换成无奈心境下的抑郁情绪状态。抑郁已成为危害人类生命安全的首类消极情绪，对人体的身心健康带来了重大负面影响。

（三）应激与健康

关于应激对人类健康的影响，目前已有较丰富的研究。总体来看，应激对健康具有双向调节的影响作用。一方面，适度的应激是个体成长和发展的必要条件，也能促进机体维持心身状态的平衡，增加机体抵抗风险、增强机体适应与发展的应对能力；另一方面，强烈而持久的应激或长期慢性的应激会打破机体内稳态平衡，消耗机体能量和资源，增加机体生理负担，甚至引发心身疾病。

同时，与应激反应相关的心身疾病目前已越来越多地受到医学、生物学、心理学方面的关注，心身疾病也已成为普遍存在、严重威胁人类健康，甚至造成死亡的重要威胁。概括起来，应激反应对个体健康带来的威胁和影响主要包括 3 个方面：①无论正性或负性应激，均会激发人体的身心反应。②慢性应激因为不易被当事人察觉而长期作用于机体，容易破坏人的免疫系统，降低人体抗病毒和抗癌细胞能力，成为当前身心疾病的重要诱发因素。③如果机体长期处于应激状态下并保持一定的强度作用，会持续激发机体的身心反应，最终导致一系列严重的躯体功能障碍或身心疾病。④强烈或持续的应激会加重个体已有的躯体和精神疾病，或导致已有疾病的复发。因此，学会正确有效地应对应激或减少不良应激对于保持个体身心健康具有重要意义。

第二节　中医心理学概述

中医学认为，人是形神统一、心身合一的有机整体。中医学将情志作为一个重要的致病因素，认为情志的变化会引发疾病，并影响疾病的发展和预后；同时身体的变化也会引起情志的反应，对人的疾病和治疗产生影响。因此中医在诊疗中非常重视情志的致病及管理，以身心整合协调的思路整体看待人的健康、发展及疾病的治疗。由此，中医心理学学科应运而生。

一、中医心理学概述

（一）中医心理学的概念

中医心理学是中医理论体系的重要组成部分，是继承中国古代哲学对心理现象的认识，并在中医基础理论指导下，与现代心理学与精神病学相互渗透和交叉，研究心理现象发生、发展规律及心理因素在人体疾病过程中的作用及其规律，并用于指导临床实践的一门系统的学科体系。

（二）中医心理学的特点

中医理论体系中蕴涵着丰富的心理学思想，这些思想贯穿中医学的整体观和辨证论治思想，突出体现了人的精神、意识、思维活动是建立在脏腑功能基础之上的，同时人的脏腑功能活动也会影响人的精神、意识思维活动及情志状态。因此，中医学总是完整、动态地看待具有情感思维的人及其疾病的反应状态。中医心理学作为从中医学这个母体中分化出来的学科，强调心理因素、情志活动对人体健康的影响，重视其在疾病的发生、发展中的作用；也认识到人的心理活动具有个体差异性，同时受到自然环境和社会环境的多重影响。中医心理学强调辨证论治和辨神施治的原则并运用在临床实践中，尤其擅长对各类心身疾病的整合治疗与防治。因此，中医心理学作为一门新兴学科，具有自然科学与社会科学的双重属性。

（三）中医心理学研究内容

中医心理学以经典中医学理论为基础，主要研究由情志影响引发的心理因素与人体脏腑、经络、气血的相互作用机制。其具体的研究内容包括七情致病学说、心理病机、中医心理"象"思维、阴阳人格体质学说、阴阳身心发展学说、阴阳睡梦论，以及中医心理特色疗法、心身疾病的治疗与防治等，兼具自然科学、心理学与人文社会科学的交叉内容。

二、中医心理学基础理论

中医心理学以中医学理论为纲领，以情志研究为中心，逐步发展出自己独特的理论认识，其理论基础主要包括阴阳整体论、四象八卦论、水火五行论、藏象五志论及心主神明论等。

1. 阴阳整体论　为中医心理学的总纲，其中天人合一思想和形神一体思想是其主要内容。该理论将人的一切心理现象和心身疾病以阴阳属性去建构和高度概括，从而创立了阴阳思维学说、阴阳人格体质说、阴阳睡梦论等，都是基于阴阳学说并以阴阳命名的学说。因此，阴阳整体论是中医心理学的立足基础。

2. 四象八卦论　"太极生两仪，两仪生四象，四象生八卦"，是《易》理推论的基本规律，也是中医心理学"象"思维的源头。一切"象"的变化都包含在《易》理规律中，要想究其根源，需明辨《易》之理。人的心理现象变化，也是含于《易》理之中，用《易》理的规律来分析心理现象，是中医心理学力图对人类心理现象与人格特征进行量化研究的中国智慧。

3. 水火五行论　五行学说是阴阳变化的产物，阐释的是阴阳变化的规律。如《内经》言："水火者，阴阳之征兆也。"个体心理活动的变化，都有相应的"五行特征"表现，充分理解五行变化规律，对于换个角度认识个体心理活动的规律很有帮助。

4. 藏象五志论　中医学以五脏为中心，构建了藏象学说，并将"神、魂、魄、意、志"等心理现象对应于五脏功能，构建了心藏神、肝藏魂、肺藏魄、脾藏意、肾藏志的五神藏系统，也是中医心理学的重要理论基础，并特色鲜明地运用于临床诊疗。

5. 心主神明论　心藏神，为五脏六腑之大主，因此心主神明论是中医心理学的重要命题。在《素问·灵兰秘典论》中构建的心为君主、肺为宰相、肝为将军、肾为作强之官、脾为谏议之官等的国家管理模式，也是中医心理学构建的关于心理现象的身心运行模式，在临床诊疗中具有重要指导意义。

三、中医心理"象"思维

"象"思维是中医学独特的思维方式，是将事物的表现和运动规律都用"象"的思维方式描述出来，比如"内外之象""阴阳之象""五行之象"等，均是采用"取类比象"的方式对万事万物类比描述。以下论述中，将"象"思维划分为内外象之别：心神活动属于内在活动，是无法直接用肉眼观察到的，归类于中医心理"内象"；情志变化与五脏、五体（皮、肉、脉、筋、骨）等生理活动是可观察到的，有外在临床表现，则归属于中医心理"外象"。中医内外象之分统合起来称为中医心理的"象"思维。

（一）中医心理"内象"

归类于中医心理"内象"的内在心神活动主要包括性命论、心主神明论、形神合一论等。这些不可直接观察到的"内象"是人的心身活动的源头，了解它们的内涵能够更好地理解人的心理活动与生理活动的相互作用规律。

1. 性命论　"性"是中国传统哲学的关键概念之一，也是中国传统哲学论述心身关系的重要概念。《说文·心部》曰："性，人之阳气性善者也。从心，生声。"从"性"的字形上就可以解释为天生俱来的心神活动与生命活动，是对心和身的统一论述。这也正好与中医心理学所提出的"形神合一"理念相契合。

关于"性命"的由来，郭店竹简《性自命出》中说："性自命出，命自天降。"而中医学将生命的来源阐释为"天之在我者，德也。地之在我者，气也。德流气薄而生者也"（《灵枢·本神》），认为自天承载"德"，由地赋予"气"，而"德"是"性"对外的显像。"气"，也就是黄元御提到的"祖气"，是天地赋予的能量，两者相合，再有父精母血的融合，发展成了生命个体。因此，历来学者将"修身养性"作为保养生命的重点。

由于心身一统，"认知、情感、行为"等心身活动均由"性"来统一，如《性自命出》中所说："人之虽有性，心弗取不出。"而情志则是心身活动识别外界事物后，经"性"感而动的判断，表现出各种情绪、情感，如《性自命出》中所说："喜怒哀悲之气，性也。及其见于外，则物取之也。"如此来看，"情志"是生于"性"的，同时也是"性"的外延。

2. 心主神明论　人是心与身的统一体，若分论而言，主导人的精神活动的主要脏腑是心。中医心理学认为，心为一身之大主，主藏神。因此，心主神明论又是中医心理学的基础论点及特色认识。

（1）神与"五神"

①神的概念：中医心理学对"神"的认识内容也是非常丰富的，并有广义之"神"与狭义之"神"之分。狭义之神指的是人的精神活动；广义之神是指建立在形体之上，以精血、营卫、气血、津液、五脏六腑及四肢百骸为物质基础的人体生命运动的总和，包括魂、神、魄、意、志等生命活动与心理活动，如《素问·八正神明论》所言："血气者，人之神。"

在中医学中，"神"又有"元神"和"识神"之别。最早记录和详细论述"元神""识神"是在养生著作《太乙金华宗旨》中。书中将神分为"元神（原始之神）"与"识神（认知之神）"两种。"元神"属于先天，藏于脑中，主管和协调全身各部功能活动，如明代医家李时珍（1518—1593）所言："脑为元神之府。""识神"属于后天，藏于心中，主要功能是认识外部世界并做出应对。如果"识神"的活动过度，则会影响"元神"的主司，造成心身失衡，出现诸般病证。这是道家养生实践的理论基础，而养生实践的目的就在于排除"识神"的干扰，恢复"元神"的清静。

②"五神"的概念：《灵枢·本神》将"神"细分为神、魂、魄、意、志五类。"两精相搏谓之神，随神往来者谓之魂，并精而出入者谓之魄。所以任物者谓之心，心有所忆谓之意，意之所存谓之志。"这是古代唯物主义一元论思想关于"宇宙－生命－人体－精神"关系的基本认识。所以神、魂、魄、意、志五神是逐级演化的：人之生，源于天地之德与气（广义之神的物化）；人之始生魂魄，魂魄形成后，随着与外界交流的扩大，产生了"所以任物"的心（精神、意识、思维活动），而后"心有所忆"是谓意，"意之所存"谓之志，是谓志意，是中医心理学对人的认知体系的完备认识。

（2）心主神明　中医心理学主要探究"识神"的功能，认为神藏于心，为一身之君主。从"心"认识和分别事物的高级意识功能来看，"心"主导人的心理活动，并影响人的生理活动。《灵枢·本神》说："所以任物者谓之心，心有所忆谓之意，意之所存谓之志，因志而存变谓之思，因思而远慕谓之虑，因虑而处物谓之智。"认为人通过眼、耳、鼻、舌、身等感觉器官，感知到视、听、嗅、味和体表的痛、温、触、压觉等，由心神（识神）分辨，并由此产生意、志、思、虑、智等认识和思维活动。心神据其刺激，支配五脏六腑各司其职，并引导气机的运行。当"精气"充沛时，"正气存内"，可将不利的心理刺激排除；若"精气"不足时便有可能使心神受损，心理波动引起气机紊乱，损伤机体，而致病生。

3.形神合一论　是中医理论的指导思想，是中医心理学理论的基础。形即形体，包括脏腑、肢体、经络、精气血津等。中医心理学中的形神关系，实际上是物质与精神的关系。形是体，神是用，神的物质基础是气血，气血又是构成形体的基本物质，而人体脏腑组织的功能活动，以及气血运行，又须受到神的主宰。这种"形与神"二者相互依附而不可分割的关系，在《素问·上古天真论》中谓之"形与神俱"。中医心理学研究的是广义的"神"，继承了"形乃神之宅，神乃形之主"的观点，形成了中医心理学"形神合一"的整体观。

4."欲"论　《说文·欠部》将"欲"字解释为"形声，从欠，谷声"。"欠"表示因有欠缺、不足，所以产生欲望。"欲"，广义而言，指人的物质需要和精神需要，或者说，指人的生理需求和心理需求。中国传统哲学对"欲"的认识，既包含了个体出自本能的基本需求，还包含了个体关于外界的暂时不能被满足的诉求。

"欲"也即欲望，是推动个体各项生理功能发育成熟的原动力和心理能量，西方心理学称之为力比多，而合理的欲望能够帮助个体完善人格和进行正常的生命活动。但当人被过多的"欲"所困住时，会出现强烈的分别心，产生不同的偏好，引起情绪的波动，引发心身的失衡，而出现各种心身症状或疾病。《素问·汤液醪醴论》曰："忧患不止，精气弛坏，营泣卫除，故神去之而病不愈也。"认为不合理的欲望会导致精神涣散，损伤营卫气血，引发疾病，应当保持"恬淡虚无""精神内守"，以保养真气，防止病生，从而保养生命。

中国传统哲学和中医心理学将"欲"看成是动机产生的原动力，所以传统哲学和中医心理学将重心均落在了"欲"的平衡上，实际平衡的是内在动力，使人的心身趋于平衡，不使其受损。也认识到"欲"是无法被完全满足的，所以有"欲壑难填"的说法，在面对这一不可抗的动力时，中医心理学以"恬淡虚无"为目标，减少"欲"的消耗，维持"真气"的运行通畅，使"精神内守"，保养心身；力图从根源上解决"欲"的不满，实现人的心身平衡。

（二）中医心理"外象"

情志变化与五脏、五体（皮、肉、脉、筋、骨）等生理活动是可观察到的、有外在表现的，归属于中医心理"外象"。这些可观察的"外象"，能直观地为研究者提供线索，去探知人的心身活动与发展的规律。

1. 七情学说　中医学将喜、怒、忧、思、悲、恐、惊称为七情，并以这七情与人体脏腑功能的相互作用关系形成了七情学说的主要内容，成为中医学的基本理论内容之一，也是中医心理学中的重要内容。

（1）喜　是一种因外界事件的结果能满足自己的心愿或自觉有趣而产生的一种内心体验，出现喜悦、愉快的情绪表现；或是在盼望的目的达到后，紧张状态随之解除时的情绪体验。中医心理学认为喜出于心，心主血脉，故喜能使气血和调，精神振作，甚至可以使重病转轻，轻病消失，使人生机活泼，益寿延年。可见喜具有肯定性、积极性、主动性的性质。

（2）怒　是因遇到不符合情理或自己心境的事情，或由于某种目的和愿望不能达到，逐渐加深精神的紧张状态，积累到一定程度而向内、向外发泄产生的一种情绪体验。根据发作的强度不同，可有不满、生气、小怒、大怒、愤怒、暴怒等不同等级的情绪状态。中医学传统上将其分为郁怒和暴怒两大类：郁怒者多表现为心烦、忿忿不平等；暴怒者多表现为横眉竖眼、两目圆睁、咬牙切齿、面红耳赤、青筋暴露、咆哮如雷、摔打物品、怒发冲冠等。适度的怒，可使压抑的情绪得到发泄，从而缓解过于紧张的精神状态，有助于人体气机的疏泄、条达，对人体的生理、心理都是有益的。因此，怒虽是一种否定性的情绪，但却具有主动性的性质。

（3）忧　是担心某种不利于己的外界事件即将要发生而又自感无力控制时，所形成的一种焦虑、沉郁的情绪状态。多表现为精神抑郁不振、意志消沉不起、闷闷不乐、叹息不已、眉头紧锁、目光暗淡等。忧是一种否定性、被动性、消极性的情感活动，虽在适度的范围内属正常的情志反应，但作为一种不良心境，若个体长时间处于此种状态下，将会有较大的致病风险。

（4）思　主要具有认知与情绪两方面的内涵。一方面指思考、思虑，是一种客观逻辑思辨的心理过程，是精神高度集中，聚精会神地思考、谋虑、策划的心理活动表现。如《素问·五脏生成》曰："思虑而心虚，故邪从之。"《素问·痿论》曰："思想无穷，所愿不得，意淫于外。"这里的"思"即为思考、思虑之义。另一方面，从古文字的角度出发，思与忧、愁、悲、哀等消极情绪相通，属于情绪范畴，是指个体主观上的一种情绪状态。如《内经》中将"思"列为情志之一，《素问·阴阳应象大论》中说："人有五脏化五气，以生喜怒悲忧恐。""在志为思。思伤脾，怒胜思。"并指出：肝"在志为怒"、心"在志为喜"、脾"在志为思"、肺"在志为忧"、肾"在志为恐"。显然，《内经》中将"思"作为致病因素，常与"忧"并用，如"淫气忧思，痹聚在心"（《素问·痹论》）、"忧思则心系急，心系急则气道约，约则不利，故太息以伸出之"（《灵枢·口问》）、"忧思伤心"（《灵枢·百病始生》），关于"思"的情志内涵论述颇多。

（5）悲　是发生不利于自己的事情而又自感无力改变时所产生的失望、烦恼、痛苦的情绪体验。悲哀与失去所追求、所盼望的事物和目的密切相关。悲哀的强度决定于失去事物对个体的价值大小。主要表现为表情淡漠、心灰意懒、精神不振、反应迟缓、唉声叹气、哭哭啼啼、泪流满面等。悲哀所造成的压力释放表现为通过哭泣予以宣泄，属于正常的情志反应。但悲哀是生活中遭遇与自己意愿相抵触的结果，属于否定性、被动性、消极性的情志，若长期处于这种消沉的情绪中，也会增加致病风险。

（6）恐　是自感面临某种危险情境，试图摆脱、逃避却又无能为力时所产生的一种情绪体验，也是一种精神高度紧张所引起的胆怯表现。往往是由于缺乏处理或摆脱恐怖情境或事物的能力，同时个体对奇怪、陌生的事物也可能引起恐惧。恐惧多表现为面白色脱或面如土色、目瞪口呆、张口结舌、心悸脉数、汗出惊叫等，严重时可见不由自主地战栗、四肢瘫软、恐慌失措、奔逃躲避、二便失禁、昏厥僵仆等，甚至可见致风声鹤唳、草木皆兵的错觉。往往随着事件的平息或消失，转危为安时，个体可通过机体的自身调节能力而恢复常态。但若恐惧情志过于剧烈或持久，超出人体自身的调节能力，就会引起脏腑气血功能紊乱，从而致病。

（7）惊　是在个体不自知的情况下突发非常事件时，精神骤然紧张而骇惧的心理体验，如卒闻巨声、偶然目击异物、猛然遇险临危时，个体精神紧张、心悸欲厥，使心中惕惕然而产生的情绪表现。惊的外在表现与恐相似，但程度较轻，且恢复较快。

惊与恐常并见，如《灵枢·口问》曰："大惊卒恐，则血气分离，阴阳破败，经络厥绝，脉道不通，阴阳相逆，卫气稽留，经脉虚空，血气不次，乃失其常。"《灵枢·九针论》曰："形数惊恐，筋脉不通，病生于不仁。"因此，惊与恐的表现难以截然分开，往往相互为因，彼此转化，如《丹溪心法·惊悸怔忡》所言："惊者，恐怖之谓。"但惊与恐又有区别，张子和在《儒门事亲·惊》中指出："惊者，为自不知故也；恐者，自知也。"故惊不自知，从外而入，是骤临危险，突遇怪异，不知所措；恐为自知状态，从内而出，可预感到事情将要发生，但却无以应对，因而惧怕、退却。即惊急恐缓，惊易复，恐难解。

2. 情志与脏腑对应　早在《素问·阴阳应象大论》中就已提出"五志"学说，认为"人有五脏化五气，以生喜、怒、悲、忧、恐"。明代医家张介宾进一步诠释为"五脏者，心、肺、肝、脾、肾也。五气者，五脏之气也。由五气以生五志。"就五脏而言，肝气主升，肺气主降，心气炎上，肾气润下，脾气主权衡。同时，中医学将五脏与七情的对应关系归纳为"心在志为喜，肝在志为怒，脾在志为思，肺在志为悲，肾在志为恐"。中医心理学深入研究情志与五脏的相互作用机制，将情志对疾病的作用影响分为"情志太过"与"情志不及"。其中，情志疏泄太过将发生大喜伤心、大怒伤肝、大悲伤肺、大恐伤肾、过思伤脾的情志致病机制；而情志疏泄不及又会导致忿、恨、怨、恼、烦等称为"五阴毒"的情志发生，并对人体气机与脏器产生消极影响。

另一方面，五脏、五体、五窍、五动受损，亦会影响人的情志活动，如肝病多怒、心病不喜、脾病多思、肺病易悲忧、肾病常惊恐。如唐宗海《医学见能·闻声》所言："肝志怒，其声呼，其变骂詈。心志喜，其声笑，其变谵语。脾志思，其声歌，其变郑声。肺志忧，其声哭，其变失音。肾志恐，其声呻，其变气短。"由此可见情志与五脏的相互作用关系。

3. 情志对脏腑气机的影响　中医学认为气能行血行津，所谓"气行则血行""气行则津化""气行则津行"。而人体气机运行的紊乱，将会导致瘀血内停、痰湿内生等病理产物的产生从而致病。中医心理学研究人的情志活动发现，情志会直接影响人体气机的运行，而五脏又主管着气机的有序运行，所有情志活动会影响脏腑气机的运行。若是情志刺激太过，则会损伤脏腑，导致五脏所主的"五体"（皮、肉、脉、筋、骨），"五动"（握、忧、哕、咳和栗），"五窍"（鼻、口、舌、目、耳）等出现不同程度的不适症状。

（1）怒则气上　怒是指气愤不平，勃然激动的一种情志表现。轻微发怒，可发泄心中的郁闷，使肝气疏泄正常，气血条畅。如果愤怒过度，则可致肝的疏泄功能失常，如《灵枢·邪气脏腑病形》所云："有所大怒，气上而不下，积于胁下则伤肝。"临床表现：①气火上逆：头胀、头痛、眩晕、烦躁。②血随气逆：面红目赤、呕血、神志不清，甚则昏厥猝倒。如《素问·举痛论》云："怒则气逆，甚则呕血及飧泄。"又《素问·生气通天论》云："大怒则形气绝，而血菀于上，使人薄厥"。③气上横逆犯脾：嗳气、呕吐、腹胀、食欲不振。

（2）喜则气缓　喜是精神愉快的一种情志表现。喜悦适度，可使气血和调，心情平静舒畅，营卫通利，以缓和精神紧张。《素问·举痛论》云："喜则气和志达，营卫通利，故气缓矣。"喜则徐缓和顺为正常；但暴喜过度则气过于缓，可使心气涣散，神不守舍，轻则可见心悸、失眠、精神不能集中，严重者可见喜笑不休、妄言妄动等失神狂乱的症状。如《灵枢·本神》云："喜乐者，神惮散而不藏。"

（3）悲则气消　悲即悲哀、悲痛，是伤心痛苦的一种情志表现。正常的悲哀哭泣，可消除情绪上的压力。《素问·举痛论》云："悲则心系急，肺布叶举，而上焦不通，荣卫不散，热气在中，故气消矣。"因此，过度的悲伤，或长时间地处于悲伤状态下，会使人的心之脉络郁急，肺叶张举，上焦之气失于宣通，营卫之气不得布散，气机不畅而郁于胸中，则出现胸膈满闷。气郁日久，火热内生，热灼耗气，肺气消散，则可出现气短乏力、声低息微、神疲倦怠等症。

（4）恐则气下　恐是指恐惧、畏惧、害怕的一种情志表现。恐动于心则肾应之，恐为肾志，肾藏精而居下焦。《素问·举痛论》言："恐则精却，却则上焦闭，闭则气还，还则下焦胀，故气下行。"过度恐惧可使精气却而不上行，上焦气机闭塞不通，则胸中空虚，心无所主，惕然不安，如人将捕；同时气迫于下焦，下焦胀满，肾气不固，可见二便失禁，男子遗精，女子月经紊乱、白带增多等症。

（5）惊则气乱　惊即惊吓、惊骇，是卒遇非常之事，精神突然紧张的一种情志表现。外界刺激均通过人的感官首先内传于心，人突然受到外界的强烈刺激，惊扰心神，使心不能安定，神不能内守，而致气机紊乱。即《素问·举痛论》所云："惊则心无所倚，神无所归，虑无所定，故气乱矣。"从而导致轻则心神不宁，见心悸、失眠、惊恐不安；重则精神错乱，见语无伦次、哭笑无常的癫证，或狂言叫骂、躁动不安的狂证。

（6）思则气结　此处的思应主要指思考、思虑，是人集中精神考虑问题的一种思维活动。正常的思维活动，可帮助人准确地认识事物的本质及其内在联系规律，从而正确地进行推理和判断，及时解决各种问题。但若思虑过度，则可导致机体气机郁结。如《素问·举痛论》云："思则心有所存，神有所归，正气留而不行，故气结矣。"

中医学认为，思为脾志，故过度思虑最开始主要是导致脾气郁结，使脾失健运，可见纳呆、腹胀、便溏；因生化乏源，气血不生，还可见头目眩晕、倦怠乏力、肌肉瘦削。同时，如《针灸甲乙经》所言："思发于脾而成于心。"故思虑过度，不但影响脾气，还会耗伤心神，心神失养轻则出现心悸、健忘、失眠、多梦等症，重则可见精神痴呆；此外，所思不遂，还可致肝肾功能不足，男子表现为阳痿、遗精，女子表现为白带增多或月经不调。如《素问·痿论》云："思想无穷，所愿不得，意淫于外……发为筋痿，及为白淫。"

四、情志与致病

情志是中医学对人体心理状态、情绪状态及所触发的行为倾向的总体概括。情志又分为"情"与"志"。"情"为情绪，是指人有喜、怒、哀、乐、惧等心理体验，这种体验是人对客观事物的态度的一种反映。"志"本意为意念或心意。《灵枢·本神》曰："心有所忆谓之意，意之所存谓之志。"因此，"志"也引申为有一定意向的目标。情志即是较为稳定的、持续时间较长的、具有一定指向性的情绪状态。

（一）情志致病的机理

中医学将致病因素分为三类：内因、外因和不内外因。其中内因主要是指七情和饮食所伤。同时中医学认为"正气存内，邪不可干""精神内守，病安从来"，人体发病首先是正气有损，而损伤正气的重要因素是精神不能内守。人是社会性动物，生存在自然之中，所以生存环境的不适应、工作环境的不匹配、心理预期的不满足，均会引起人的身体的不适与情志的失调反应，而情志不调可通过干扰气机、耗伤气血津液，甚至导致痰火病理产物的产生，从而引起躯体症状与身心疾病。

1. 干扰气机　人之有生，全赖于气，气是人体脏腑经络进行生理活动所必需的物质和能量。气的运动即为气机，其基本形式为升、降、出、入，人体脏腑经络、气血津液、营卫阴阳，均赖气机的升降出入而相互联系。气机运转正常，则血脉畅行，身体健康，即"气得上下，五脏安定，血脉和利，精神乃居"（《灵枢·平人绝谷》）。而情志不节会引起气机失调，妨碍人体脏腑正常的生理功能活动，从而导致疾病。同时情志刺激过度，使气机变化过于强烈，或持续时间过长，便可破坏脏腑之间的功能协调平衡，并可进一步损伤气血，出现阴阳、气血虚损诸证。

2. 耗伤气血津液　气、血、津液是构成人体和维持人体生命活动的最基本的物质，人的生命既根源于先天之精气，又依赖于后天水谷精微的滋养培育及自然界清气的补充更新，才能不断化气生神，维持正常的生命活动。持久过度的情志波动可通过耗伤气血津液而影响人体正常的生命活动，进而引发各类疾病。如《素问·疏五过论》云："暴乐暴苦，始乐后苦，皆伤精气，精气竭绝，形体毁沮。"

3. 导致痰火病理产物的产生　情志因素，可致机体的气机紊乱，影响人体的正常代谢，从而形成痰火等病理产物。正如《灵枢·百病始生》所言："若内伤于忧怒，则气上逆，气上逆则六输不通，温气不行，凝血蕴里而不散，津液涩渗，著而不去，而积皆成矣。"痰饮停滞体内，五志过极化火，上扰心神或闭阻心窍，均可导致神志失常，发为厥证、痫证。

（二）情志应对与健康

1. 适度情志反应——协调脏腑气机平衡　正常情况下，情志不会使人发病。如《素问·气交变大论》所言："有喜有怒，有忧有丧，有泽有燥，此象之常也。"因此，适度的情志活动属于人体正常的精神活动和心理表现，也是人体正常的生理需要，有利于脏腑的正常功能活动。适度的情志本身是个体生理的、积极的，带有自身保护性，反映着机体对自然、社会环境变化的适应调节能力。情志通过自我调节以抵御外界不良因素的刺激，使机体保持平衡。正如清代医家费伯雄所说："夫喜、怒、忧、思、悲、恐、惊，人人皆有之境。若当喜为喜，当怒为怒，当忧为忧，是即喜怒哀乐发而皆中节也。此天下之至和，尚何伤之有？"因此，正常情志反应是心身健康的组成要素之一，可增进健康，防御疾病。

2. 过度情志反应——破坏脏腑气机平衡　情志刺激等不良因素太过突然或太过强烈或长期持久地作用于机体，超过了机体承受或自我调节能力，就会导致机体功能出现异常，干扰脏腑气血功能，甚至导致疾病。如《灵枢·百病始生》所云："喜怒不节则伤脏，脏伤则病起于阴也。"过度的情志反应又分为"疏泄太过"和"疏泄不及"两种情况（表 9-2）。

表 9-2　五志对应情绪分类

五行属性	木	火	土	金	水
五志	怒	喜	思	悲	恐
五志太过	大怒	大喜	过思	大悲	大恐

（1）五志太过　当个体的情志疏泄太过，就会发生大喜伤心、大怒伤肝、大悲伤肺、大恐伤肾、过思伤脾的情志致病机制，称为五志太过。即是指人体因强烈的外界刺激超过自身的承受能力，五志就会呈现暴发性的变化，出现强烈迅速、猝不及防的情志反映，如大怒、大喜、大恐等。同时，人的情绪状态和认知能力也受到负面影响，甚至产生生理功能的严重失调或精神病变，如出现癫狂、狂躁等临床表现。

①大怒：怒字上面是"奴"，下面是"心"；"怒"的字面意思可以理解为个体在受挫而反击的过程中，"心"被情绪所奴役掌控。怒为肝之志，与肝的功能有关，而"肝主疏泄"，起到调节人体气机的作用。肝属木，木曰曲直，能屈又能伸方为肝之特性。肝对应的情志变化非常明显，"只直不曲"容易引起肝气刚强暴急。因此"大怒"是具有爆发性的能量消耗过程，常导致头晕眼花、四肢麻木、两胁疼痛，甚至中风不已、半身不遂等病症。

②大喜：喜是愿望得以实现后欢喜、高兴的情绪状态。而"大喜"是一种高度兴奋、呈弥散性的能量状态，这种过度的情绪会消耗人体阳气，损伤心气，致使心脏供血不足，心悸气短，甚至乐极生悲导致急性心血管疾病及失眠、癫狂等精神疾患。有名的"范进中举"故事就是由"大喜"的情绪引发身心过于兴奋和紊乱致痰迷心窍，造成神智不清、疯疯癫癫，心主神明功能紊乱的典型代表。

③大悲：悲是表达伤心难过的一种情绪状态。《内经》中的"悲伤肺"就是指"大悲"的情绪状态下损伤了人体肺气，导致气喘、咳嗽、吐血、肺炎等病症。一个人过度悲伤，会导致其毛憔皮枯，因为肺主皮毛，伤及肺脏会在人体皮毛上有所表现。

④大恐：恐是面临危险情境时感到强烈害怕的一类情绪状态。《内经》中所说的"恐伤肾"即是指人在受到极度惊吓的状态下导致气机紊乱、肾气不固，甚至出现二便失禁的生理现象。《世说新语》有一则故事，是说有一个人夜里走路以为水的声音是鬼，结果回家就吓死了，这就是大恐给人的身心造成的不良后果。成都中医药大学王米渠教授于 20 世纪 80 年代进行了具有开创性的"恐伤肾"行为（心理）动物模型研究，用临床试验证实了恐伤肾的致病机制，受到学界广泛关注与高度认可。

⑤过思：人在犹豫不决、难以抉择时常常导致"过思"。《内经》中的"思伤脾"就是指忧思过度，气结于胸致使个体的脾胃运化失常，出现消化不良、不思饮食、浑身无力等典型的脾虚症状，出现如饱胀、噎嗝、胃虚、胃炎，甚至胃癌等临床病症。长期"过思"还会引起脾虚血伤，出现"心神惶惶而不能语"的心脾两虚症状。

（2）五志不及　正常情况下，五志应该顺其自然之气，适时而发之，若五志太过则应抑之，五志不及则应疏导之。当情志发泄不及、郁积在体内时，同样能够产生负性情绪，并影响到生理状态。

由此可见，适度的情志反应有利于人体心身健康；而情志太过或不及，均易损伤脏腑气机，引起各种心身病证。

五、阴阳学说与健康

阴阳学说是中国古代朴素的辩证唯物主义哲学思想，中国古代医家运用阴阳五行学说原理来看待疾病的发生、发展与健康养生规律，并指导着中医学的临床实践。以下简要介绍阴阳人格体质学说、阴阳身心发展学说和阴阳睡梦学说。

（一）阴阳人格体质学说

人格本是心理学术语，指个体在认知、行为、情绪等方面具有一定的内在倾向性、稳定性、独特性和社会性的心理特征的整合。中医心理学的人格理论，根据人的生理特性和心理特点，运用阴阳五行学说，将人格进行系统分类，并形成了独特的阴阳人格体质学说。在《灵枢·通天》和《灵枢·阴阳二十五人》两篇中较为系统地论述了阴阳人格体质学说。其中，《灵枢·通天》根据个体阴阳的多少和盛衰，将人划分为太阳、少阳、阴阳和平、少阴、太阴等"五态人"（表 9-3）。

表 9-3　中医五态人格分类表

体质类型	体质特点	治疗要点
阴阳和平型	阴阳和平之人，即土行人，身中阴阳之气和谐，血脉调顺。形态上相貌美好，性情和顺，待人态度温恭、和颜悦色，慈眉善目，神情爽朗，一番谦谦君子之貌。性格上多安静自处，不好名利，寡欲无喜，顺应事物，适应变化，从容稳重	阴阳和平之人病多是阴阳偏颇，易权衡失调，伤及脾系。但易于调和，可根据其容色、情态审察阴阳气血之有余不足，邪盛就用泻法，正虚就用补法，如果不盛不虚，就取治病证所在的本经
太阳型	太阳之人，即火行人，多阳而少阴，体质多热。形态上常意气昂扬，神色飞动，仰头挺胸，膝腘似折。性格上多好高骛远，意气用事，过于自信，易冲动，感情用事，不易控制	太阳之人病多急、热，易伤心系，容易出现阴大脱的狂证和阴阳皆脱的昏厥，甚者突然死亡。治其病时须小心谨慎，不可再耗脱其阴，只可泻其阳
少阳型	少阳之人，即金行人，多阳少阴，经脉小而络脉大，血脉在内而气络在外。形貌上常表现为站立时喜欢把头仰起，走路时喜欢摆晃身子，两条胳膊常常倒背在背后。性格上多自尊心强，爱慕虚荣，活泼好动，好交际，好抛头露面，昂首挺胸，手常背于后	少阳之人病多伤络，容易出现温热、气郁之证，易伤肺系。治其病时须充实阳经而泻其阴络，但不可泻其阳络太过，使阳气耗脱，伤及中气，病就难以痊愈了
太阴型	太阴之人，即水行人，多阴而无阳，他们的阴血重浊，卫气涩滞，阴阳不和，筋缓皮厚。形貌上常表现为肤色黑黑的，表面装出待人亲昵而谦下的样子，实则内心阴险，身材很高大，膝腘作出弯曲的样子，实则并无伛偻症。性格上多表面谦虚，内心另有所谋，好得恶失，抑郁，面色阴沉，爱哭泣	太阴之人病多寒证、血证，易伤肾系，治疗时宜用急泻针法，泻其寒瘀，病即能除
少阴型	少阴之人，即木行人，多阴少阳，胃小而肠大，六腑的功能不协调，足阳明的脉气偏小，而手太阳经的脉气偏大。形貌清正，而行为鬼鬼祟祟，冥顽不化而又阴险狠毒，站立时躁动不安，走路时似伏身向前，反应较迟缓。喜好小利，嫉妒心重，幸灾乐祸	少阴之人病多郁结，易伤肝系，治疗时要审慎调治。此类人血多亏耗，也易损及精气

（二）阴阳心身发展学说

阴阳学说是中医心理学对个体心身发展的认识基础，认为人的生理、心理的发生、发展、壮盛、衰亡等过程都是阴阳二气变化的结果，如《素问·阴阳应象大论》言："阳生阴长，阳杀阴藏。"阳气的旺衰主导了整个过程。

人体生命随着年龄的增长发生"生、长、壮、老、已"的身体变化，并随着阳气的亡绝而结束。所以中医心理学根据不同年龄段阳气的旺衰，将人的心身发展分为6个时期，即胎儿期（妊娠10月）、婴幼儿期（0～2岁）、儿童期（2～14岁）、青年期（14～30岁）、成年期（30～50岁）和老年期（50岁～天年），以此形成了阴阳身心发展学说。胎儿期，心身的发展主要受胎教的影响，并认为胎教对心身的发展具有重要意义；婴幼儿期，随着阳气的蒸变，婴幼儿的身心发展进入迅速生长期；儿童期，属于"稚阳"状态，其生机蓬勃，是心身发展的重要时期；青年期，天癸至，是生命阳气的主导期；壮年期，生命阳气盛大，是心身成熟的重要阶段；进入老年期，阳气渐衰，也是个体心身渐弱的时期。由此看来，阴阳盛衰主导着人心身的全程发展，可通过观察、询问患者的阴阳之气，为心身病证的诊疗提供有利线索。

（三）阴阳睡梦学说

1. 阴阳睡梦论 中医心理学研究人的梦境与疾病的联系，于是产生了阴阳睡梦论。认为梦是人的复杂生理心理现象。《说文》将梦解释为"寐而觉也"，即人睡眠时无知觉的意识状态。关于梦是如何形成的，目前没有统一的认识，中医学认为梦是魂的功能表现。肝藏魂，人睡眠时魂藏于肝，"人卧则血归于肝"，可帮助人体消除疲劳状态，所以肝又为"罢极之本"。《灵枢·淫邪发梦》曰："正邪从外袭内，而未有定舍，反淫于脏，不得定处，与营卫俱行，而与魂魄飞扬，使人卧不得安而喜梦。"许叔微在《普济本事方》云："平人肝不受邪，故卧则魂归于肝，神静而得寐。今肝有邪，魂不得归，是以卧则魂扬若离体也。"若身体无恙，心神安宁，精神内守，则睡眠之时魂居于内，则不常发梦。若有淫邪之气侵袭、脏腑气血虚损或情志不遂时，就会使魂不能涵养于肝的阴血之中而飞扬于外，心神不安而发生不寐。因此，分析患者的梦，可以帮助患者了解自己的身体状况，找到原由，促进患者心身健康。阴阳睡梦论所论及梦像、病因详见表9-4。

表9-4 阴阳睡梦论

梦因	梦因机理	梦像
阴阳偏胜而梦	阴气盛	梦涉大水，或身寒肢冷，或紧张、恐惧
	阳气盛	梦大火，或身体发热，或兴奋难抑
	阴阳俱盛	梦相杀，或争斗，或争吵
	上盛	梦飞翔，或身轻飘感，或头晕沉
	下盛	梦身体下坠，或身重感，或奔跑
	甚饥	梦获取食物，或饥饿，或饮食
	甚饱	梦给予他人，或腹胀，或厌食

梦因	梦因机理	梦像
五脏气盛而梦	肝气盛	梦愤怒，或与人争吵置气
	肺气盛	梦恐惧，或哭泣，或飞扬
	心气盛	梦善笑不止，或兴奋不已
	脾气盛	梦唱歌，或身体重不举
	肾气盛	梦腰脊束缚，轴转不利
五脏气虚而梦	肺气虚	使人梦见白物，见人斩血藉藉，得其时则梦见兵战
	肾气虚	使人梦见舟船溺人，得其时则梦伏水中，若有畏恐
	肝气虚	梦见菌香生草，得其时则梦伏树下不敢起
	心气虚	梦救火阳物，得其时则梦燔灼
	脾气虚	梦饮食不足，得其时则梦筑垣盖屋
淫邪侵袭而梦	客于心	梦见丘山烟火，或喜笑不节
	客于肺	梦飞扬，见金铁之奇物
	客于肝	梦山林树木，或与人争吵不止
	客于脾	梦见丘陵大泽，坏屋风雨
	客于肾	梦临渊，没居水中
	客于膀胱	梦游行，或小便不利，或寻找厕所
	客于胃	梦饮食，或恶心干呕，或呕吐秽物
	客于大肠	梦田野，或如厕，或排便不畅
	客于小肠	梦聚邑冲衢，或梦火热燔身
	客于胆	梦斗讼自刭，或争执不休，或胆小无助
	客于阴器	梦性交，或梦阳痿遗精
	客于项	梦斩首，项背紧束
	客于胫	梦行走而不能前，及居深地窌苑中
	客于股肱	梦礼节拜起，或蹲起不利
	客于胞胭	梦溲便，或梦怀孕生产

2. 中医释梦与弗氏释梦 弗洛伊德在《梦的解析》中指出："梦是一种愿望的满足。"他认为，愿望的满足并非指向健康或平和方向的满足，而是病理状况的满足。而且，梦对愿望的满足并不像现实一样有道德甚至物理的限制，为了在同一个梦中满足不同的愿望，梦像之间的逻辑关系可能跟现实不同，甚至逻辑关系的本身就是一种梦像。例如非常讨厌家人的患者，其梦像可能是把家人全部杀死，而不是一家人其乐融融地生活；幽闭恐慌症患者的梦像可能是在太空漂浮，而不是在电梯中愉快地待着；心中想超越老板的职员可能在梦中看到老板站在楼梯下面，而自己站在楼梯顶部。

相对于弗洛伊德的释梦学说，中医学解梦的论述更偏重于梦像病机的联系。《素问·脉要精微论》所论述的"阴盛则梦涉大水恐惧，阳盛则梦大火燔灼"就是"阴盛"

和"阳盛"两种病机所对应的两个梦像。中医心理学在根据梦像分析病机时，是将生理和心理综合论述的，着重于通过梦像这一心理现象来推论患者生理方面的变化，为临床疾病诊疗提供依据。

六、中医心理疗法引述

中医心理学在治疗方法方面非常灵活，凡是基于中医学理论框架下，有益于人体舒情畅志、调整心身的方法，都可纳为中医心理学疗法。以下介绍 6 种常见疗法以供参考。

（一）移情易志法

认知是心理学的概念，是指人获得知识或运用知识的过程。中医心理学认为人的认知靠的是心神，所以心神的旺衰会直接影响认知，而认知的深度、广度等又会影响心神的强弱。所以有"心有多大，世界就有多大"的说法。

人对自己的认知不足、对事物的认知不足、对社会的认知不足时，常出现情志不畅，影响气机运行，损伤心神，而致百病丛生。人的行为受信念、兴趣、态度等认知因素所支配，所以要改变患者的行为，就必须先纠正其认知。

移情易志法与现代心理学中的认知疗法类似，是要了解患者对疾病的认知水平，纠正患者对疾病的负性认知，打破并重建患者对疾病的积极正向认知。通过说服、解释、鼓励、安慰等法，动之以情、晓之以理，针对患者的个人秉性和实际情况，有的放矢，帮助患者恢复心身健康（表 9-5）。

表 9-5　移情易志法简表

引导方向	引导内容
告之以其败	给患者讲解疾病的原因、发生、发展及其危害，让患者充分了解病情，引导患者以正确的认知去面对疾病
语之以其善	与患者达成合作关系，共同目标都是战胜疾病，引导患者配合医务人员，认识到及时和恰当的治疗是疾病康复的关键，使患者有信心去面对并战胜疾病
导之以其所便	医生需因人制宜，采用患者方便可行的治疗措施，引导患者掌握治疗和调养的方法
开之以其所苦	开解患者的消极心理，引导患者脱离苦闷、忧虑、紧张等心理状态，放下思想包袱，积极面对疾病与生活

（二）气功导引法

气功导引是中医保养身心的方法，注重于"精、气、神"的调治，是心身疾病治疗的重要方法。"百病皆生于气"，气随神意而动，心神本好清静，若"苍天之气，清静则志意治"。治心神疾病的首要之务，就在于静心养神。而静心养神既是气功导引习练的基本要求，也是习练的追求目标，让习练者在练习中收敛心神，达到调畅情志的功效。

静心养神的方法，就在"清静"二字，其中有以下两个要领：

1. 专心　要除去一块地的杂草，最好的办法就是种上粮食。不论之前所经受何事，在这一刻都要学会放下，将精力集中在种植"粮食"上。用专一法时，可以做一些让自己放松下来的事，以一心带领万心，致精神内收，使心"静"下来。

2. 清扫　可以将不开心、怨恨、不安的情绪心理看做是垃圾、废物，需要将之清扫干净。这些垃圾、废物就像是黑暗，需要用阳光来照射。《素问·生气通天论》曰："阳气者，若天与日，失其所，则折寿而不彰。"用清扫法时，可以躺着或者坐着，精神内收，想象身体中的阳气像太阳一样，从头到足，将不开心的事物都照得光亮，然后融于光明之中，使自己身心都能清静。

（三）情志相胜法

情志相胜法是中医心理治疗的特色疗法之一，其以脏合情志理论和情志病因说为基础，运用五行相胜之理，有意识地用一种情志活动去调节、控制、影响另一种情志活动，使人的情志达到动态平衡。也即《类经·论治类》所言："此因其情志之胜，而更求其胜以制之之法也。"情志是中医学七情五志的简称，七情指喜、怒、忧、思、悲、恐、惊7种情绪，《内经》将其归化为五志，即喜、怒、忧（悲）、思、恐（惊），并分属五脏。《素问·阴阳应象大论》曰："怒伤肝，悲胜怒""喜伤心，恐胜喜""思伤脾，怒胜思""忧伤肺，喜胜忧""恐伤肾，思胜恐"。

1. 怒胜思　患者因思虑过度而气结，忧愁不解，意志消沉。此时人体情志在脾。脾属土，喜健运而恶郁结。思虑太过，则阳气郁滞，气机壅塞不通，营血凝涩不行。而肝属木，"木曰曲直"，有升发、条达的性质，而肝志为怒，"怒则气上"，可冲开脾郁结之气，此怒胜思之机理。因此患者久思不解，气结不行，可以辱侮欺罔之言触怒之。

2. 思胜恐　患者因惊惧、担忧不已，气乱四散或下坠，精神不能集中，惴惴不安。此时情志在肾。肾属水，在志为恐，有润下之职。惊恐太过，会导致肾气不藏、精气下流。而脾属土，在志为思，可聚气凝神，防止神思外散、精气外耗，此思胜恐之机理。因此患者惊恐不解，气乱不止，可以开解之言，晓之以理，使其纠正错误负性认知，缓解其惊恐的情绪感受。

3. 恐胜喜　患者因喜笑不休，气机外浮，精气耗散，伤及心神，出现心神不宁之状。此时情志在心。心属火，在志为喜，喜性炎上，故喜笑不休使心气外散而心绪不宁。而肾属水，在志为恐，由于恐则气下，可使心气下行而安于心，此恐胜喜之机理。因此患者喜笑不休，气散不收，可以恐惧死亡之言怖之或以祸起仓卒之言怖之。

4. 喜胜悲　患者因为忧愁、悲伤等情绪刺激，出现精神颓靡的消极状态。此时情志在肺。肺属金，在志为悲，悲忧日久，气机消散而闭塞。而心属火，在志为喜，喜则气缓，以欢喜之事愉悦患者，可使气机条达而营卫通利，此喜胜悲之机理。因此患者悲忧日久，可"以谑浪亵狎之言娱之"。

5. 悲胜怒　患者因愤郁日久，气机上行，常见有怒发冲冠、面红耳赤等躯体反应。此时情志在肝。肝属木，在志为怒，怒气太过，气机上冲呈向上击打之势。而肺属金，在志为悲，"悲则气消"，故当其气逆之时，以此悲哀消之，此悲胜怒之机理。因此患者愤郁日久，可以怆恻苦楚之言平之。

（四）五音疗法

五音疗法是根据宫、商、角、徵、羽（分别对应 1、2、3、5、6）五音为基础，以五调式将音乐分类，根据五音与五脏相合的节律与特性，分别施乐，从而协调人体气血循行和脏腑功能，达到疗愈心身的目的。

1. 土乐　以宫调为基本，宫音入脾，风格悠扬沉静、敦厚庄重，给人以宽厚结实的感觉，可舒缓气结，调节因"思"而致的脾胃病证。

2. 金乐　以商调为基本，商音入肺，风格高亢悲壮、铿锵雄伟，肃劲嘹亮，具有约束之性，有助于敛气不散，调节因"悲忧"而致的肺系病证。

3. 木乐　以角调为基本，角音入肝，风格悠扬，旋律生机勃勃、生机盎然，曲调亲切爽朗，舒畅条达，具有屈伸特性，调节因"怒"而致的肝系病证。

4. 火乐　以徵调为基本，徵音入心，旋律热烈欢快、活泼轻松，构成层次分明、情绪欢畅的感染气氛，具有炎上之特性，调节因"喜"而致的心系病证。

5. 水乐　以羽调为基本，羽音入肾，风格青春，凄切哀怨，苍凉柔润，如天垂晶幕，行云流水，具有滋润之特性，调节因"惊恐"而致的肾系病证。

（五）针药疗法

针灸、中药能调畅气机，舒畅情志，是古代医家常用的情志调节之法。根据形神合一论、脏合情志理论和七情致病学说等，情志活动与身体疾病息息相关，同时情志活动直接影响气机循行，治病还须安定心神为先，次以舒畅情志以调气，再针对所生痰、食、湿、瘀、郁等病理产物治疗，这样心身并治，形神兼调，能奏药效。养心安神常用酸枣仁、柏子仁、灵芝、茯神、远志、夜交藤等，重镇安神常用龙骨、牡蛎、磁石、珍珠、琥珀等。疏肝解郁行气可用香附、柴胡、青皮、合欢皮、枳壳、陈皮、木香等。

第三节　心身疾病

随着新医学模式的转变，人们逐渐认识到身体与心理是共同作用于人体的两套调节系统，同时两套系统又彼此依存，相互作用与影响；人体疾病的发生也很难仅从身体或心理的层面割裂地去看待。由此发展出心身疾病的概念，其是对心理因素在疾病发生发展中发挥重要影响作用的一类疾病的概括。

一、心身疾病概述

（一）心身疾病的概念

中医学有形神合一的整体观念，将情志活动作为主要的致病因素之一，因情志活动影响着机体的气机循行和脏腑精气的旺衰，因此在中医心理学范畴，中医内伤疾病皆可划分到心身疾病范畴。西医学将心身疾病定义为与心理、社会因素密切相关，但以躯体症状表现为主的疾病。心身疾病的主要特点：①心理社会因素在疾病的发生与发展过程中起重要作用；②表现为躯体症状，或有器质性病理改变，或已知的病理生理过程；③排除单纯躯体疾病和神经症的诊断。

（二）心身疾病的分类

根据情志发病环节及其对心身影响程度的不同，中医学对心身疾病进行了 3 类划分：①主要由情志因素引发躯体改变的疾病；②由情志因素与躯体病变相互作用所致的疾病；③主要由脏腑功能失常引发情志失调所致的疾病。

1. 主要由情志因素引发躯体改变　主要由情志因素引起的心身疾病，可以有情志症状，或情志症状不明显但伴随躯体病变。主要包括两类：①主要由情志因素导致而主要表现为躯体改变的疾病，多相当于西医学所说的心身疾病。这类疾病非"邪气"侵袭引发，而是由情志刺激引起脏腑功能障碍，随后发展为躯体损伤。如《素问·疏五过论》所载："尝富后贫，名曰失精。"因先富而后贫的情志刺激，损耗精气而发病为"失精"。②主要由情志因素导致的以精神症状为主的疾病，多相当于现代的精神疾病。这类疾病常因极端情志刺激引起，主要症状也表现为神志与情绪异常等精神病症，并伴随轻微的躯体异常表现。如《灵枢·癫狂》所载："狂始生，先自悲也，喜忘，苦怒，善恐者，得之忧饥。"

2. 由情志因素与躯体病变相互作用　指发病与情志因素相关，而情志症状与躯体症状并发的一类疾病。此类疾病《内经》所论众多，因为临床上大多数疾病的发生都有情志心理因素的影响。如《素问·痿论》之论"痿"："有所失亡，所求不得，则发肺鸣，鸣则肺热叶焦。故曰：'五脏因肺热叶焦，发为痿躄。'此之谓也。"痿证发病，多因求之而不得，情志不畅，而生内热，煎熬阴液而发；发病虽有情志因素，但临床症状中情志症状并不明显。又如焦虑、抑郁伴失眠症的患者，其焦虑与抑郁情绪明显，同时伴有入睡困难、早醒等睡眠障碍，属于典型的情志与躯体共病的心身疾病。

3. 主要由脏腑功能失常引发情志失调　直接表现为脏腑功能障碍，并由脏腑功能异常而触发明显情志失调的一类疾病。此类疾病因脏腑功能失调，气机循行失常，引发患者出现各类情志异常状态。如《灵枢·九针论》曰："精气并肝则忧，并心则喜，并肺则悲，并肾则恐，并脾则畏。"（《素问·宣明五气》义同此）《灵枢·淫邪发梦》曰："肝气盛，则梦怒；肺气盛，则梦恐惧、哭泣、飞扬；心气盛，则梦善笑、恐畏；脾气盛，则梦歌乐，身体重不举；肾气盛，则梦腰脊两解不属。"又如经前期综合征患者，由内分泌紊乱导致其情绪紧张，烦躁易怒。这类疾病以躯体症状为主伴随情志失调，但其起病根源在于脏腑功能的失常。

二、中医视野下心身疾病的发病机制

（一）心身疾病发病诱因

1.人格　传统医学认为，人格体质是人患病的重要因素，并具有一定的规律。《内经》中提出了"五态之人"五种典型的个性特征，并将其以五行分类，详尽地阐释了个性与生理、行为特点的联系，对临床诊治意义重大。如《备急千金要方·肾脏脉论》言："羽音人……呻而好患，患而善忘，恍惚有所思，此为土克水……起则热，热则实，实则怒，怒则忘……"羽音人也就是五行中水行人，其体态常见黑面、面不平、大头、小肩、大腹等，具有内向、易怒、抑郁、情绪不稳定等个性特征，容易患怔忡等病证。

2.体质　中医学认为，不同体质者，因其阴阳偏盛、偏衰不同，饮食偏好也有所不同，其易感受的邪气性质亦有所不同。因此，体质常被认为是疾病发生的重要影响因素之一。

（1）痰盛体质　形多肥胖，形盛气弱，脾运不健，中气多虚，易聚湿生痰，肢体多困重，懒于运动，易有脘痞、纳呆、口中黏甜、舌苔厚腻等症，易患中风、头痛、眩晕等病证。虞抟《医学正传》言："其为气虚肥白之人，湿痰滞于上，阴火起于下，是以痰挟虚火，上冲头目，正气不能胜敌，故忽然眼黑生花，若坐舟车而眩晕也。"又如李中梓《医宗必读》言："肥人多中气盛于外而歉于内，人肥必气结而肺盛，肺金克肝木，故痰盛，治法以理气为急。"

（2）阴虚体质　形多瘦削，因阴液亏虚不能充养形体，各项生理功能偏低弱，常口燥咽干、五心烦热、小便短黄、大便干结、舌红少津或少苔，易患眩晕、中风等病证。林珮琴《类证治裁·怔忡惊恐》言："汪氏病久失调，延成虚损，怔忡汗出，手足心热，坐起眩晕，善饥无寐……此阴亏火炎之渐，惟营虚生内热，故手足如烙，寤烦神失安，故汗液自泄。虚阳挟风上蒙清窍，故头目眩晕。"

（3）气虚体质　多为虚弱，终日精神不振，稍活动即感乏力，常见少气懒言、气短声低、自汗、舌质淡嫩，易患中风、厥证、头痛等病证。严用和《济生方·中风论治》曰："或因喜怒，或因忧思，或因惊恐……遂致真气先虚，荣卫失度，腠理空疏，邪气乘虚而入。及其感也，为半身不遂，肌肉疼痛……"《济生方·头痛论治》言："凡头痛者，血气俱虚，风寒暑湿之邪伤于阳经，伏留不去者，名曰厥头痛。"

（4）阳盛体质　形多壮实，多见于青壮年，功能亢奋，代谢偏旺，身热好动，多见面红目赤、易急躁易怒、小便短黄、大便秘结、舌红苔黄，易患厥证。《素问·生气通天论》曰："阳气者，大怒则形气绝，而血菀于上，使人薄厥。"王纶《明医杂著·风症》曰："一妇人，素性急，患肝风之症……后大怒吐血，唇口牵紧，小便频数，或时自乏。"

（5）血虚体质　多体虚，血不充足，常面唇色淡、手足发麻，易患头痛、眩晕等病证。朱震亨《丹溪心法》曰："如形瘦苍黑之人头痛，乃是血虚，宜当归、川芎、酒黄芩。"又言："吐衄漏崩，肝家不能收摄荣气，使诸血失道妄行，此血虚眩晕也。"

3. 生活方式　健康的生活方式有助于人们和畅情志，保养精气，保障心身健康；若纵欲无度，致情志不畅，精气溢泄，损伤脏腑气血，日久则多发心身病证。《内经》中提出"食饮有节""起居有常""不妄作劳"的健康生活方式，常保持"精神内守"，保障身心健康。《景岳全书·杂证谟·厥逆》则曰："若素纵情欲，以致精气之源伤败于此，则厥脱暴仆等病，亦因于此。"因此，生活方式也是引发心身疾病的重要因素。

4. 七情诱发　若人七情不节，精神不能内守，真气则不能外固，易感受外邪侵袭；七情不畅，又会导致气机逆乱，脏气不平；气机不畅，影响血液运行和津液代谢，形成血瘀、痰湿阻滞；易患心身病证。如《素问·举痛论》曰："余知百病生于气也。怒则气上，喜则气缓，悲则气消，恐则气下……惊则气乱……思则气结。"陈言《三因极一病证方论·七气叙论》也指出："夫五脏六腑，阴阳升降，非气不生。神静则宁，情动则乱，故有喜、怒、忧、思、悲、恐、惊，七者不同，各随其本脏所生所伤而为病。"明确了情志因素是导致心身疾病的主要原因（图9-3）。

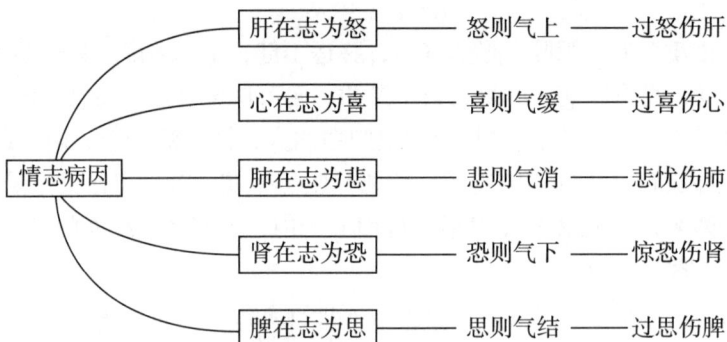

图9-3　中医七情致病

（二）心身疾病发病机理

1. 气机失调　气的运动，中医学称为气机。情志活动影响着人的气机循行，是心身疾病主要的致病因素之一。正如《类经·疾病类》所说："气之在人，和则为正气，不和则为邪气，凡表里虚实，逆顺缓急，无不因气而至，故百病皆生于气。"而对于疾病的治疗，舒畅情志也是重中之重，因此《华佗神医秘传》中有"忧则宽之，怒则悦之，悲则和之，能通斯方，谓之良医"的感叹。情志异常会导致气机失调，进而影响脏腑经络和血液、津精等物质的功能，引发种种心身病证。如《济生方·怔忡论治》言："惊忧思虑，气结成痰，留蓄心包，怔忡惊惕，痰逆恶心，睡卧不安。"

2. 伤及脏腑　中医学早就认识到情志与五脏的相互作用关系，发现过度的情志反应会影响人体气机运行，甚至引发对应脏腑功能的失调或障碍，因此得出过度情志会伤及脏腑的认识。

（1）过喜伤心　《灵枢·口问》曰："心者，五脏六腑之主也……故悲哀愁忧则心动，心动则五脏六腑皆摇。"心主藏神，是人心理活动的主宰。《类经·疾病类》曰：

"情志之伤，虽五脏各有所属，然求其所由，则无不从心而发。"若因情志不畅，气郁而化火，内炽于心，或因情志过度，暗耗阴血，多发为惊悸、怔忡、失眠等证。《济生方·五脏门》曰："男子、妇人心气不足，神志不宁，忧愁思虑，谋用过度；或因惊恐，伤神失志，耗伤心气，恍惚振悸……"

（2）过怒伤肝　肝主疏泄，藏血，调畅气机，调畅情志。若大怒或气郁而化火，血随气逆而上，则易发生眩晕、厥证等病证。如赵献可《医贯》曰："肝藏血而主怒，怒则火起于肝，载血上行，故令血菀于上，是血气乱于胸中，相薄而厥逆也，谓之薄厥……"又如《医方选要》载："盖妇人性多偏怒。经云：天之气曰风，人之气曰怒。怒则致伤肝木，木动生风，令人头目旋运，皆由于此。"由此可见，怒为引起肝系心身疾病的主要情志因素之一。除伤肝外，还可见其他脏腑兼证，伤及肝胆、肝肾、肝脾等。

（3）忧思伤脾　脾胃是气机升降的枢纽，在志为思。《灵枢·本神》曰："心怵惕思虑则伤神，神伤则恐惧自失。"若忧思过度，气机结而不散，脾胃运化失常，脾不升清，胃不降浊，则易出现痞满、便秘、泄泻等病证。

（4）惊恐伤肾　肾主藏精，为脏腑之气的根本。纵情纵欲，或惊恐过甚，则易使精气下流，损伤脏腑之根本，常发为阳痿、遗精等心身病证。刘完素《素问玄机原病式·六气为病》指出："惊，心卒动而不宁也。火主乎动，故心火热甚也……亢则害，承乃制故也，所谓恐则喜惊者，恐则伤肾而水衰，心火自甚，故喜惊也。"

3. 产生病理产物　情志不遂，致使机体的气机紊乱，血液、津精等物质代谢失常，易产生瘀、湿、痰、积食等病理产物，而气郁、痰湿、瘀血等病理产物郁久又会化生内热，扰乱心神，加重情志不畅，形成恶性循环。如《灵枢·百病始生》曰："若内伤于忧怒，则气上逆，气上逆则六输不通，温气不行，凝血蕴里而不散，津液涩渗，著而不去，而积皆成矣。"痰饮停滞体内，五志过极化火，上扰心神或闭阻心窍，均可导致神志失常，发为厥证、癫证、痫证等。李梴《医学入门》言："惊恐忧怒，则火盛神不守舍，舍空痰塞。丹溪云：痫因痰塞心窍，发则头眩卒倒，手足搐搦，口眼相引，胸背强直，叫吼吐涎，食顷乃醒。病先身热脉浮，在表者阳病，属六腑，易治；病先身冷脉沉，在里者阴痫，属五脏，难治。"

综上所述，情志致病主要引起人体气机紊乱，或直接损及脏腑，或生痰成瘀，从而引发各种心身疾病。其中，气机紊乱是基础病机，五志过极又可直接损伤脏腑，脏腑气机受损，机体生理运行失调，又会产生湿、痰、瘀等病理产物，阻碍脏腑经络的正常运行。在发病过程中，三种机制相互作用影响，不可截然分开。

三、心身疾病的诊断与防治原则

（一）诊断原则

心身疾病是指与心理因素有密切关系的躯体疾患，其中心理因素既可以是主要病因，又可以是重要诱因，它在疾病过程中起着重要作用。诊断心身疾病的标准，理论上应满足以下 5 个基本条件：①具有明确的躯体症状，且症状相对固定而局限；②具有明确的病理变化或器质性病变；③发病前存在较明确的不良社会心理因素，且在疾病过程中心理因素与躯体因素互相交织影响；④具有情绪障碍为中心的临床表现；⑤常有特定人格特征或心理缺陷等易患素质。

（二）治疗原则

1. 身心同治　心身疾病应采取心、身相结合的治疗原则。同时注意针对具体病情有所侧重。如对于急性期发病且躯体症状严重的患者，应以躯体治疗为主，心理调治为辅；对于有严重焦虑、惊恐等情绪障碍伴随躯体症状的患者，应侧重进行心理治疗干预。

从中医学角度看，强调人体是一个有机的整体，形与神是相互统一的。人的心理活动建立在脏腑功能基础之上，而心理活动又影响着脏腑功能。因此强调形神合一、形神兼治，尤重治神，心神得治，病则治疗了一半，再进以针药，才能有事半功倍的成效。这与现代生物 – 心理 – 社会医学模式的理论相一致。

2. 综合心理干预　心身疾病通常都伴有明确的不良心理社会刺激因素和负性情绪反应，因此需要通过综合心理干预方法和技术对患者进行心理调适治疗。综合心理干预主要包括以下几个方面：①指导患者主动远离不良的心理、社会刺激因素，选择利于患者心理调适与康复的生活环境。②通过专业诊断评估，明确患者的心理疾病状态，并给予针对性的心理治疗干预。③指导患者识别自己的不合理理念与认知，重建积极认知评价系统。④指导患者学习积极应对策略，纠正不良应对策略，提高患者的社会适应性。⑤指导患者调动社会支持系统，积极寻找自身优势资源以提高问题应对能力。⑥指导患者矫正不健康的人格特征和行为方式，提高患者社会适应能力。⑦鼓励与指导患者在具备一定社会、生活适应能力的前提下回归社会，参与一定社会劳动活动，帮助恢复其正常社会功能。⑧综合运用中医心理疗法，如五音疗法或功法引导疗法等，消除或减缓患者的不良生物学症状。

3. 辨证施治　中医学强调"因人制宜，辨证施治"原则，重视心身差异及个体当下的反应状态，主张因人制宜，辨证施治，辨神施治。针对不同的体质，如胖人多痰、瘦人多火，治疗其心身疾病时，应根据其体质分别采用化痰、清火疗法。因为个体对相应的情志刺激反应不同，以及不同情志的致病特点不同，又应予以补气、行气等疗法。此外，由于性格不同所伤脏腑也有不同，治疗时还需根据脏腑虚实施以补泻之法。

中医学同时强调"治病求本"原则，本于阴阳。《易经·系辞传上》云："阴阳不测之谓神。"所以治病求本，求的是心神的安宁。心神安宁，方能主一身的光明，魂、魄、意、志才能各司其职，气机和顺于内，脏腑精气才能得以保养。所以无论治病还是养生，必求其本，辨患者神之旺衰，据神之旺衰进行调治，使主明而下安。

（三）预防原则

《素问·四气调神大论》指出："圣人不治已病治未病。"中医学认为身心健康的维护，重要的是防病，而不是治病。情志变化会影响人的脏腑气机运行，"和则为正气，不和则为邪气"，情志不和，会使邪气横生，消耗人的精气，损伤人的脏腑，使人百病丛生。所以平素就应该畅情疏意，使气机平和，保养脏腑精气，防病于未然。若是病生，就更要调畅情志，怡情顺气，帮助恢复脏腑精气，防止病情的恶化。时常保持"恬淡虚无"之境，使"真气从之"，安守精神于内，防病邪于外。

总体来讲，心身疾病的预防应尽早，同时注意识别有长期情绪问题如焦虑、抑郁、恐慌、易怒等的人群，识别有行为问题如网瘾、酒精依赖、吸烟、多食少运动及 A 型行为特征等的人群，识别生活和工作环境中存在明显应激源的人群，对其进行及时的心理和行为指导。总体预防原则是引导正确生活作息，培养健全人格发展，提高问题应对能力，增强社会适应能力。

四、常见心身疾病与情志对照

中医心理学认为情志活动与五脏功能相对应，每一类情志主要影响的脏腑也有所侧重。以下以情志为纲梳理常见心身疾病，并将中西医病名对应，便于中西共参与临床运用。

（一）常见喜志病

喜志为欢喜、开心、喜悦，是人的需求得到了满足或者实现目标时的情绪表现，可能同时伴随有喜笑颜开、手舞足蹈等躯体反应。太阳之人，即火行人，多阳而少阴，体质多热。形貌上常意气昂扬，神色飞动，仰头挺胸，膝腘似折。因性格上多好高骛远，意气用事，过于自信，易冲动，感情用事，不易控制，常使气机外浮，易耗伤心气。

喜志太过时，气机外浮，消耗人的精气，伤及心神，容易出现喜笑不休、心神不宁、心慌、心悸、失眠、多梦等病症。

1. 心悸 相当于西医学的冠心病、心律不齐等病症，每因情绪激动或过度劳累，损伤心神，以患者自觉心中悸动，惊惕不安，甚则不能自主为主要临床表现的一种病证。其临床证治见表 9-6。

表 9-6 心悸证治

临床表现	患者因情志刺激，心神不宁，自觉心中悸动不安，且不能自止，常伴有胸闷不适、气短失眠等症
病因病机	心悸的形成常与体质虚弱、饮食劳倦、情志失调、感受外邪或药物中毒等有关。平素心虚胆怯，如突遇惊恐，或悲伤过极，忤犯心神，心神动摇，不能自主而心悸；或先天禀赋不足，素体虚弱，或脾胃虚弱，或久病失养，房劳过度，致气血阴阳亏虚，心失所养，而发心悸
诊 断	（1）每因情志刺激，自觉心中悸动不安，心搏异常，或快或慢，呈阵发性或持续不解； （2）伴有胸闷不适、心烦不寐、乏力头晕等症； （3）排除器质性病变引起的心悸
治 疗	（1）静心养神 心悸患者，素体多虚，喜志不达，心神不宁，可以专一之法，静默养神。使患者取坐位或卧位，闭目凝神，作腹式呼吸，关注自己的呼吸，意念随呼吸出入。待呼吸变得深慢匀长，心神得宁，心悸得治。 （2）以情激情 心悸患者，喜志不达，不以相胜之法调和。可以娱心之事顺之，使患者心喜，而营

治 疗	卫和利，血气通达，心神舒畅而心悸能止。 （3）导引娱心　心悸多虚，气血不足而心神不得养。可以常练八段锦、六字诀等功法，可着重练习八段锦之"摇头摆尾去心火"和六字诀之"呵"字诀，调畅气机，以壮心气。导引功法动作多舒缓，心悸患者习练不至于劳形耗神。 （4）中药宁心安神　心悸患者虚证偏多，故治疗总以养心安神，合以补血、温阳、滋阴等法。常用方如安神定志丸、归脾汤、桂枝甘草龙骨牡蛎汤、天王补心丹、朱砂安神丸等

2. 不寐　也称失眠，是以不能获得正常睡眠为特征的一种病证，常表现为难以入寐，或寐而易醒，或醒后不能再寐，或寐则多梦若醒。其临床证治见表9-7。

表 9-7　不寐证治

临床表现	患者常在情志失常之后，出现难以入寐，或寐而易醒，或醒后不能再寐，或寐则多梦若醒，常伴有神疲、心烦健忘、头昏沉等症
病因病机	《灵枢·营卫会生》曰："卫气行于阴二十五度，行于阳二十五度，分为昼夜，故气至阳而起，至阴而止。"说明人的睡眠因卫气循行而定，卫为阳，阳不入于阴则不寐。心藏神，神安方能眠，情志不畅，损及心神，则会使神魂不安而致不寐。因此，不寐的主要病因是情志不遂，引起神魂不安，基本病机便是阳不入于阴
诊 断	（1）患者常在情志刺激之后，出现难以入寐，或寐而易醒，或醒后不能再寐，或寐则多梦若醒； （2）常伴有神疲、心烦健忘、头昏沉等症； （3）排除其他病证
治 疗	不寐因情志不遂而起，以阳不入于阴为基本病机。故其治疗原则为顺情畅意，引阳入阴。 （1）静心养神　不寐患者神魂不定，可以专一法，引阳入阴。使患者取仰卧位，双手相合置于小腹，闭目凝神，作腹式呼吸，关注自己的呼吸，意念随呼吸出入。待呼吸变得深慢匀长，心神得宁，渐渐入睡。 （2）顺情畅意　不寐患者，喜志不达，不以相胜之法调和。可以娱心之事顺之，使患者心喜，而营卫和利，血气通达，心神舒畅而能寐。 （3）导引娱心　不寐多虚，气血不足而心神不得养。可以常练八段锦、六字诀等功法，可着重练习八段锦之"摇头摆尾去心火"和六字诀之"呵"字诀，调畅气机，宁心安神。 （4）中药宁心安神　常用方有安神定志丸、酸枣仁汤等

（二）常见怒志病

怒志为愤怒、郁怒，是人的需求未得到满足或预期目标未能实现时的情绪表现，常见有怒发冲冠、面红耳赤等躯体反应。少阴之人，即木行人，多阴少阳，血多亏耗。形貌上站立时常躁动不安，走路时身似下伏。因性格上喜好小利，嫉妒心重，行为常鬼鬼祟祟，冥顽不化而又阴险狠毒。此类人易因志欲不达，常显愤怒、郁怒之状。

怒志太过时，气机上冲呈向上击打之势。同时久怒伤肝，肝所主的气机疏泄、藏血等功能失常，常会出现晕厥、头晕、头痛、胁痛、瘿病等病证。

1. 胁痛　是以胁肋部疼痛为主要表现的病证。胁，指侧胸部，为腋以下至第12肋骨部位的统称。如《医宗金鉴·胸背部》明确指出："其两侧自腋而下，至肋骨之尽处，统名曰胁。"肝位居胁下，其经脉循行两胁，胆附于肝，与肝呈表里关系，其脉亦循于两胁，故胁痛又责之于肝胆。鉴于胁痛证型较多，表9-8主要论述因愤郁日久，气郁不舒引起的胁痛病证。

表 9-8　胁痛证治

临床表现	本病以胁肋部疼痛为主要特征，有明显的愤怒或郁怒情绪感觉。其痛或发于一侧，或同时发于两胁。疼痛性质可表现为胀痛、窜痛、刺痛、隐痛，多为拒按，间有喜按者。常反复发作，一般初起疼痛较重，久之则胁肋部隐痛时发
病因病机	胁痛常因气郁结不舒，或抑郁，或暴怒气逆，引起肝脉不畅，气机阻滞不通，发为胁痛。《杂病源流犀烛·肝病源流》曰："气郁，由大怒气逆，或谋虑不决，皆令肝火动甚，以致肤胁肋痛。"《金匮翼·胁痛统论》又云："肝郁胁痛者，悲哀恼怒，郁伤肝气。"怒伤肝气，气机郁结，日久又有化火、伤阴、血瘀之变。若情志不舒、饮食不节、久病耗伤、劳倦过度，或外感湿热等病因，累及肝胆，导致气滞、血瘀、湿热蕴结，肝胆疏泄不利，或肝阴不足，络脉失养，即可引起胁痛。 总之，胁痛主要责之于怒志伤肝，气逆而化火、伤阴、瘀血之变。胁痛的基本病机为气滞、血瘀、湿热蕴结致肝胆疏泄不利，不通则痛；或久郁化火，耗伤肝阴，络脉失养，不荣则痛
诊　断	（1）以胁肋部疼痛为主要特征； （2）疼痛性质可表现为胀痛、窜痛，多为拒按，间有喜按者，疼痛可因愤怒或郁怒情绪变化加重； （3）反复发作的病史
治　疗	胁痛的治疗，主要病机为怒志伤肝，肝胆疏泄不利。治当以疏肝理气为主，兼以活血通络、清热祛湿或滋阴、养血柔肝之法。 （1）静心养神，畅情疏意　可用专一之法，以一心带领万心，或寻一些凝神之事，如练书法、听音乐，让心神放松下来，将愤怒之事搁置一边，待有能力解决时再做打算，渐渐内收心神，使心"静"下来。 （2）以情治情　悲忧可胜怒，患者因愤郁日久，气机上逆郁结，可以怆恻苦楚之言感之，使气消散，调畅气机。 （3）导引拍打　可用导引拍打之法，在调身、调吸、调神的基础上，可习练八段锦功法中的"双手托天理三焦"，疏导肝胆之气；还可以拍打之法，循肝胆经，自腋窝而下进行拍打，梳理肝胆之经。 （4）中药疏肝理气　治疗胁痛可以疏肝理气的方药为基础方，如柴胡疏肝散，疏肝理气止痛。若气滞及血，胁痛重者，酌加郁金、川楝子、延胡索、青皮以增强理气活血止痛之功；若兼见心烦急躁、口干口苦、尿黄便干、舌红苔黄、脉弦数等气郁化火之象，酌加栀子、黄芩、龙胆草等清肝之品；若伴肠鸣、腹泻者，为肝气横逆，脾失健运之证，酌加白术、茯苓、泽泻、薏苡仁以健脾止泻；若伴有恶心呕吐，是为肝胃不和，胃失和降，酌加半夏、陈皮、藿香、生姜等以和胃降逆止呕

2. 瘿病　相当于西医学的甲状腺肿大，是由情志内伤、饮食及水土失宜等因素引起，以致气滞、痰凝、血瘀壅结颈前为基本病机，以颈前喉结两旁结块肿大为主要临床特征的一类疾病。瘿病一名，首见于《诸病源候论·瘿候》。在其他中医学著作里，又有瘿、瘿气、瘿瘤、瘿囊、影袋等名称。表 9-9 主要论述由情志内伤引起的瘿病。

表 9-9　瘿病证治

临床表现	瘿病多见于女性，颈前结块肿大是本病最主要的临床特征，其块可随吞咽动作而上下，触之多柔软、光滑。病程日久则肿块质地较硬，或可扪及结节，甚至表现为推之不移。肿块开始可如樱桃或指头大小，一般增长缓慢，大小程度不一，大者可如囊如袋。本病一般无明显全身症状，但部分有阴虚火旺病变的患者，会出现低热、多汗、心悸、多食易饥、面赤、脉数等症
病因病机	情志内伤是本病的基本病机，由于长期忿郁恼怒，使气机郁滞，肝气失于条达。津液的正常循行及输布均有赖气的统帅。气机郁滞，则津液易于凝聚成痰。气滞痰凝，壅结颈前，则形成瘿病。其消长常与情志有关。痰气凝滞日久，使气血运行也出现障碍而产生血行瘀滞，则可致瘿肿较硬或有结节

诊　断	（1）多见于女性，有长期忿郁恼怒的情绪表现； （2）颈前结块肿大，其块可随吞咽动作而上下移动，触之多柔软、光滑，病程日久则质地较硬，或可扪及结节
治　疗	瘿病主要由情志内伤、饮食及水土失宜而引起，因气机紊乱，津液输布不利，气滞痰凝，蕴结颈前，病久则使血行瘀滞，脉络瘀阻。所以畅情疏意、理气化痰、消瘿散结为瘿病基本治则。 （1）静心养神　瘿病患者情感细腻，较为敏感，常有愤怒或郁怒之状。可用"清扫"之法：采用卧位或者坐位，精神内收，闭眼，通过正念冥想方式，想象着将思维杂念及伴随产生的负性情绪逐渐扫空，清空。同时想象如太阳般的光束照见自己，气滞、痰凝、瘀血均被这光明所照而被逐渐吸收。 （2）情志相胜　悲忧可胜怒，患者情感细腻，要强且敏感，志欲常不达，多呈郁怒之状，可以怆恻苦楚之言感之，引导患者疏导自己的郁怒，使气机和畅。 （3）导引畅情　瘿病虽伤在气血津液，究其根源，还是志欲不达而多怒，过怒伤肝。可以习练八段锦和六字诀导引肢体，舒畅气机。可着重练八段锦之"双手托天理三焦"和六字诀之"嘘"字诀。 （4）中药理气舒郁，化痰消瘿　可以四海舒郁丸加减，疏肝理气、化痰软坚、消瘿散结。胸闷、胁痛者，加柴胡、郁金、香附理气解郁；咽颈不适，加桔梗、牛蒡子、木蝴蝶、射干利咽消肿

3. 眩晕　相当于西医学的高血压、梅尼埃病等病症，以眼花头晕，轻者闭目即止，重者如坐车船，不能站立，伴恶心、呕吐，甚则昏倒等症状为临床表现。常因愤怒、郁怒日久而引起阴血耗伤，阳气上亢所致。其临床证治见表9-10。

表9-10　眩晕证治

临床表现	眩晕主要以眼花、头晕，轻者闭目即止，重者如坐车船，不能站立，伴恶心、呕吐，甚则昏倒等症状为临床表现
病因病机	情志内伤是本病的基本病机，由于长期忿郁恼怒，使气机郁滞，肝气失于条达，耗伤阴液，出现阴亏、气血亏虚、髓海不足等而致眩晕；或使肝阴亏虚，肝火上扰，致眩晕
诊　断	（1）有长期忿郁恼怒的情绪表现； （2）有头晕、目花，轻者闭目即止，重者如坐车船，不能站立，可伴恶心、呕吐，甚则昏倒等症； （3）或有贫血指征，或有血压值升高等症
治　疗	（1）静心养神　眩晕患者较为敏感，常有愤怒或郁怒之状。可用"清扫"之法：可用"清扫"之法：采用卧位或者坐位，精神内收，闭眼，通过正念冥想方式，想象着将思维杂念及伴随产生的负性情绪逐渐清空。同时想象如太阳般的光束照见自己，气滞、痰凝、瘀血均被这光明所照而被逐渐吸收。 （2）情志相胜　悲忧可胜怒，患者情感细腻，要强且敏感，志欲常不达，多呈郁怒之状，可以怆恻苦楚之言感之，引导患者疏导自己的郁怒，使气机和畅。 （3）导引畅情　眩晕虽伤在阴血，究其根源，还是志欲不达而多怒，过怒伤肝。可以习练八段锦和六字诀导引肢体，舒畅气机。可着重练八段锦之"双手托天理三焦"和六字诀之"嘘"字诀。 （4）音乐怡情　可以"角"调乐怡情，如曲目《玄天暖风》，益肝化结，疏肝解郁。 （5）中药养阴潜阳，补益肝肾　可以天麻钩藤饮加减、归脾汤加减、左归丸等方治疗

（三）常见思志病

思志为思虑，是为问题的解决犯愁担忧的复杂情绪表现。阴阳平和之人，即土行人，身中阴阳之气和谐，血脉调顺；形貌上性情和顺，待人态度温恭、和颜悦色，一番谦谦君子之貌；性格上多安静自处，不好名利，寡欲无喜。此类人常持君子之貌，考虑周全，常多思虑，易耗伤脾气。而思虑太过时，常表现为气机郁结不散，损伤气血，胡思乱想，甚或出现纳差、痞满、胃痛、便秘等病证。

1. 胃痛 相当于西医学的胃炎、胃溃疡、胃痉挛等病。本病又称胃脘痛，是由于胃气阻滞，胃络瘀阻，胃失所养，不通则痛导致的以上腹胃脘部发生疼痛为主症的一种病证。胃痛可因思虑太过，情志不遂，致胃气阻滞引起。其临床证治见表 9-11。

表 9-11 胃痛证治

临床表现	胃痛的部位在上腹部胃脘处，俗称心窝部。其疼痛的性质表现为胀痛、隐痛等；可有压痛，按之其痛或增或减，但无反跳痛；其痛有呈持续性者，也有时作时止者；其痛常因寒暖失宜、饮食失节、情志不舒、劳累等诱因而发作或加重
病因病机	本病由忧思过度，情志不遂，肝失疏泄，肝郁气滞，横逆犯胃，以致胃气失和，胃气阻滞，即可发为胃痛
诊 断	（1）发病常由思虑过多，情志不遂，引起上腹胃脘部疼痛及压痛； （2）常伴有食欲不振、胃脘痞闷胀满、恶心呕吐、吞酸嘈杂等胃气失和的症状
治 疗	胃痛因思虑气结，胃气不通而痛。治疗则以理气和胃止痛为基本原则，旨在疏通气机，恢复胃腑和顺通降之性，通则不痛，从而达到止痛的目的。 （1）静心养神，畅情疏意 可用专一之法，畅情疏意。患者疼痛时作，可以移情畅意，如练书法、听音乐，让心神放松下来，专心于他物，则情志得舒，疼痛得减。 （2）吐纳揉腹 患者胃痛，可用腹式呼吸调畅气机，使胸中不悦随呼吸而出。再以揉腹之法，缓解患者疼痛，帮助气机运转，气机通畅，则痛立减。 （3）中药疏肝理气，和胃止痛 选用柴胡疏肝散加减，有疏肝理气、和胃止痛之效。若胀重，可加青皮、郁金、木香助理气解郁之功；若痛甚者，可加川楝子、延胡索理气止痛；嗳气频作者，可加半夏、旋覆花，亦可用沉香降气散降气解郁

2. 便秘 是指由于大肠传导功能失常导致的以大便排出困难，排便时间或排便间隔时间延长为临床特征的一种大肠病证。因便秘证型较多，表 9-12 仅论述因忧愁思虑，气机郁滞，脾伤气结而引起的便秘（气秘）。西医学中的功能性便秘属本病范畴，同时肠易激综合征，肠炎恢复期、直肠及肛门疾病所致之便秘，药物性便秘，内分泌及代谢性疾病所致的便秘，以及肌力减退所致的便秘等，均可参照辨证论治。

表 9-12 便秘证治

临床表现	本病主要临床特征为大便排出困难，排便时间或排便间隔时间延长，粪质多干硬。其表现或粪质干硬，排出困难，排便时间、排便间隔时间延长，大便次数减少，常三五日、七八日，甚至更长时间解一次大便，每次解大便常需半小时或更长时间，常伴腹胀腹痛、头晕头胀、嗳气食少、心烦失眠等症；或粪质干燥坚硬，排出困难，排便时间延长，常由于排便努挣导致肛裂、出血，日久还可引起痔疮，而排便间隔时间可能正常；或粪质并不干硬，也有便意，但排便无力，排出不畅，常需努挣，排便时间延长，多伴有汗出、气短乏力、心悸头晕等症状。由于燥屎内结，可在左下腹扪及质地较硬的条索状包块，排便后消失。本病起病缓慢，多属慢性病变过程，多发于中老年和女性
病因病机	便秘可因忧愁思虑过度，脾伤气结，气机不利，导致腑气郁滞，通降失常，传导失职，糟粕内停，不得下行，或欲便不出，或出而不畅，或大便干结而成气秘。如《金匮翼·便秘》曰："气秘者，气内滞而物不行也。"
诊 断	（1）伴有明显思虑过度，主要症状为大便排出困难，排便时间或排便间隔时间延长，粪质多干硬。起病缓慢，多属慢性病变过程。 （2）常伴有腹胀腹痛，头晕头胀，嗳气食少，心烦失眠，肛裂、出血、痔疮，以及汗出、气短乏力、心悸头晕等症状

续表

治疗	气秘是因情志失调而引起气机郁滞所致。其治疗当以行气解郁为主，畅通腑气，恢复传导之职。 （1）静心养神，畅情疏意　便秘患者忧思伤脾，气结不行，而致腑气不通，肠中燥屎不出。可用"清扫"之法：可用"清扫"之法：采用卧位或者坐位，精神内收，闭眼，通过正念冥想方式，想象着将思维杂念及伴随产生的负性情绪逐渐清空。同时想象如太阳般的光束照见自己，气滞、痰凝、瘀血均被这光明所照而被逐渐吸收。 （2）吐纳揉腹　患者便秘，可用腹式呼吸调畅气机，一使胸中不悦随呼气而出，二能加快腑气通畅。再以揉腹之法，帮助气机运转，通转腑气，则燥屎立下。 （3）中药顺气导滞　可以六磨汤加减，破气行滞。若气郁日久，郁而化火，可加黄芩、栀子、龙胆草清肝泻火；若气逆呕吐者，可加半夏、旋覆花、代赭石；若七情郁结，忧郁寡言者，加白芍、柴胡、合欢皮疏肝解郁；若跌仆损伤，腹部术后，便秘不通，属气滞血瘀者，可加桃仁、红花、赤芍之类活血化瘀

（四）常见悲志病

悲志为悲伤，是失去所爱或者愿望破灭时的情绪表现，可伴随着流泪、哭泣等躯体反应。少阳之人，即金行人，多阳少阴，经脉小而络脉大，血脉在内而气络在外；形貌上站立时喜欢把头仰起，走路时喜欢摆晃身子，两条胳膊常倒背在背后；因其性格上多自尊心强，爱慕虚荣，常因自尊心受损而悲忧，易耗伤肺气。悲伤肺，过度悲伤忧愁会耗损肺气，导致肺气不足，出现感冒、咳喘等病证。

1. 内伤咳嗽　是指因情志不畅，引起肺失宣肃，肺气上逆，冲击气道，发出咳声或伴咯痰为临床特征的一种病证。历代将有声无痰称为咳，有痰无声称为嗽，有痰有声谓之咳嗽。临床上多为痰声并见，很难截然分开，故以咳嗽并称。内伤咳嗽的临床证治见表9-13。

表9-13　内伤咳嗽证治

临床表现	内伤咳嗽患者因肺失宣肃，上逆作声而引起咳嗽为本病证的主要症状，症状可随情志波动而变化。上气咳逆阵作，咳时面赤，常感痰滞咽喉，咯之难出，量少质黏，或痰如絮状，咳引胸胁胀痛，咽干口苦
病因病机	本病是因悲忧过度，导致气机不畅，肺气不收，肝失调达，气郁化火，循经上逆犯肺，致肺失肃降而作咳。肺主气，内伤咳嗽的基本病机是肺失宣肃，肺气上逆，迫于气道而为咳
诊断	（1）有悲忧等情志刺激史，以咳逆有声，或咳吐痰液为主要临床症状； （2）咳嗽可因情志的波动而变化
治疗	内伤咳嗽因悲忧过度，情志不遂，气郁化火，导致肺气不利引起。故治疗当以清肝泻火之法为主。 （1）静心养神，畅情疏意　内伤咳嗽患者悲忧伤肺，使肺失宣肃，肺气不清，气机上逆作咳。可用"清扫"之法：可用"清扫"之法：采用卧位或者坐位，精神内收，闭眼，通过正念冥想方式，想象着将思维杂念及伴随产生的负性情绪逐渐清空。同时想象如太阳般的光束照见自己，气滞、痰凝、瘀血均被这光明所照而被逐渐吸收。 （2）以情胜情　喜可胜悲忧，患者咳嗽日久，常生悲忧之情，可"以谑浪亵狎之言娱之"，让患者情志舒畅，即使是为笑而笑，亦有畅情疏意之效。上逆之气得喜而缓，则咳嗽自止。 （3）导引畅情　内伤咳嗽因悲忧而损肺气，肺失宣降而作，可以习练八段锦和六字诀导引肢体，舒畅气机。可着重习练八段锦之"左右开弓似射雕"和六字诀之"呬"字诀。 （4）中药清肝泻火，化痰止咳　可以黛蛤散合黄芩泻白散加减，清泄肺肝之热，使气火下降，肺气得以清肃，咳逆自平。火旺者，加山栀、牡丹皮清肝泻火；胸闷气逆者，加葶苈子、瓜蒌、枳壳利气降逆；咳引胁痛者，加郁金、丝瓜络理气和络；痰黏难咯，加海浮石、贝母、冬瓜仁清热豁痰；火热伤津，咽燥口干，咳嗽日久不减，酌加北沙参、百合、麦冬、天花粉、诃子养阴生津敛肺

2. 喘病 是指肺失宣降，肺气上逆或气无所主，肾失摄纳，以致呼吸困难，甚则张口抬肩、鼻翼扇动、不能平卧等为主要临床特征的一种病证。严重者可由喘致脱，出现喘脱之危重证候。情志不畅之喘病，则是因悲忧等情志刺激，引起肺气上逆而作喘。喘病的病因很复杂，表9-14仅论述因情志失调而引发的喘病的临床证治。

表 9-14 喘病证治

临床表现	患者平素常多忧思抑郁，每遇情志刺激而诱发，发病突然，呼吸短促，息粗气憋，胸闷胸痛，咽中如窒，咳嗽痰鸣不著，喘后如常人，或伴随失眠、心悸等症
病因病机	本病因情志失调，忧思过度，肝失调达，气失疏泄，肺气痹阻，或郁怒伤肝，肝气上逆于肺，肺气不得肃降，升多降少，气逆而喘
诊 断	（1）平素常多忧思抑郁，每遇情志刺激而诱发；以喘促气逆，呼吸困难，甚至张口抬肩，鼻翼扇动，不能平卧，口唇发绀为特征。 （2）多有慢性咳嗽、哮病、肺痨、心悸等病史。 （3）两肺可闻及干、湿性啰音或哮鸣音
治 疗	本病是因情志不遂而致肺气不利引发，故治以开郁降气之法。喘病多由其他疾病发展而来，要积极治疗原发病，提高临床疗效，减轻患者痛苦。 （1）静心养神，畅情疏意 患者平素常多忧思抑郁，气机紊乱，肺失宣肃，肺气不清，气机上逆作喘。可用"清扫"之法：可用"清扫"之法：采用卧位或者坐位，精神内收，闭眼，通过正念冥想方式，想象将思维杂念及伴随产生的负性情绪逐渐扫空，清空。同时想象如太阳般的光束照见自己，气滞、痰凝、瘀血均被这光明所照而被逐渐吸收。 （2）以情胜情 喜可胜悲忧，患者咳嗽日久，常生悲忧之情，可"以谑浪亵狎之言娱之"，让患者情志舒畅，即使是为笑而笑，亦有畅情疏意之效。上逆之气得喜而缓，则症状能解。 （3）导引功法畅情 患者肺气受损，肺失宣降而作，可以习练吐纳之法，用腹式呼吸增强肺气，还可习练八段锦和六字诀导引肢体，舒畅气机。可着重习练八段锦之"左右开弓似射雕"和六字诀之"呬"字诀。 （4）中药开郁降气 可以选用五磨饮子降逆气、纳肾气，使气不复上逆，降逆平喘。本证在于七情伤肝，肝气横逆上犯肺脏，而上气喘息，发病之标在肺与脾胃，发病之本则在肝，属郁寒证。因而应用本方时，还可在原方的基础上加柴胡、郁金、青皮等疏肝理气之品以增强解郁之力。若气滞腹胀、大便秘者，又可加用大黄以降气通腑，即六磨汤之意；伴有心悸、失眠者，加百合、酸枣仁、合欢花等宁心安神；精神恍惚，喜悲伤欲哭，宜配合甘麦大枣汤宁心缓急

（五）常见恐志病

恐志为恐惧，是对问题或危险无力应付时的情绪表现，常伴有颤抖、手心出汗等躯体反应。太阴之人，即水行人，多阴而无阳，他们的阴血重浊，卫气涩滞，阴阳不和，筋缓皮厚。形貌上易装出待人亲昵而谦下的样子，实则内心阴险，身材很高大，膝腘作出弯屈的样子，实则并无伛偻症。因其性格多表面谦虚，内心另有所谋，活在战战兢兢中，易损伤肾气。惊恐太过，则气乱无序，或气下不止，导致肾气不藏，精气流失，出现消渴症。

消渴 是由于先天禀赋不足，复因情志失调、饮食不节等原因所导致的以阴虚燥热为基本病机，本病中医常分为上中下三消，症状总体以多尿、多饮、多食、倦怠乏力，形体消瘦，或尿有甜味，其中下消涉及脏腑肾与膀胱，症状还可见溲似淋浊，如膏如油。西医学的糖尿病属于本病范畴，其临床证治见表9-15。

表 9-15　消渴证治

临床表现	消渴病起病缓慢，病程漫长。本病中医常分为上中下三消，以多尿、多饮、多食、倦怠乏力，形体消瘦，或尿有甜味为其证候特征，下消甚则溲似淋浊，如膏如油。但患者"三多"症状的显著程度有较大的差别。消渴病的多尿，表现为排尿次数增多，尿量增加。有的患者是因夜尿增多而发现本病。与多尿同时出现的是多饮，喝水量及次数明显增多。多食易饥，食量超出常人，但患者常感疲乏无力，日久则形体消瘦。但现代的消渴病患者，有的则在较长时间内表现为形体肥胖
病因病机	情志失调是本病的病因之一。患者可因情志失调，劳心竭虑，营谋强思，气机不畅，以致郁久化火，火热内燔，消灼肺胃阴津而发为消渴。正如《临证指南医案·三消》说："心境愁郁，内火自燃，乃消症大病。"消渴病的病机主要在于阴津亏损，燥热偏盛，而以阴虚为本，燥热为标，两者互为因果，阴愈虚则燥热愈盛，燥热愈盛则阴愈虚。消渴病变的脏腑主要在肺、胃、肾，尤以肾为关键。三脏之中，虽可有所偏重，但往往又互相影响
诊　断	（1）患者病前可有明显的情志不舒史，主要症状为口渴多饮、多食易饥、尿频量多、形体消瘦或尿有甜味为临床特征者，即可诊断为消渴病。 （2）初起可"三多"症状不著，病久常并发眩晕、肺痨、胸痹心痛、中风、雀目、疮痈等。严重者可见烦渴、头痛、呕吐、腹痛、呼吸短促，甚或昏迷厥脱危象。由于本病的发生与禀赋不足有较为密切的关系，故消渴病的家族史可供诊断参考。 （3）查空腹、餐后 2 小时血糖和尿糖，尿比重，葡萄糖耐量试验等，有助于确定诊断。必要时查尿酮体，血尿素氮，肌酐，二氧化碳结合力及血钾、钠、钙、氯化物等
治　疗	本病的基本病机是阴虚为本，燥热为标，故畅情疏意、清热润燥、养阴生津为本病的治疗大法。 （1）**静心养神**　本病基本病机为阴虚燥热，易使人烦躁，可以专心之法调治。再以清扫之法，可以卧位或者坐位，闭目凝神，想象头顶有一股清凉之水留下，从头至足，一股清凉之意将身中邪火熄灭，使津液留存。 （2）**以情胜情**　消渴患者常表现担忧之状。肾藏志，消渴患者肾气不足，担忧太过，不能坚定自己的志趣。可以虑彼忘此之言夺之，引导患者坚定志趣，使肾气得藏，而津液能生。 （3）**提升认知**　患者对疾病认识不足，故长期处于担忧之状。医者须告知患者此病利弊，增强患者自信，积极乐观地面对疾病，增强生活幸福感，有助于治疗。 （4）**导引畅情**　运动是消渴患者治疗的重要方式，导引功法既注重形的运动，也注重调养心神。患者可常习练太极拳、八段锦等导引功法，使气机通畅，解气郁而消火，保存津液。 （5）**中药治疗**　消渴的基本病机为阴虚燥热，故治疗当以养阴生津的方药，如消渴方、玉女煎、六味地黄丸、金匮肾气丸等

（六）复合情绪致病

1. 肿瘤　中医关于肿瘤的描述和记载可追溯到殷周时期。殷墟出土的甲骨文中就有"瘤"的病名。情志内伤是肿瘤发生的重要因素，七情不畅引起脏腑功能紊乱，导致阴阳失调、气血不足，最终导致正气耗损和脏腑发病。多项研究证明，强烈的情志刺激，会使人体内外环境失稳，引起人体自主神经系统、内分泌系统、免疫系统等功能紊乱，使细胞生长失控，突变成癌。

肿瘤的症状较为复杂，早期大多无典型症状表现，不同的器官表现症状也不尽相同。然而在中医学视角下，其发病中也有些许征象可循，且大多存在"未病"的亚健康状态。因肿瘤的临床表现各不相同，以下重点以胃癌为例阐述。其临床证治见表9-16。

表 9-16 胃癌证治

临床表现	胃癌常见长期消化功能差，或有慢性胃炎病史，食后饱胀感，时有胃部隐痛、灼痛，容易嗳气吞酸，痰涎较多，口干、口苦、口臭，或时有恶心、呕吐，纳差，口渴尿赤，便质、便次异常，舌红绛、无苔或瘀斑，或舌苔厚腻、腐苔，形体消瘦。情志上或喜或怒、烦躁、焦虑、纠结等
病因病机	胃癌可由多种情志失调引发，以"思"志为主，引起气机郁结。首先损伤脾胃，使运化失常，聚痰生湿；或因郁怒伤肝，气机不畅，导致气结生瘀；久则气郁、痰湿、瘀血浊凝于胃，久生火热，终致成瘤。成瘤日久，损耗正气，不能排邪外出，邪毒留滞成癌
诊 断	（1）患者病前有明显的情志不舒史，有长期消化功能差，或有慢性胃炎病史，食后饱胀感，时有胃部隐痛、灼痛，容易嗳气吞酸，痰涎较多，口干、口苦、口臭，或时有恶心、呕吐，纳差，口渴尿赤、便质、便次异常，舌红绛、无苔或瘀斑，或舌苔厚腻、腐苔，形体消瘦。情志上或喜或怒、烦躁、焦虑、纠结等； （2）结合影像学、胃镜、病理活检等检查结果明确
治 疗	本病的病因为情志不舒，基本病机有气滞血瘀、痰凝毒聚、热毒蕴结、正气亏虚等。故畅情疏意、清热润燥、化痰排浊、清热解毒为本病的治疗大法。 （1）静心养神 本病患者多烦躁、焦虑，缺少信心和正念，可以专心之法调服。可用"清扫"之法：可用"清扫"之法：采用卧位或者坐位，精神内收，闭眼，通过正念冥想方式，想象着将思维杂念及伴随产生的负性情绪逐渐清空。同时想象如太阳般的光束照见自己，气滞、痰凝、瘀血均被这光明所照而被逐渐吸收。 （2）以情胜情 胃癌患者因多种情志失调并存，以"思"志为主，多焦虑，因此施治之时，仍以顺气为主，再结合患者所表现出的其他情志问题，用五行生克之理，辨证施治。 （3）提升认知 患者对疾病认识不足，以至于或喜或怒、烦躁、焦虑、纠结。医者须告知患者此病的利弊，增强患者自信，帮助其积极乐观地面对疾病，做出积极努力，将有助于治疗。 （4）导引畅情 运动是治疗胃癌的重要方式，导引功法既通畅气血，也注重调养心神。患者可常习练太极拳、八段锦等导引功法，使气机通畅，解气郁而消火热等邪，提升正气，帮助祛除邪气。 （5）中药治疗 胃癌的病机有气滞血瘀、痰凝毒聚、热毒蕴结、正气亏虚，故治疗当以扶正驱邪、祛痰化瘀、清热解毒为主，常用药物有黄芪、牡蛎、白花蛇舌草、紫花地丁、山慈菇、重楼等

2. 脏燥 此病出自《金匮要略·妇人杂病脉证并治》，以精神忧郁、情志烦乱、易于无故悲伤，甚至哭笑无常、神疲、频作呵欠为主要表现，多见于妇女。本病常由多种情志不调引发，伤及心神，而出现神躁不宁诸般症状。其临床证治见表 9-17。

表 9-17 脏躁证治

临床表现	多见于妇女，精神忧郁，情志烦乱，易于无故悲伤，甚至哭笑无常，神疲，频作呵欠
病因病机	前人认为脏躁的发生，主要在于忧愁思虑则伤心，导致心神失养；而后世学者认为是阴血不足，或有情志不畅，致气郁不舒，化火而燥所致
诊 断	（1）主要以精神忧郁、情志烦乱、易于无故悲伤，甚至哭笑无常、神疲、频作呵欠及其类似症状等临床表现做出诊断； （2）亦需与狂证、癫证等鉴别
治 疗	本病因情志不畅而起，基本病机以阴血不足、情志不畅为主。所以治疗以舒畅情志、养阴补血为法。治以静心养神法，如静坐；音乐怡情法，如"微"调乐《雨后彩虹》；导引畅情法，如八段锦；中药舒畅情志，用养阴补血之方，如百合地黄汤、滋水清肝饮、黄连温胆汤等

本章临床应用

《古今案按》记载朱丹溪医案：一女出婚嫁后，丈夫外出经商，20年未回家，长久思念丈夫而出现不思饮食、困卧不动、如痴如呆的病症，多次服药无效。朱丹溪看诊后告诉女子的父亲，说此病因久思气结而起，单纯药物难以治疗，心病还需心药医。于是交代女子的父亲，先大声责骂女儿，并施以几个耳光，使女子愤怒难耐，再服药调理。其父亲照做，女子大怒，服药后即能进食。随后朱丹溪又叮嘱其父说丈夫来信，不久便会回来，女子病情大有好转，而后未再复发。

医案分析：案中女子因久思而不能食，因"思则气结"，损伤脾胃，脾胃为后天根本，不能进食则脾胃不能生化气血，气血生化不足，则困卧不动；脾气受损，清阳难以升发，清窍脑府供养不足，则如痴如呆。朱丹溪以"怒胜思"，破其郁结之气，使其能饮食，再以药物和其气血，而后又以"思"结之根源诳骗之，顺其情而畅其志，使病不再复。

【复习思考题】

1. 中医学如何看待心身疾病，与西医学有何不同？
2. 人体的"身"与"心"是如何相互作用影响的？
3. 如何看待情绪和心理状态对个体身心健康产生的影响？

【参考文献】

1. 张隐庵. 黄帝内经素问集注［M］. 北京：学苑出版社，2002.
2. 崔光成，邱鸿钟. 心理治疗学［M］. 北京：北京科学技术出版社，2003.
3. 杜文东. 中医心理学［M］. 北京：中国医药科技出版社，2006.
4. 董湘玉，李琳. 中医心理学基础［M］. 北京：北京科学技术出版社，2003.
5. 孙广仁，郑洪新. 中医基础理论［M］. 北京：中国中医药出版社，2012.
6. 吴勉华，王新月. 中医内科学［M］. 北京：中国中医药出版社，2012.
7. 王米渠. 中医心理治疗［M］. 重庆：重庆出版社，1986.
8. 王福顺，傅文青. 中医情绪心理学［M］. 北京：中国中医药出版社，2015.
9. 姚树桥，杨艳杰. 医学心理学［M］. 北京：人民卫生出版社，2018.
10. 王米渠. 图解中医心理学［M］. 广州：暨南大学出版社，2007.
11. 陈四清，侯江红. 中医情志养生学［M］. 北京：人民卫生出版社，2019.

第十章　生命与人生发展观 ▷▷▷

　　人的毕生发展依赖于生命的延续，生命的色彩也总以人生的发展予以表达。关于生命的意义，自古也得到各方文人墨客、哲学思想家的尽情探讨。作为与生命息息相关的职业，医生需要对生命有更丰富与深刻的认知，才能更好地对生命做出有效的修复与建构，也能更从容、敬畏、豁达地面对生命。本章从生命观和人生观的内涵出发，探讨医学生积极生命观和人生观的形成与发展，并结合中医传统文化视角，思考当代医学生关于健康生命及圆融人生观的成长路径。

第一节　积极取向的生命观

　　生命观是人类对待自然界生命物体的态度，是世界观的一种，也包括对人类自身生命的态度。而积极的人生态度，将会引领我们去尊重与热爱生命，甚至创造生命。这由积极取向的生命观所推动。

一、生命与生命观的内涵

　　生命是人类包括生理和精神在内存在的基础，有了生命，人的意志和行为才能得以表达。而生命观将直接影响人类生命的演变方式与价值意义。

（一）生命的内涵

　　1. 生命的定义　广义的生命是指在宇宙发展变化过程中自然出现的，存在一定的自我生长、繁衍、感觉、意识、意志、进化、互动等丰富可能的一类现象，可包括生化反应产生的能够自我复制的氨基酸结构，以及真菌、细菌、植物、动物（人类）。就未来的发展可能而言，人工制造或者促成的机器复杂到一定程度，具备了某种符合生命内涵的基本属性的现象也将可能纳入生命的范畴，包括人机混合体、纯自由意志人工智能机器人等。以下讨论的"生命"专指作为人类属性的生命。

　　2. 生命的基本特征

　　（1）生命的唯一性　每个人的生命只有一次，每个生命的基因构成也均不同，因此造就了生命的独一无二。没有两个完全一样的人，就像没有两片完全一样的树叶一样。生命的唯一性让不同的生命之间出现了差异性，而生命的差异性更加凸显生命的多样性。

　　（2）生命的有限性　生命的有限性是生命的本质属性，每个人的生命总长度是有限的，每个人终将面对失去、分离和死亡。能够做好直面死亡的准备，是个体不断成长和成熟的标志，也是一个人面对生命的敬畏与接纳，因此"生命诚可贵"。

（3）生命的不可逆性　罗曼罗兰说："人生不售来回票，一旦动身，绝不能复返。"生命的过程不可逆，它在一维的时间中延续，无法暂停，也无法倒回。很多人回忆过去、憧憬未来，但真正的生活存在于当下，这是生命进行的唯一方向。

3. 生命的意义　古往今来，无数学者与哲人都在探求生命的意义。关于生命的意义，不同的人有不同的答案。人类学家说，生命的意义在于繁衍与发展。教育学家说，生命的意义在于传承与创新。心理学家说，生命的意义在于自我找寻、自我实现。甚至有人说，生命本无意义，追寻生命意义的过程本身就充满意义。关于生命的哲学思考，作为医学生，或许有不一样的答案：拯救生命，延续生命，使生命健康，使生命常青，是医者的使命。

作为医学生，需要从现在起树立积极视角的生命观，去解答关于对生命的认识及对生命的态度。生命是一段连续波动的图谱，高低起伏，惊涛骇浪，使得每个人时刻处于某一段生命状态之中。于是，生命大致呈现出三种状态——活着、活好、活长。

第一阶段，作为生命的存在本身，我们首先需要活着，真实地活着。这是生命最本真的要求。医学的使命是为生命本身保驾护航。

第二阶段，当我们本真地活着时，就可以开始寻求活好的状态，通过努力与探索，力争让生命不断向活好的方向发展。这时医学的使命是让生命更有质量，即达到活好的状态。当然，活好不仅仅包含生物意义的状态，还包括人的主观生命体验，是人们感受到生命美好的内心体验，也是不断拓展生命宽度的状态。当然，有时候个体免不了遇到生命的挫折，产生不那么美好的生命体验，这时，会感到沮丧，甚至绝望。但是没有关系，个体只需要静静地退回到"活着"的状态，接纳生命有高低起伏的短暂时刻，只需要暂时体验"活着"就很好的生命状态。

第三阶段，如果个体有幸体验到"活好"的生命状态，这时可以试着探索第三阶段，即活长的生命状态。个体不断探索生命的极限，希望生命获得延续甚至永生，这时医学的使命，是让生命获得最大限度的延续。

所以，每个人处于人生三阶段的动态发展中，活着、活好、活长，是我们对生命的全部追求。说到底，活着是生命的底线，而活着本身就是生命的最大意义所在。

（二）生命观的内涵

1. 生命观的定义　所谓生命观，是指人们对生命所持有的价值观念，它代表着人们对生命看法的历史变迁，在一定程度上反映了社会的文明程度和人类对自身的认识水平。生命观是人们对于生命的思考，是人们对于生命的看法、观点和态度的总和，不仅包括了人们对于自然生命本身的认识，也包括人们对于人这一个体的人生价值、人生意义、人生目标及人所处的社会关系的认识等。一个人所认为的生命观，对于个人的内在思想和生活行为有着重要影响。

2. 医学生生命观形成的影响因素　医学生作为一个特殊社会群体，也作为社会发展的重要新兴力量，其良好生命观的形成对于医学生自身成长和发展具有重要指引作用，而医学生生命观的形成主要来自其自身、家庭和社会的综合影响。

（1）自身因素　大学时期是人的生理和心理变化的重大转折阶段，这一阶段是人的一生中情感最丰富、最热烈、最微妙、最动荡的阶段。这一时期的医学生也有同样的特征，心智还没有完全成熟却又强烈希望自己成熟，对事物的辨别能力尚不足，容易受到外界不良思想的影响，遇到事情容易做出极端行为。同时，在学业、就业、情感、家人、工作的多重压力作用下，容易产生各种心理问题。医学生在这一阶段如果能够通过多读好书，多增加美好的生命体验，多磨炼自己的意志力和进行思维锻炼，势必能够促进自己形成一个良好的生命观。

（2）家庭因素　由于我国实行计划生育政策，目前在校的大部分大学生是独生子女，家长对孩子的期望值普遍偏高，容易导致过度重视成绩，忽视独立人格的培养。进入大学后，家庭应给予医学生更优质的心理支持，帮助其顺利适应大学生活。家长需要尽快转变为朋友的角色，为医学生学习、生活、社交、就业等方面的困惑提供远程支持。医学生也应关注自己独立人格的发展，减少对家庭、家人的依赖，勇于自我尝试和体验。

（3）社会因素　人是社会的产物。医学生深处时代发展的洪流中，容易受到社会现状和多元价值观念的冲击。学校需要为医学生提供更多正向的价值取向学习模范和典型，开设专题生命教育课程，医学生也应主动思考生命的积极意义。

二、医学生积极生命观的形成与发展

医学生正处于人生成长的过渡阶段，对于生命现象已有初步认识。同时作为终身与生命打交道的职业人群，拥有积极取向的生命观，是其高水平职业素养的内在要求。

（一）建立积极生命观的必要性

世界卫生组织 2020 年 1 月发布数据显示：全球抑郁症患者人群累计超过 2.64 亿，每年有 80 万人因抑郁死亡；中国泛抑郁状态者逾 9500 万人，并且近八成的抑郁症患者甚至没有被发现。2020 年北京中医药大学管理学院主导发布的论文《近十年中国大学生抑郁症患病率 Meta 分析》显示：中国大学生抑郁症发病率有逐年增高趋势，总体平均发病率达 31.38%，相当于每 100 个大学生中就有约 31 人为抑郁症患者。近年来，陆续出现大学生忽视生命价值，自残和伤害他人等极端事件，不仅对大学生的健康成长带来严重威胁，而且对全社会的和谐稳定发展也产生了不良影响。

2010 年的《国家中长期教育改革和发展规划纲要（2010—2020 年）》、2016 年的《中国学生发展核心素养》等政策文件都强调要"重视生命教育"，并将"珍爱生命"列为六大核心素养之一。生命的有限性更是显出了生命的重要性，大学生只有具备正确积极的生命观，才能认识到生命存在的宝贵性，从而积极地规划自己有限的生命。培养积极的生命观，既是我国大学生心理健康发展的重要内容，也是符合新时代人民对美好生活向往的现实诉求。

（二）医学生积极生命观的形成

1. 看到生命的积极意义　新时代大学生是当代最有创造力、最有活力、最年轻的社会力量，但是也有部分学生受溺爱的家庭教育、社会上的功利式教育及学校中生命教育缺失等因素影响，对自我生命珍惜不够，蔑视他人生命，对生活缺乏追求和理想。如何培养积极的生命意识，从生命意义的视角出发，也是大学生需要积极践行的新课题。

（1）每个个体的生命都有其特殊性和重要性　生命只有一次，生命可以顽强却也很脆弱，需要更好地珍视生命。医学生群体更要认识到生命存在的意义，努力热爱生活，保护好自己的生命安全，尊重和敬畏自己和他人的生命。

（2）在校期间积极融入集体生活　提高生命质量对于医学生的成长更具重要意义。在校期间是知识积累的黄金期，也是医学基础知识体系建立的关键期，同时积极参加学校各类集体活动，在集体活动中通过获得同伴的支持与合作而体验被爱与接纳的积极感受，以促使自己充分发挥潜能，不断地完善自我、超越自我，更好地体验到生命的美好意义。

（3）积极参与学校、社区等志愿服务　医学生作为医疗系统主力的接力者，更应该主动参与基层社区服务，走近社会弱势群体，在基层服务的过程中建立平等友爱、和谐融洽的人际关系，感受生命的价值和意义，塑造健康的生命观。

2. 重获生命的掌控权　如果说大学之前的生活是被规划的一类，大学生阶段将是一个新的转折点，特别是在中国式教育的背景下，大学生阶段可能成为青年第一次从物理空间和心理距离上远离父母与家庭的特殊时期，也是人生新的起点。这一次起点的重要意义在于，大学生可以最大限度地开始掌控自己的生活，也是一段奇妙的旅程，有新鲜，有挑战，有困境，也有新生。以下给医学生3点建议：

（1）培养自律　大学时光是大学生思维活跃、生活丰盈的青春阶段，也是一个相对自由、宽松的成长时期。大学生从高中阶段的高压式学习到大学的自主式学习，很容易出现过度放纵而阻碍学习发展的情况。在大学这样一个宽松的成长空间，需要医学生有意识地培养自己的独立性和自律性，并充分认识到自由与自律是内在统一的，越自律才会获得越大的自由。

（2）合理规划　对人生的合理规划会让我们更从容不迫，并始终朝向目标不断前进，是最有效的人生发展捷径。医学生在努力培养自己的自律意识和能力之余，还需要进一步培养自己合理规划人生的意识和能力。通过计划自己的阶段性目标，促进自己围绕目标的达成来进行科学、合理而有效的学习和生活作息规划，逐步督促自己养成时常规划的良好习惯。

（3）正确面对挫折　生命的存在过程不可能是一帆风顺的，挫折在人生成长中普遍存在。医学生在成长过程中难免面对学业、就业、人际、情感等方面的挫折与失败。但其实挫折是一把双刃剑，从积极角度看，挫折可以锤炼人的意志，让人变得更加坚强。心理学认为问题本身不是问题，应对问题的方式才构成问题。面对挫折、失败时，出现暂时的负面情绪是应该被理解和接纳的，但个体不能一直受困于情绪之中。用多维度的视角去找到问题的根源，用积极的视角去找到解决问题的有利条件，充分利用自身的资源优势去化解问题，甚至有时顺势而为，不仅能够消除危机，还能为自己开拓出新的人生局面。所以在应对挫折的过程中，离不开积极心态和积极思维的支撑。

愿每个人都能健康地活着，开心地活好，平静地活长，直到生命的极限，没有遗憾和追悔。珍视生命，拯救生命，创造生命，愿每一位医学生都能践行医学誓言与使命。

第二节　积极取向的人生发展观

马克思主义认为，人的一生就是实践的一生，也是不断发展变化的一生。人生观就是对人生的总的看法和根本观点，其以人生为对象，是人们对生活的目的、意义和价值的理解和看法。在实践层面，人生观还包括在道德理想和伦理观念的指引下形成并践行的对待人生的方式和态度，主要有对于人际关系和朋友、友谊的看法和态度，对美好事物的理解和鉴赏，对爱情、婚姻、家庭的认识和态度等内容。

一、人生观的内涵

（一）人生观的定义

人生观主要是通过人生目的、人生态度和人生价值三个方面体现出来，由此分别回答了"人为什么活着""人应该怎样活着""什么样的人生才有意义"这三个重要的人生问题。人生观决定着人们实践活动的目标、人生道路的方向，也决定着人们行为选择的价值取向和对待生活的态度，它是人生道路的指南针。

（二）人生观的类型

姜丽华（1989）以华中理工大学本科生为主要对象的问卷调查中，总结出大学生人生观有6种主要类型：①渴望完善自我，以报效祖国；②主张自我完善，追求个人成功；③崇尚自我，否定一切；④追求生活舒适，工作顺心，家庭美满；⑤追求享乐，害怕艰苦；⑥无所追求，跟着感觉走。孙健敏（1992）参照国外心理学家首创的价值观量表，将人的人生价值观分为6种类型，分别为经济型、社会型、政治型、理论型、审美型和宗教型。有调查结果表明，有一半以上大学生持有以经济型为主的人生价值观。俞吾金（2012）在《解放日报》谈及人生观的4种类型：①小市民式的人生观：时时处处为自己和小家庭谋取利益，用自私自利的观念去阐释并评价周围的一切现象。②得过且过的人生观：缺乏明确的人生目标和抱负，只有权利意识，没有相应的担当意识和责任意识。③悲观脆弱的人生观：缺乏对挫折的承受和回应能力，生命缺乏承受力和韧性；④有抱负、有责任、有气节的人生观：在人生的道路上有理想、有追求，在处理人际关系时具有担当意识和责任意识，在生死考验面前能够保持自己的气节。这也是积极的、应该加以提倡和弘扬的人生观。

在西方，更多地将人生观作为价值观的一部分来加以研究，1926年美国哲学家佩里（Perry）就提出将人生价值观分为 6 种类型，即认知的、道德的、经济的、政治的、审美的和宗教的。

二、大学生人生观的形成与变化

大学生人生观的形成和变化受大学生自身的认知水平、人生阅历及自己所承担的社会角色等内在因素影响，同时也与社会发展这个大环境息息相关。

（一）国内相关研究

杨音宜等（1997）研究了社会变迁对于人们人生价值观的影响，探讨中国内地人们价值观念的变迁。同时杨音宜还与杨国枢（1964，1984）所做的对中国台湾地区大学生价值观的研究进行了对比分析，研究中国传统文化在不同社会变迁的背景下如何影响人们的价值变迁。沈杰（2003）提出，1992—2003 年我国社会心理的主要变化表现为在价值取向上，从强调理想到强调现实，从强调义务到强调利益，从强调集体到强调个人。杜庆君和王惠萍（2001）研究了 20 世纪 90 年代国内大学生人生观的状况，认为90 年代大学生的人生目的普遍的崇高而远大，人生目标具体可行、求真务实。程新英（2004）提出大学生三观的形成是一种互动的过程。中国青少年研究中心在《中国青少年发展状况研究报告》中指出，77.4% 的大学生选择的人生目的是"实现自我价值"。

（二）国外相关研究

美国社会心理学家凯尔曼（Kelman）认为，人生价值取向要经过顺从、认同与内化这样 3 个阶段才能够逐步形成。经历以上 3 个阶段而形成的人生观将会是稳定而持续的，但并不意味着不可改变。当个体周围的环境发生了改变，或者个体的目标和内部需求发生了变化，可能会影响到人生观的强度增强或减弱，也可能对原来的人生观进行修正或代替。比奇（R. P. Beach）以"价值观调查"量表为工具分析青年人生价值观的现状与变化时发现，"他们在形成人生价值观的过程中，成就、开放、责任、自尊成为核心价值，十分看重家庭安全和世界和平，而弱化了对习俗和权威的服从"。日本学者加藤隆胜（1964）对社会因素的研究发现，随年龄的增长，个体自然形成的因素在人生观形成中占据绝对地位，而家庭生活因素退居其次。同时，其采用 Allport 问卷工具对比研究了日本青年和美国青年的人生观类型，发现了性别差异：在男性青年中，占比较多的人生价值观类型为理论、经济、政治型；在女性青年中，占比较高的类型为审美、社会宗教型等。

三、医学生积极人生观的形成与发展

随着经济的高速发展和时代的快速进步，新时代大学生建立积极乐观的人生观意义重大。大学生终将肩负繁荣祖国的时代使命，而健康的人生态度、明确的人生目标及崇高的人生价值取向将是积极人生观的重要体现。

（一）建立积极的人生态度

人生态度是人们通过生活实践所形成的对人生问题的一种稳定的心理倾向和基本意愿。一种积极的人生态度是成功的催化剂。人生态度不是先天确定的，而是后天训练形成的。

1.培养正向思维　正向思维是一种积极、开放、建设性的思维方式。大学生有意识地培养自己的正向思维力，能够帮助自己获得更多积极的内心体验，帮助树立积极的人生态度。医学生如何培养自己的正向思维，可以从以下4个方面入手。

（1）挖掘优势资源　需要充分认识和了解自己，在此基础上找到自己的薄弱点和优势能力，并努力做到扬长补短，把自我培养的重心放在自己的优势面上，至于短板就在自己能力范围以内适当弥补提高。

（2）发现自己的兴趣点　每个人面对自己喜欢的事物时更能有积极的情绪体验，医学生需要主动发掘自己的兴趣所在，在培养自己的兴趣、发展兴趣的过程中，逐步体验人生美好意义的一面。

（3）培养成长型思维　成长型思维的人不轻易给自己设限，将成功归因于自己的努力和态度，认为自己可以学习任何想要学习的事物，总是善于总结成功与失败的经验，而避免困囿于负性情绪中，并认为自己永远处于持续成长中，对自己越来越好抱有自信。

（4）积累正向人生经验　心理学发现，每个人感知到的世界是基于自己主观选择的结果，因此有意识地选择看到更多美好的人和物，并通过直接和间接的方式不断积累美好、成功的正面人生经验，将有助于个体感知到一个积极的人生方向。

2.有效处理负性情绪　心理学家彭凯平教授提出的"CREAM"法则，可以帮助个体应对负性情绪，分为以下5个关键步骤：①觉知——识别情绪，释放压力。自己觉察到消极情绪出现就是反转情绪的第一步。②互惠——己所不欲勿施于人。情绪可以传递，但是负性情绪一旦识别后就要阻止传递，这时候可以换个空间，给情绪一个缓冲空间。③同理心——理解别人的感觉与情绪。换位思考，理性地看待问题出现的缘由，体谅他人的感觉和情绪。④接纳——看清它才能打败它。负性情绪出现后，不急于对抗排斥，平静接纳，才是处理负性情绪的关键。⑤管理——控制情绪，积极解决问题。这个环节要求坚持问题导向，聚焦问题，找出解决办法。

3.学会积极心理暗示　心理暗示是指通过主观想象某种特殊的人和事物的存在来进行自我刺激，达到改变行为和主观经验的目的，是对潜意识的开发。积极的自我暗示可以在个体遇到困难时激发自己的潜能，帮助克服悲观、沮丧和恐惧的负性情绪。积极心理学强调积极的情绪体验，如幸福、满足、愉悦等正向情绪，这些情绪能够调动个体体内的积极因素，从而激发生命潜能。"说你优秀，你就会越来越优秀"，医学生可以通过多做积极心理暗示的训练，认可自己的努力，接纳自己的不足，帮助自己不断养成正向思维的思维惯性，并逐渐建立起自信，遇到困难时，可以保持自我鼓励、自我安慰，调整心理状态的平衡，及时有效地帮助自己转逆为顺。

4. 保持对自己的嘉奖　神经科学研究发现，人类大脑存在一个强大的"奖赏回路"，大脑会自发地优先处理能够激活奖赏回路神经元的行动。因此，为了缓冲大脑在高度认知负担后的疲劳感，及时地获得"奖赏"很有必要，个体生理和心理两个层面均需要获得正向刺激，而这个正向刺激可以是自己给予自己的。

例如，一位医学生通过勤奋努力，在阶段评估中得到老师的肯定，他的内心一定充满成就感。在下一个阶段的学习中，就有很大的可能继续努力，争取继续获得肯定。老师的肯定就是正向刺激，可以帮助该医学生维持甚至激发更大的心理动机来驱动其做出更多更有效的行动，以满足其希望获得更大"奖赏"的内在需求。因此，在构建积极人生态度的路上，医学生要善于自我设定目标，并自我肯定、自我奖赏，在此过程中自己逐步获得成就感、自信感、满足感、愉悦感等正向情绪体验，这能够有效帮助医学生积累出一份积极的人生态度和信念。

（二）树立恰当的人生目标

设立人生目标，就是给自己的人生路径和未来发展构筑了一副蓝图，这副蓝图实现后的满足感能够促使个体围绕人生目标来规划自己的人生路径，足以支撑个体在人生路途上披荆斩棘，跨越重重困难，并坚持"长期主义"。这副蓝图也好似一座灯塔，在生活困顿之际给予个体光明的指引，避免自己半路迷失了方向。

1. 目标设立要切实可行　人生目标没有绝对好坏的标准，个体需要结合自己的实际情况，设立一个最适合自己、"跳一跳能够摸得着"的人生目标，这和教育心理学上的"最近发展区"的原则类似。否则，不切实际的人生目标反而会让个体感到压力重重，消极悲观。在此之前需要医学生尽可能地了解自己、发现自己的能力特征与资源优势，将有助于设立一个恰当的人生目标。

2. 目标制定要具体明确　目标的设立要尽量具体详细，可执行性强。太过于笼统的目标往往会使人手足失措，不知该从何处入手。当人的行动有了明确的目标，并能把自己的行动与目标不断地加以对照，进而清楚地知道自己的行进速度和目标之间的距离时，人的行动动机就会得到维持与加强，以帮助个体更好地自觉克服困难，努力达到目标。

3. 目标制定要系统　个人在确立目标的时候，不仅要有长远的目标，确立自己的人生道路，明确自己追求与奋斗的方向，还要以此确立近期目标，它是实现中期目标和长远目标的第一步，更是起跑线，近期目标必须要具体、明确，并且要有一定时限。同时设立相应的短期目标或中期目标，作为阶段性的检验标准。因此围绕着终期的人生目标，医学生需要结合实际规划出一套系统的分级目标体系，使得自己的奋斗路径有路可循。

（三）追求崇高的人生价值

价值观是人认定事物、辨别是非的一种思维或取向，从而体现出人、事、物一定的价值或作用。人生价值是一种特殊的价值，是人的生活实践对于个人和社会所具有的作用和意义。作为新时代的大学生，医学生更要注重培育和践行社会主义核心价值观，保持崇高的价值取向，这就要求医学生要处理好以下两个关系。

1. 处理好个人与社会的关系　正确认识个人需求与社会需要的内在统一，正确认识个人利益和社会利益的内在统一。例如，在新冠疫情肆虐的日子里，医疗系统工作人员长期处于高负荷工作状态，他们随时响应国家号召，舍小家为人民，在治病救人的道路上始终把国家和社会利益放在第一位。个人与社会的关系不是对立的，而是具有内在统一性。只有国家安定、人民安康，个体才能有稳定和平的生活，个人和社会在需求上和利益上两者是一致的。

2. 处理好现实与理想的关系　理想来源于现实，但又高于现实，理想是现实的升华。与其他专业相比，医学生学习周期长、学习压力大、学习成果的获得相对缓慢，在处理现实和理想的关系问题上更具挑战性。通过实践，理想是可以转化为现实的。例如"针灸鼻祖"皇甫谧，年轻时不学无术、游手好闲，一度被认为智力有问题，后因叔母训斥，才开始发奋学习，几十年如一日，终于在 68 岁时写下《针灸甲乙经》。可见，要实现理想需要有坚定的信念，勇于实践和艰苦奋斗是实现理想的必经途径。

第三节　中医学的生命价值观

古代医学从中国宏大的传统文化体系中演化而来，融合了古代先贤对世界观、生命观、人生观的哲学思想。中医学的生命观继承了"天人同源"的理论构想，认为人乃天地之气相合而成，并遵循"阴阳"法则，使生命既能保持动态平衡，又推动生命得以不断生化，繁衍更迭。因此，中医文化视域下的生命观广博宏大，看待生命既珍贵，又充满力量。培养医学生积极的生命意识和人生观念是中医文化传承的初心，是医学本质回归的需要，更是新时代背景下医学人文精神的现实需要。

一、中医生命观的内涵

（一）中医生命观的概念

中医生命观是经过长期的医疗观察和实践逐渐形成的对于人和生命的独特认识，它是中医学对人和生命的基本认识和看法，包括了中医学对人的哲学认识、对生命本源与基础的认识、对生命运动规律的认识、对生命与死亡关系的认识等。从广义上来说，中医生命观在发展的过程中也将中医医家对于自我的职业道德要求、人生价值要求及人生追求目标等包含在内。总之，中医生命观从方方面面影响着中医诊疗体系，其内涵思想也影响了一代代的中医人。

（二）中医学对生命的认识

中医学对于生命的认识，其实也是中国文化对于生命的认识。中国传统文化中虽然也有一些譬如"女娲造人"的神话传说，但从中医理论上讲，中医学认为生命来源于天地之气，与天地相顺应，人与生命是与天地相融合的。中医学运用"气""阴阳"和"五行"的理论框架，用以描述生命的组成、结构和运行模式，形成了中医学对于生命最基本的认识，并以此阐明人的形态结构，建立藏象学说，阐明人体五脏相生相克的原理，概括生理病理变化，分析病因病机并指导诊断和治疗等。

中医学认为，人的生命是一个复杂的系统存在，是一个内部联系紧密、不可分割的整体，通过内外部的生命物质沟通和交换及内部各系统之间的相互制约达到动态平衡，从而构成一个有机的生命体。

（三）中医生命观的整体性

整体观是中医理论体系中的重要思想。中医学的整体观体现在以下 3 个方面：

1. 生命"形神合一"的整体性　以人的生命个体来说，"形"是生命的物质基础，即脏腑、经络腧穴、身形官窍、气血津液等；而"神"具有多重的含义，这里是指感觉、感情、意志等思维意识。形体的病变同样也会导致神失所养，甚至神志异常。中医学强调"调神"，通过使"神"达到恬淡虚无的平衡状态来保持形体的健康，从而形与神俱，达到最佳的生命状态。

2 生命机体的整体性　中医学将人看作一个完整的内在协调的有机体，认为不能割裂地看待身体的各个部分。认为生命体内的各个系统、结构、脏腑等存在广泛的相互联系和制约，各个系统、组织、器官各司其职，整体分工合作并协调统一，共同完成人体的生命活动，少了任何一部分生命体就不完整，就会影响生命功能的发挥。

3 生命与环境的整体性　中医学的整体观同样体现在对于生命与环境的关系及生命本体的思考之中，即"天人之道"。中国古代早期的"天人观"来自对于世界的朴素观察，逐渐形成了两种认识：一是自然界的运行有其不变的法则；二是自然界对于世间万物具有主宰性。中医学很早就认识到社会环境的变化会对人体造成影响，所以人要努力适应社会环境，才能保持正常的生命活动，更好地融入社会中去。

（四）中医的生命健康观

中医学不仅能治疗疾病，还能"治未病"，这是中医学关于生命健康的更高级认识。中医学提倡通过未病先防、防微杜渐、既病防变的方法来达到预防疾病或防止疾病加重的目的。此外，中医学认为人的情志活动与健康息息相关。在正常情况下，人的情志顺畅调达，精神安宁平稳，则脏腑功能得以平稳运行；若情志失调，极端暴怒或过分抑郁，则脏腑、气机都会出现紊乱，其功能不能正常发挥甚至导致疾病发生。所以中医学提倡人要"精神内守""恬淡虚无"，以保持生命的健康与长寿。

二、中医学的人生价值观

中医以治病救人为天职，非淳厚善良之人不可为。古代中医一直强调要有仁心、做仁人、行仁术，要做到德术双馨、为人谦和、虚怀若谷。只有谦虚谨慎之人，才能不断进取，成为良医。所以，中医的道德追求理应是仁和，高尚做人，低调做事，埋头苦干。医者仁术，中医必须在具体的临床治疗中体现出仁者爱人、行善积德的道德追求。中医运用医者自身的专业优势来诊察疾病，望闻问切的过程就是充分与患者互动的过程。与病患促膝交谈，医患双方是真诚平等的。名医秦伯未说过："贫莫贫于无才，贱莫贱于无志，缺此不可为良医。"只有立志成才、精益求精，才能成为苍生大医。而认可生命价值的昂贵，是中医"立高尚志，成济世才"的动力源泉。所以中医文化的核心价值观为崇尚生命、崇尚和谐、崇尚仁爱。

1. "天人相应"的整体观　"天人相应"是指自然界和人互相感应，互为映照。中医学认为，"天道"和"人道"是合一的，简单理解就是人和自然在本质上相通，一切人事均应顺乎自然的规律。医学生更应正确认识到人的本质。

2. "悬壶济世"的仁爱观　中医界将"医乃仁术"作为自己的行业道德标准，中医人将"尊生守仁"作为自己内心的价值标准。作为医家，通过医疗活动及从医学的视角思考生命，赋予了"仁"的实践意义，面对病患能祛疾病之苦、施伦理关怀，不断精进自己的医术以行"至精至微之事"，是医家实现个人价值的独特方式。由此引发"济世"的思想，以普救天下含灵之苦为己任，树立崇高的医学信念，为社会提供卫生健康的安全保障，这是医生这一行业存在的重要价值，也有助于大学生树立崇高的人生目标。

3. "动而不已"的恒动观　中医文化认为，生命的价值就在于不断创生、不断化生的"生生之道"。新时代的医学生，需要秉持以人为本的仁爱之心，在学习生活中锤炼自己的品性，养成积极、乐观、坚韧的积极人生态度，不断进取，在实践中实现自己的人生价值。

三、中医学生命价值观的培养

《素问·上古天真论》曰："余闻上古之人，春秋皆度百岁，而动作不衰；今时之人，年半百而动作皆衰者，时世异耶？人将失之耶？岐伯对曰：上古之人，其知道者，法于阴阳，和于术数，食饮有节，起居有常，不妄作劳，故能形与神俱，而尽终其天年，度百岁乃去。今时之人不然也，以酒为浆，以妄为常，醉以入房，以欲竭其精，以耗散其真，不知持满，不时御神，务快其心，逆于生乐，起居无节，故半百而衰也。"这段经文，充分反映了中医学的客观基础和学科目标，体现了"阴阳神气"的未病先防思想。其启示每一位医学生，当物质条件达到一定程度的满足时，对待生命健康，需要有精神层面的思考和行动。基于中医药传统文化视角下的生命观教育，重在强调一个"和"字，即人与自身和、人与社会和及人与自然和，从而实现敬畏尊重生命第一、顺天时地利而生、利人利己而兴的生命哲学观。

1. 学会与自然和谐相处　要将生命融入自然之中，学会与自然和谐相处，保持与自然的协调一致。医学生应学会遵循自然界的四时更替规律，顺时养生。中医生命观的"整体观"倡导"人与环境一体"，中医学认为自然孕育了人，人生存于社会与自然环境中，人的生命活动要遵循自然规律。中医养生理念强调人的起居应顺应季节的变化：春秋昼夜相对等长，宜早睡早起；而夏天昼长夜短，可晚睡早起；冬天昼短夜长，可早睡晚起。医学生作为社会的一分子，在中医学"整体观"思想指导下，应积极融入社会、参与社会活动而不应独立于社会之外，并且在中医"中和"思维的影响下，学会处理好自己与自己的关系、与他人的关系、与社会和自然的关系。

2. 养成健康的生活方式 当前大学生的心理健康问题不容小觑，其出现原因相当一部分是受不良生活方式的影响，比如熬夜、少动、沉迷电子游戏等。主流的健康观要求大学生要做到"一个中心"和"四大基石"，即以健康为中心，以合理膳食、适量运动、戒烟戒酒和心理平衡为四大基石。而西医学已转变为"生物－心理－社会医学"的新医学模式，生命健康的概念也不仅仅局限于身体健康和心理健康，大学生需要认识到身体健康、心理健康和对社会环境的适应能力是现代社会对健康提出的更全面的认识和客观要求。

本章临床应用

张仲景，名机，字仲景，东汉南阳郡涅阳县（今河南南阳）人，为我国古代伟大的医学家。东汉末年，时任长沙太守的张仲景，在辞官回家乡南阳的路上，看到白河两岸乡亲面黄肌瘦，饥寒交迫，不少人的耳朵都冻烂了，便让其弟子在南阳东关搭起医棚，支起大锅，把羊肉和一些祛寒的药材放在锅里熬煮，然后将羊肉、药物捞出来切碎，用面皮包成耳朵样的"娇耳"。煮熟后，分给来求药的人每人两只"娇耳"和一大碗肉汤。吃的时候连汤同食，是治病的药食。人们吃了"娇耳"，喝了"祛寒汤"，浑身暖和，两耳发热，再也没人把耳朵冻伤了。后人学着"娇耳"的样子，做成食物，叫饺子或扁食。这也是饺子最初的由来。一份普通的药食背后，是一位医者朴素的生命观的体现，正是有了医者仁心的初心，才有了传世巨著《伤寒杂病论》。

【复习思考题】

1. 中医文化视角下的生命与人生观的内涵是什么？
2. 如何培养医学生积极取向的生命观？
3. 如何培养医学生积极取向的价值观？

【参考文献】

1. 杜治政，许志伟. 医学伦理学辞典［M］. 郑州：郑州大学出版社，2003.

2. 吴陈润凡. 中医生命观视域下中医院校生命教育研究［D］. 福州：福建中医药大学，2020.

3. 郭淼，王保中，黄燕霞. 生命哲学视域下"五育融合"之学理基础与实施路径［J］. 林区教学，2022（06）：1-5.

4. 张瑜，胡慧. 中医养生康复学内涵与外延刍议［J］. 时珍国医国药，2018（1）：156-158.

5. 王英，贺莉萍，王天玲，等. 传统中医药文化视角下的大学生生命观与健康观教育［J］. 中国初级卫生保健，2021，35（2）：71-72.